筑梦之基

——党的群众路线教育实践活动研究报告

舒仁庆/主编
罗志坚　陈小林/副主编

江西人民出版社
Jiangxi People's Publishing House
全国百佳出版社

前　言

2013年7月，正值全省深入扎实开展党的群众路线教育实践活动之初，中共江西省委党校即决定在认真做好规定动作的同时，努力创新自选动作，及时启动了“党的群众路线教育实践活动”专项课题研究工作。经过参研人员近半年时间的共同努力，几易其稿，终能汇编成册顺利刊印，供广大读者参阅。

较之于以往的课题研究，该课题研究具有以下三个特点：一是校委高度重视。校委多次研究实施方案，最终明确课题总名称为《党的群众路线教育实践活动研究报告》，下设“群众路线是党的生命线和根本工作路线”等7个子课题。常务副校长担任课题组组长，7位校领导分别领题。二是研究阵容强大。校领导领题后，根据研究需要，分别组建跨学科的研究小组，汇集了20多位研究骨干，集体攻关，以充分发挥党校理论优势。三是凸显江西元素。课题研究紧密结合中央和省委关于开展党的群众路线教育实践活动的要求，进一步发掘江西丰富的红色资源优势，弘扬井冈山精神和苏区精神，力争进一步提出体现江西实际的理论解读和富有时代特征的可操作的具体对策。2013年12月12日，江西省委副书记、省委党校校长尚勇专门批示指出，研究报告很好，是党校教育实践活动的重要成果，几篇理论研究文章有质量。

由于作者和编者自身理论水平所限，以及对有关精神要求的领会和对实际工作的把握不太全面，因此报告中所作的理论解读和提出的解决对策也可能不全面，敬请批评指正。

目录

Contents

群众路线是党的生命线和根本工作路线

第一课题组*

习近平总书记在党的群众路线教育实践活动工作会议上强调,群众路线是我党的生命线和根本工作路线。党的根基在人民、血脉在人民、力量在人民,群众路线维系着党的前途和命运,凝结着党的工作路线,是党的生命线和根本工作方法。只有深刻认识和把握群众路线内容的科学性、实践的成功性、思想的先进性、现实的针对性,才能牢牢把握群众路线这条生命线,把中国特色社会主义伟大事业不断推向前进。

一、群众路线理论概述

党的群众路线是指,一切为了群众,一切依靠群众;从群众中来,到群众中去。这条中国化的马克思主义群众路线,是党领导人民在残酷的革命战争环境中逐步提出和形成的,并在社会主义建设和改革的伟大实践中逐步发展成熟起来。它既是党的根本政治路线和组织路线,又是党的根本领导作风和工作方法,更是党区别于其他非无产阶级政党的根本所在。

(一)群众路线的理论内涵

党的群众路线是以毛泽东同志为主要代表的中国共产党人,把马克思列宁主义关于人民群众是历史的创造者的原理系统地运用到党的全部活动中,把辩证唯物主义的认识论同党的领导方法和工作方法统一起来而形成的党的根本工作路线。群众路线是毛泽东思想活的灵魂的三个基本方面之一,是我们

* 课题负责人:舒仁庆,课题组成员:陈小林、袁俊、徐翔鹏

党夺取革命、建设和改革事业胜利的一大法宝。在《中国共产党章程》中，党的群众路线的科学、经典的表述是，“党在自己的工作中实行群众路线，一切为了群众，一切依靠群众，从群众中来，到群众中去，把党的正确主张变为群众的自觉行动”。①

一切为了群众，是党的群众路线的核心内容，是我们党的根本宗旨，是我们党的全部工作的出发点和归宿。中国共产党是中国工人阶级的先锋队，同时是中国人民和中华民族的先锋队。我们党是中国工人阶级和中国最广大人民群众利益的忠实代表，我们党的根本宗旨是全心全意为人民服务。我们党为人民利益而存在，为人民利益而奋斗；党的全部理论、纲领、路线和方针政策，党的一切努力、奋斗和牺牲，都是为了人民群众的解放和幸福，党除了人民群众的利益以外，本身绝无任何特殊的私利。

一切依靠群众，是党的群众路线的根本观点，是中国共产党人对待人民群众的根本立场，是党的各项事业的立足点。马克思主义认为，人民群众是物质财富和精神财富的创造者，是进行社会变革的主体和决定性力量；人民群众是创造世界历史的动力。党的事业是为人民谋利益的事业，只有把党的事业放在一切依靠群众的基点上，才能充分调动人民群众的力量，为党的各项事业的胜利完成建立强有力的物质基础。

从群众中来，到群众中去，是党的群众路线的重要内容，是我们党的领导方法和工作方法。从群众中来，到群众中去，是我们党把一切为了群众、一切依靠群众的立场和观点，落实到党的全部工作和全部活动中所形成的领导人民群众的基本方法。毛泽东同志把马克思主义认识论运用到党的领导工作中，又把党的群众路线提高到马克思主义认识论的高度，对我们党的领导方法和工作方法做出了科学的理论概括，形成了马克思主义认识路线与党的群众路线有机统一的科学的领导方法和工作方法。

(二)群众路线的理论依据

党的十三届六中全会将群众路线概括为“一切为了群众，一切依靠群众，

①《中国共产党第十八次全国代表大会文件汇编》，人民出版社2012年版，第71-72页。

从群众中来，到群众中去”[1]，体现了党对马克思主义基本原理继承与创新的统一，是马克思主义在中国的传播和中国化的进程中，中国共产党对马克思主义关于人民群众是社会主体和历史创造者的理论做出的创新和重大发展。

“一切为了群众”，体现了马克思主义的鲜明立场。始终站在人民大众的立场上，一切为了人民，诚心诚意为人民谋利益是马克思主义的根本出发点和落脚点，也是群众路线的核心和目的。马克思、恩格斯在《共产党宣言》中指出：“过去的一切运动都是少数人的或者为少数人谋利益的运动。无产阶级的运动是绝大多数人的、为绝大多数人谋利益的独立的运动。”[2]中国共产党作为无产阶级政党，决定了党的根本性质和唯一宗旨就是全心全意为人民服务，除了忠实地代表人民群众的根本利益以外，党本身没有其他任何特殊利益；决定了党必须保持求真务实的工作作风，把为人民服务、为群众谋利益落实到行动上，充分调动起群众的积极性、主动性、创造性，领导群众完成党的各个时期的工作和任务；决定了在党的队伍中，每一名党员，不管他的职务有多高，都应该具有不计个人得失、无私奉献的伟大精神，都应该是人民群众的勤务员、“孺子牛”，把为人民服务作为自己义不容辞的职责和义务，都应该把人民群众的利益放在至高无上的地位，服从最广大人民的根本利益，为了人民的利益牺牲个人利益乃至个人的一切。

“一切依靠群众”，体现了马克思主义的基本观点。承认不承认人民群众是历史的创造者和社会发展的决定力量，是区别唯物史观与唯心史观的重要分界线。群众中蕴藏着巨大的能量，“一切依靠群众”正是马克思主义这一基本观点的生动诠释。作为无产阶级先锋队的中国共产党，只有依靠人民群众，才能率领群众完成自己所承担的历史任务。毛泽东同志指出：“我们的同志应当注意，不要靠官，不要靠职位高，不要靠老资格吃饭”[3]，认为真正靠得住的是密切联系人民群众，切实为人民解决实际问题。党的十一届三中全会以来，我们党始终强调建设和发展中国特色社会主义，是全国各族人民实现自己利益、创造美好生活的共同事业，是

①《中共中央关于加强党同人民群众联系的决定》，人民出版社1990年版，第1页。
②《马克思恩格斯选集》第1卷，人民出版社2012年版，第411页。
③《毛泽东文集》第7卷，人民出版社1999年版，第285页。

需要亿万人民群众广泛参与和积极支持的创造性事业。因此，广大党员干部要牢固树立群众观点，坚持党的群众路线，自觉站在人民群众的立场上，坚持思想上尊重群众、感情上贴近群众、工作上依靠群众，始终与人民群众同呼吸、共命运、心连心。

“从群众中来，到群众中去”，体现了马克思主义的根本方法。马克思主义认为，人的认识来源于人民群众的实践，认识的过程离不开人民群众的实践，认识的正确与否要由人民群众的实践来检验。“从群众中来，到群众中去”的群众路线，是马克思主义认识论在实际工作中的具体体现。从群众中来，是广泛听取群众的意见和呼声，总结群众创造的实践经验的过程，也就是从实践到认识的过程；到群众中去，是根据人民群众的愿望，制定出正确的路线方针政策并加以贯彻落实，也就是认识再回到实践中去的过程。

“人民满意”，体现了马克思主义执政党的最高价值标准。人民满意度是人民群众对现实生活诸多方面的心理评价，从形式上看是一种主观体验，但其反映的内容是客观的。马克思主义认为，一切国家权力都来自于人民、属于人民，执政党无非是受人民的委托管理国家、管理社会，党的一切执政活动都要从人民的意愿和利益出发，把人民是否满意作为评判的唯一标准，这是马克思主义唯物史观和政治立场的集中表现。我们党在60多年的执政实践中，团结带领全国各族人民，奋力推进社会主义革命、建设和改革，取得了举世瞩目的发展成就，也积累了弥足珍贵的执政经验。其中最重要的一条就是始终把维护人民群众的根本利益作为一切工作的出发点和落脚点，把人民是否满意作为衡量党和国家一切工作和方针政策的根本尺度。

（三）群众路线的发展历程

群众路线，是中国共产党根据辩证唯物主义和历史唯物主义的原理，在长期的革命和建设实践中创立和不断发展的；是马克思主义在中国的传播和中国化的进程中，中国共产党对马克思主义关于人民群众是社会主体和历史创造者的理论做出的创新和重大发展。

形成于革命战争年代。早在1920年起草、1921年发表的《中国共产党宣言》就明确提出，要让“劳动群众——无产阶级——的势力正在那里发展和团聚起来"[①],创造一个新的社会。这可以看作党的群众路线的萌芽。群众路线这个概念,最早出现在第二次国内革命战争时期的1928至1929年间。1928年7月,党的六大制定的《政治议决案》规定,"党的总路线是争取群众"[②]。同年10月,李立三根据六大路线的精神和要求,在同江浙地区负责人谈话时,提出了"在总的争取群众路线之下,需要竭最大努力到下层群众中去"[③],首次提出了群众路线。党的群众路线的主要创立者是毛泽东,同时凝结着全党的集体智慧。在井冈山时期,毛泽东强调要按群众路线办事,一切经过群众。在《关于领导方法的若干问题》一文中,毛泽东指出:"在我党的一切实际工作中,凡属正确的领导,必须是从群众中来,到群众中去。"[④]随着形势的发展和思考的深入,毛泽东撰写了《实践论》《矛盾论》等一系列重要著作,对大革命时期形成的群众工作经验进行理论上的概括和升华,形成了党的群众路线理论:一是提出了全心全意为人民服务的根本宗旨,二是概括了从群众中来、到群众中去的基本方法,三是阐述了密切联系群众的群众路线和实事求是思想路线的关系。

党的七大首次对党的群众路线进行系统总结。毛泽东在政治报告《论联合政府》和闭幕式讲话《愚公移山》中,都着重讲了群众路线问题。党的七大第一次在党章中系统地阐述群众路线问题,概括了建党以来特别是土地革命战争时期和抗日战争时期关于群众路线的理论和实践。党章总纲指出,"我们党代表中国民族与中国人民的利益"。刘少奇强调指出,"这是我们党与毛泽东思想根本的东西"[⑤]。七大通过的关于修改党章的报告,从四个方面对党的群众观点作了系统概括,即一切为了人民群众的观点,一切向人民群众负责的观点,相信群众自己解放自己的观点,向人民群众学习的观点。并强调指出,党的群众路线"是我们党根本的政治路线,也是我们党根本的组织路线"[⑥]。

①《"一大"前后》,人民出版社1980年版,第1页。

②《中共中央文件选集》第4册,中央党校出版社1989年版,第314页。

③转引自《关于建国以来党的若干历史问题的决议注释本(修订)》,人民出版社1985年版,第565页。

④《毛泽东选集》第3卷,人民出版社1991年版,第899页。

⑤《刘少奇选集》上卷,人民出版社1981年版,第331页。

⑥《刘少奇选集》上卷,人民出版社1981年版,第342页。

党的八大将党的群众路线写入党章。八大根据执政后党的状况发生的变化，第一次在党章中写入了“群众路线”的概念，要求“必须不断地发扬党的工作中的群众路线的传统”[①]。根据毛泽东的论述，邓小平在关于修改党章的报告中对党的群众路线理论作了进一步阐发，提出要通过建立制度和加强监督来保证群众路线的贯彻，使党不脱离群众。邓小平指出，党的群众路线包含两方面内涵：一是从党的性质和宗旨上强调了“每一个党员必须养成为人民服务、向群众负责、遇事同群众商量和同群众共甘苦的工作作风”[②]；二是从工作方法上强调了“从群众中来，到群众中去”的基本方法。

随着20世纪50年代后期党内“左”倾思潮和“左”倾路线的兴起，群众路线一方面在继续有所发展的同时，另一方面也被错误地用来搞阶级斗争、政治运动，成为群众斗群众、特别是群众斗领导的工具。尤其在“文化大革命”中，群众路线和群众运动则完全沦为“无产阶级专政条件下继续革命”[③]的“整人”、“打倒人”的手段，党的各级领导干部成为“走资本主义道路当权派”[④]，普遍受到“群众性”的冲击、批判和斗争，广大党员被停止了组织生活，党长期依靠的许多积极分子和基本群众受到排斥。“文化大革命”名义上打的是直接依靠群众、实行群众路线的旗号，实际上偏离了正确的轨道，既脱离了党的组织，又脱离了广大群众，使党的群众路线遭受到前所未有的破坏和极为严重的挫折。

在改革开放新的历史时期，党根据新的情况进一步丰富和发展了群众路线理论。十一届六中全会通过的《关于建国以来党的若干历史问题的决议》，对群众路线的内涵作出了更为明确、简洁的概括，即“群众路线，就是一切为了群众，一切依靠群众，从群众中来，到群众中去”[⑤]。邓小平指出，建设工作应该面对群众，不要脱离群众的实际生活水平，人民群众的利益首先就是物质利益，

①《中国共产党党章汇编》，中国人民大学出版社1991年版，第73页。

②《邓小平文选》第1卷，人民出版社1994年版，第217页。

③《沿着十月社会主义革命开辟的道路前进——纪念伟大的十月社会主义革命五十周年》，《人民日报》1967年11月6日。

④《建国以来重要文献选编》第二十册，中央文献出版社1993年版，第21页。

⑤《三中全会以来重要文献选编》下，人民出版社1982年版，第834-835页。

革命是在物质利益的基础上产生的。邓小平提出了“三个有利于”[①]这个衡量各方面工作成败的标准，强调要把人民拥护不拥护、赞成不赞成、高兴不高兴、答应不答应作为党制定各项方针政策的出发点和归宿。以江泽民为核心的党的第三代中央领导集体充分认识到党的群众路线的重大价值，提出了“三个代表”[②]重要思想，并将其与党的群众路线很好地融合起来：一方面，党的群众路线是实现“三个代表”重要思想的基础和手段；另一方面，“三个代表”重要思想的要求又是群众路线和群众利益的最好体现。2002至2012年，以胡锦涛为总书记的党中央立足于马克思主义群众观，提出“权为民所用，情为民所系，利为民所谋”[③]的思想，强调要坚持立党为公、执政为民，实现好、维护好、发展好最广大人民的根本利益，这成为新时期贯彻党的群众路线的根本指针。

党的十八大作出在全党深入开展以为民务实清廉为主要内容的党的群众路线教育实践活动的重大战略部署，这是顺应人民期盼，加强马克思主义执政党建设的客观要求；是新时期践行党的宗旨，坚持党的群众路线的重大举措；是解决“四风”方面突出问题，夯实党的执政基础的迫切需要。习近平总书记指出：“开展这项活动，最重要的问题是要教育引导全党始终坚持全心全意为人民服务的根本宗旨，不断赢得人民群众的信任和拥护，保持同人民群众的血肉联系。”[④]可以预见，随着教育实践活动的深入开展，我们党的群众路线将得到进一步丰富发展，得到更加有效地贯彻落实，从而更好地赢得人民群众的支持。

（四）群众路线的理论创新

实践是理论创新的源泉和动力。十八大以来党坚持和发展群众路线的生动实践，为群众路线理论的丰富和发展创造了良好条件，形成了许多新成果。

---

①《邓小平文选》第3卷，人民出版社1994年版，第372页。

②《江泽民文选》第3卷，人民出版社2006年版，第537页。

③《十六大以来重要文献选编》上，中央文献出版社2005年版，第84页。

④习近平在党的十八届二中全会第二次全体会议上的讲话（2013年2月28日），《人民日报》2013年3月1日。

1.丰富和发展了马克思主义关于人民群众是历史创造者的思想

群众路线是中国共产党把马克思主义唯物史观关于人民群众是历史创造者的原理系统地运用到党的全部活动中创立形成和丰富发展的，其灵魂就在于人民群众是历史的主人。习近平总书记在党的群众路线教育实践活动工作会议的重要讲话中,鲜明地提出了群众路线是党的生命线的重大命题。这是一个重大的理论判断。民心向背关系党的生死存亡,历史和现实都表明,什么时候坚持群众路线,党群关系密切,党的事业就会兴旺发达;什么时候脱离群众路线,党群关系就会受到损害,党的事业就会遭受挫折甚至失败。把群众路线提高到“生命线”来认识、来判断,体现了对人民群众在社会历史发展中的主体作用的充分肯定,这是马克思主义群众观的一个重大创新成果。

2.丰富和发展了马克思主义价值观

习近平总书记在党的群众路线教育实践活动工作会议上强调，要把为民务实清廉的价值追求深深植根于全党同志的思想和行动中。这是在新的历史条件下,坚持党的宗旨、执政理念、道德规范的集中体现,是中国共产党人核心价值观的最新体现。“为民”以马克思主义关于“无产阶级的运动是绝大多数人的,为绝大多数人谋利益的独立运动”①的观点为理论源泉。坚持“为民”的价值取向,就是把为人民服务作为价值追求,把为人民谋利益作为根本目的,把为人民做贡献作为人生宗旨,真正做到权为民所用、情为民所系、利为民所谋。“务实”是唯物主义一以贯之的科学精神,是马克思主义的哲学品质。求真务实是我们党的思想路线的核心内容,是党性的集中表现。坚持“务实”价值取向,就是务求实际、务求成效,深入群众,深入基层,摸清事物规律,掌握工作主动性。“清廉”作为一种道德价值、规范和操守,体现了马克思主义廉政思想和中华传统德治思想的统一。坚持“清廉”的价值取向,就是要以清廉作为为政之本、从政之德、执政之基,做到干部清正、政府清廉、政治清明。

3.丰富和发展了马克思主义方法论

习近平总书记在天津和高校毕业生、失业人员等座谈时强调,做实际工作

①《马克思恩格斯选集》第1卷,人民出版社1972年版,第262页。

情商很重要，更多需要的是做群众工作和解决问题能力，也就是适应社会能力。情商是一种认识、了解、控制情绪的能力，具体表现为了解自我、适时调控自己情绪，实现自我管理、自我激励及了解他人情绪、处理与他人人际关系的技巧与能力。从群众中来，到群众中去，是贯彻党的群众路线的正确途径和有效方法。在“一来，一去”中，情商很重要，这是因为对人民群众的态度是一个原则问题、根本问题。情商高了，党员干部才会带着深厚感情，去体察民情，体验民生，体会民意，才会认真倾听人民群众的呼声，反映人民群众的意愿，集中人民群众的智慧，才会以人民群众拥护不拥护、赞成不赞成、高兴不高兴、答应不答应作为想问题、作决策的主要依据。

二、群众路线是党的执政基础和制胜法宝

群众路线是马克思主义唯物史观、党的性质和宗旨的体现，是我们党的独创，是我们党的根本思想路线、政治路线和组织路线，是我们党长时期在敌我力量悬殊的艰难环境里进行革命活动，最终取得胜利，并实现从胜利走向胜利的制胜法宝。

（一）群众路线是马克思主义中国化的创新和发展

我们党在90多年长期奋斗的实践中，把马克思主义基本原理运用在党的全部活动中，逐步形成和发展了群众路线。这一路线不仅是党领导人民夺取新民主主义革命胜利、建立人民民主专政政权，顺利实现向社会主义过渡的力量源泉和根本保证，也是开创中国特色社会主义道路、夺取全面建设小康社会新胜利的力量源泉和根本保证。

群众路线的发展历程体现了马克思主义理论性与实践性的有机统一。党的群众路线的提出、丰富和发展，正是在我们党创立、发展和成熟的过程中，把马克思主义基本原理与中国革命、建设、改革实践相结合的产物，并通过实践加以检验、修正、充实和提高，体现了马克思主义理论性与实践性的有机统一。首先，群众路线的形成源于马克思主义群众观点与中国革命实践的结合。马克思主义唯物史观认为，人民群众是历史的创造者，是推动历史发展的决定力量；党和人民群众的关系是同呼吸、共命运的关系；民心向背是决定政党的前

途、命运与兴亡的根本性因素。中国共产党作为马克思主义政党，自成立之日起，就一直坚持把马克思主义群众观与中国革命实践相结合，创造性地提出了群众路线。在长期的革命战争中，我们党也正是依靠人民群众的支持和拥护，才最终克服一切困难，打败强大的敌人，取得新民主主义革命的伟大胜利。其次，群众路线的真理性在我们党探索社会主义建设的实践中得到了检验。新中国成立后，面对党成为执政党的新情况、新要求，面对社会主义革命和建设的新形势、新任务，毛泽东同志和党中央适时地向全党提出了要继续保持和不断加强我们党同人民群众密切联系的思想，并在实践中继续深化对群众路线的认识。社会主义建设的实践反复证明，什么时候党的群众路线执行得好，党群关系密切，党的事业就顺利发展；什么时候党的群众路线执行得不好，党群关系受到损害，党的事业就遭受挫折。最后，群众路线在回答时代课题的实践中得到了丰富和发展。党的十一届三中全会以后，党和国家工作重心转移到经济社会发展上来，以邓小平同志为核心的党的第二代中央领导集体继承和发展了群众路线的基本理论与基本思想，将中国特色社会主义理论研究和中国特色社会主义建设事业发展推向新阶段。在改革开放的关键时期，以江泽民同志为核心的党的第三代中央领导集体继续坚持和发扬这一优良传统，围绕回答“建设什么样的党、怎样建设党”①，提出了“三个代表”重要思想。胡锦涛总书记始终把加强和改进党的群众工作放在突出位置，围绕回答“实现什么样的发展、怎样发展”②，提出了科学发展观。党的十八大以来，习近平总书记反复告诫全党：“多想想困难群众，多想想贫困地区，多做一些雪中送炭、急人之困的工作”，“及时了解人民群众的所思所盼”③，“人民对美好生活的向往就是我们的奋斗目标”④，深刻彰显了党始终与人民心连心、同呼吸、共命运的伟大情怀。

群众路线的深刻内涵体现了党对马克思主义基本原理继承与创新的统

①《江泽民文选》第3卷，人民出版社2006年版，第44页。

②《十六大以来重要文献选编》上，中央文献出版社2005年版，第483页。

③《习近平在十八届中央纪律检查委员会第二次全体会议上的讲话》(2013年1月22日)，《人民日报》2013年1月23日。

④《习近平在十八届中共中央政治局常委同中外记者见面时的讲话》(2012年11月15日)，《人民日报》2012年11月16日。

一。党的十一届三中全会以来，我们党在长期的执政实践中，进一步丰富和发展了群众路线的深刻内涵。党的十三届六中全会将群众路线概括为“一切为了群众，一切依靠群众，从群众中来，到群众中去”，体现了党对马克思主义基本原理继承与创新的统一。“一切为了群众”，体现了马克思主义的鲜明立场。始终站在人民大众的立场上，一切为了人民，诚心诚意为人民谋利益是马克思主义的根本出发点和落脚点，也是群众路线的核心和目的。“一切依靠群众”，体现了马克思主义的基本观点。承认不承认人民群众是历史的创造者和社会发展的决定力量，是区别唯物史观与唯心史观的重要分界线。群众中蕴藏着巨大的能量，“一切依靠群众”正是马克思主义这一基本观点的生动诠释。作为无产阶级先锋队的中国共产党，只有依靠人民群众，才能率领群众完成自己所承担的历史任务。“从群众中来，到群众中去”，体现了马克思主义的根本方法。马克思主义认为，人的认识来源于人民群众的实践，认识的过程离不开人民群众的实践，认识的正确与否要由人民群众的实践来检验。“人民满意”，体现了马克思主义执政党的最高价值标准。人民满意度是人民群众对现实生活诸多方面的心理评价，从形式上看是一种主观体验，但其反映的内容是客观的。马克思主义认为，一切国家权力都来自于人民、属于人民，执政党无非是受人民的委托管理国家、管理社会，党的一切执政活动都要从人民的意愿和利益出发，把人民是否满意作为评判的唯一标准，这是马克思主义唯物史观和政治立场的集中表现。

（二）密切联系群众是党的最大政治优势

习近平总书记在党的群众路线教育实践活动工作会议上强调，群众路线是我们党的生命线和根本工作路线。这是一个重大的理论判断。什么时候群众路线坚持得好，党群关系就密切，党的事业就会顺利推进；反之，党群关系就会受到损害，党的事业就会遭受挫折。密切联系群众是我们党的最大政治优势，执政后党的最大危险是脱离群众，充分体现了群众路线作为“生命线”的地位和作用。

1840年以来，无数仁人志士和政治团体为实现民族独立和人民解放而不懈努力，对国家出路进行了早期探索，但是都没有改变中国半殖民地半封建社会的性质。从工人群众中诞生的中国共产党，高瞻远瞩，深深根植于人民群众，从人民群众中汲取智慧和力量，带领人民群众冲破封建社会的重重迷雾，实现了新民主主义革命和社会主义革命的胜利，实现了民族独立和人民解放，使中华民族屹立于世界民族之林。中国共产党在极其艰苦的条件下不断发展壮大，并最终走向成功，其中的秘诀是什么?就是中国共产党始终把自己的命运和中国最广大人民群众的命运紧紧绑在一起。抗战时期，美国军事观察组来华考察后曾得出结论：国民党占有着大片的土地，而共产党则占有着大片的人心。由此可知，中国共产党正是发挥了密切联系群众的政治优势，最终取得了新民主主义革命的胜利，建立了新中国。

中国共产党执政 60 多年来，在探索社会主义建设的过程中也出现过失误，甚至发生过"文化大革命"那样严重的错误，但正是依靠群众不断加强自身建设，使得中国共产党总是能及时纠正错误，带领群众走向成功。特别是十一届三中全会以后，中国共产党领导人民开创了中国特色社会主义道路，取得举世瞩目的成就，受益最大的就是人民群众。可以说，90 多年来，中国共产党紧紧依靠人民群众不断创造辉煌，而人民群众也因受益良多，对中国共产党表示出充分的信任、拥护和支持。

在党的群众路线教育实践活动工作会议上，习近平同志指出："人心向背关系党的生死存亡。党只有始终与人民心连心、同呼吸、共命运，始终依靠人民推动历史前进，才能做到坚如磐石。"[①]可以说，这一论断来自于实践，90 多年来，密切联系群众正是中国共产党的最大政治优势。习近平同志重申密切联系群众这个问题，一方面是强调要继承成功的经验，另一方面也有现实的针对性。中国共产党作为执政党，当前面临着复杂的国内国际环境的考验，新问题新矛盾不断出现。我们党要顺应时代的发展，任何时候都要把人民的利益放在第一位，始终与人民心连心、同呼吸、共命运，始终依靠人民推动历史前进。

中国共产党 90 多年的奋斗历程表明：密切联系群众是我们党的最大政治优势，脱离群众是我们党执政后的最大危险。来自人民、植根人民、服务人民，是

①《习近平在党的群众路线教育实践活动工作会议上的讲话》(2013 年 6 月 21 日)，《人民日报》2013 年 6 月 22 日。

中国共产党立于不败之地的根本。在新的历史时期，中国共产党只有继续保持“密切联系群众”这一最大政治优势，才能使各项决策和工作更加符合客观实际，才能最广泛、最充分地调动一切积极因素；只有继续保持“密切联系群众”这一最大政治优势，才能始终把人民利益放在第一位，把实现好、维护好、发展好最广大人民的根本利益作为一切工作的出发点和落脚点，带领全国人民为全面建成小康社会和实现中华民族的伟大复兴而齐心协力、共创辉煌。

（三）群众路线是关系党的性质、宗旨的根本问题

马克思主义经典作家始终认为，历史活动是群众的事业，决定历史结局的是人民群众，人民群众是历史的创造者。中国共产党是中国工人阶级的先锋队，同时是中国人民和中华民族的先锋队，从它成立的那天起，就把马克思主义的这一基本原理系统地创造性地运用于党的全部活动之中，形成了党在一切工作中的群众路线。这是中国共产党的性质和宗旨的集中体现，是保持党的先进性的根本要求。

中国共产党的性质决定了一切从人民的利益出发，全心全意为人民服务是它的唯一宗旨。作为工人阶级先锋队同时是中国人民和中华民族先锋队的中国共产党从诞生之日起，就是中国各族人民的忠实代表，就把全心全意为人民服务看作是根本宗旨。党在任何时候都把群众利益放在第一位，在工作中实行群众路线。党的十八大修改通过的党章在总纲部分，把坚持全心全意为人民服务作为党的建设必须坚决实现的四项基本要求之一，并作了专门阐述：“党除了工人阶级和最广大人民群众的利益，没有自己特殊的利益。党在任何时候都把群众利益放在第一位，同群众同甘共苦，保持最密切的联系，坚持权为民所用、情为民所系、利为民所谋，不允许任何党员脱离群众，凌驾于群众之上。党在自己的工作中实行群众路线，一切为了群众，一切依靠群众，从群众中来，到群众中去，把党的正确主张变为群众的自觉行动。我们党的最大政治优势是密切联系群众，党执政后的最大危险是脱离群众。党风问题、党同人民群众联系问题是关系党生死存亡的问题。”①

①党章选读，《党建》杂志2013年第7期，第56页。

全心全意为人民服务是党的全部工作的出发点和落脚点，也就是党章所提出的，党除了工人阶级和最广大人民群众的利益，没有自己的特殊利益。党90多年来的一切奋斗，都是为了人民的利益。在新时期，要真正做到全心全意为人民服务，就一刻也不能脱离群众。只有坚持群众路线，保持鱼水般的党群、干群关系，人民群众的利益才能够真正得到体现和维护，我们党的执政地位才会更加牢固。首先，要一切为了群众。这是党的群众路线的核心。我们党是全国各族人民根本利益的忠实代表，我们党的根本宗旨是全心全意为人民服务。离开了广大人民群众的利益，党就失去奋斗目标，党的性质也就变了。无论历史条件如何变，社会环境如何变，党肩负的任务如何变，但党的工人阶级先锋队性质不能变，全心全意依靠工人阶级的性质不能变，党的根本宗旨和优良作风不能变。每一个共产党员，不管他的职务有多高，都必须正确处理个人同群众的关系，真正做到人民群众的利益高于一切，将为人民服务作为自己思想和行动的最高准则。其次，要一切依靠群众。历史唯物主义认为，人民群众是历史的创造者，是推动历史发展的决定力量。也就是毛泽东同志深刻指出的："人民，只有人民，才是创造世界历史的动力。"[①]伟大的社会主义事业是群众自己的事业。我们党只有依靠广大人民群众，才能建设好有中国特色的社会主义，才能完成自己的历史使命。只要我们依靠人民，坚决地相信人民群众的创造力是无穷无尽的，因而信任人民，和人民打成一片，那就任何困难也能克服，任何敌人也不能压倒我们。

（四）群众路线是实现党的思想路线、政治路线和组织路线的基础和保证

党的十三届六中全会《关于加强党同人民群众联系的决定》指出，"党在长期斗争中创造和发展起来的一切为了群众，一切依靠群众，从群众中来，到群众中去的群众路线，是实现党的思想路线、政治路线、组织路线的根本工作路线，是中国共产党的优良传统和政治优势。"[②]之所以说它是党的根本工作路

①《毛泽东选集》第3卷，人民出版社1991年版，第1031页。

②《十一届三中全会以来党的历次全国代表大会中央全会重要文件选编》下，中央文献出版社1997年版，第47页。

线，是因为群众路线为实现党的思想路线、政治路线和组织路线提供基础和保证。

群众路线是实现党的思想路线的物质基础。党的思想路线，其根本点就是一切从实际出发，实事求是，理论联系实际，在实践中检验真理和发展真理。党的思想路线是从人民群众的社会实践中来的。如果不坚持群众路线，不深入群众中去掌握第一手材料，何谈“实事求是，一切从实际出发”。[①]我们坚持理论联系实际，正是为了把马克思主义普遍真理变成广大人民群众手中的武器。理论与实践相结合的过程，实际上就是领导者向群众实践学习、与群众实践结合、受群众实践检验的过程。我们党要把党的思想路线变成改造客观世界的物质力量，还必须回到群众中去，使群众理解和掌握，变成他们的自觉行动。并通过群众的社会实践实现、修改、丰富和发展党的思想路线。所以，离开人民群众的社会实践，就不可能有正确的思想路线；坚持党的思想路线，一定要走群众路线；执行党的思想路线，也要走群众路线。总之，离开了群众路线，就不可能实现党的思想路线。

群众路线是实现党的政治路线的根本保证。党的政治路线是党在一定历史时期为完成一定的政治任务而确定的总路线和总政策。党的政治路线在现阶段即党的基本路线是：领导和团结全国各族人民，以经济建设为中心，坚持四项基本原则，坚持改革开放，自力更生，艰苦创业，为把我国建设成为富强、民主、文明的社会主义现代化国家而奋斗。它最大限度地反映和代表这一历史时期广大人民群众的利益和要求，是从人民的利益出发制定的，又是以合乎最广大人民群众的最大利益，为最广大人民群众所拥护为最高标准的。要实现党的政治路线，也需要广大人民群众的拥护和支持。没有广大人民群众的拥护和支持，不仅难以制定出正确的政治路线，而且即使制定了也贯彻执行不好。

群众路线是实现党的组织路线的必要条件。党的组织路线，是党在一定历史时期内，根据一定时期的政治路线所制定的组织工作的根本方针和原则。党的组织路线是以贯彻民主集中制原则为核心并为党的政治路线服务的，是维护党在组织上、行动上一致，巩固党的团结统一的基本保证。组织路线包括的

①《邓小平文选》第2卷，人民出版社1994年版，第278页。

内容很多，主要有组织原则和组织制度；党员标准和党内生活准则；干部政策和干部制度等。其中核心的内容是培养、选拔和使用干部，也就是要保证党和国家的各级领导权掌握在忠于马克思主义的人手里。要保证党的组织路线的实现，一个重要条件，就是要走群众路线。因为要深入了解和考核干部，光靠党的组织和少数领导干部还不够，还要靠广大群众。比如选拔干部工作，一个干部的水平高低，能力大小，作风好坏，群众最清楚，最有发言权。只有坚持群众路线，广泛听取群众意见，才能选拔出真正德才兼备的优秀干部。发展党员工作也是一样。除了党组织对被发展的人要进行细致认真的审查外，还应听取被发展人所在单位广大群众的意见。所以说，群众路线是实现党的组织路线的必要条件。

（五）群众路线是党的根本作风和基本领导方法

马克思主义认为，人民群众是历史的创造者，是社会发展的决定力量。我们党在长期革命和建设中，创造和发展起来的"一切为了群众，一切依靠群众，从群众中来，到群众中去"的群众路线，不仅是实现党的思想路线、政治路线、组织路线的基础和保证，而且是党的优良传统和根本作风，是科学的领导方法和工作方法。

群众路线是党的根本作风，不仅因为党风问题的实质从根本上说，就是党能否代表人民群众、同人民群众保持密切联系，并得到人民群众的拥护，从而依靠人民群众的力量去进行革命和建设，而且因为党的优良传统和作风，归根结底都体现了群众路线的基本精神。理论和实践相结合的作风，虽然主要是解决党对待马克思列宁主义的态度问题，解决党的思想路线、思想方法和思想作风问题，但是，无论从坚持这一作风的目的和出发点来说，还是从坚持这一作风的实际过程来说，又都离不开作为党的根本作风的群众路线。我们之所以要坚持理论和实践相结合的作风，正是为了把反映了全世界无产阶级实践斗争的马克思列宁主义的普遍真理，变成中国无产阶级和广大人民群众手中百战百胜的武器，是为了中国革命的胜利、人民的解放和幸福；而理论和实践相结合的过程，实际上就是领导者向群众斗争实践学习，与群众斗争实践结合的过程，离开群众斗争实践，就不会有真正的理论和实践相结合。中国共产党人之所以要经常开展正确的而不是歪曲的、认真的而不是敷衍的批评和自我批评，不是为了别的，而是为了维护人民群众的利益；而中国共产党人之所以敢于进行严肃、认真的批评和自我批评，也正是因为我们是以中国最广大人民的最大利益为出发点的。正如毛泽东所指出的："共产党人必须随时准备坚持真理，因为任何真理都是符合于人民利益的；共产党人必须随时准备修正错误，因为任何错误都是不符合于人民利益的。"① "凡属正确的任务、政策和工作作风，都是和当时当地的群众要求相适合，都是联系群众的；凡属错误的任务、政策和工作作风，都是和当时当地的群众要求不相适合，都是脱离群众的。"②因此，只有坚持党的群众路线，密切联系群众，一刻也不脱离群众，才能搞好党的根本作风，使党永不变质，永远立于不败之地。这个问题，在党成为执政党的情况下，就显得特别突出和具有更加重要的意义。

群众路线领导方法，是无产阶级领导活动中最基本的领导方法，是以毛泽东同志为代表的中国共产党人在领导中国革命和建设的长期实践中，逐渐形成的一整套组织和领导群众的科学领导方法。群众路线领导方法不仅是我们传统的基本领导方法，而且是我们党和国家现时和今后一切领导活动中必须采用的基本领导方法。这是由群众路线领导方法在领导活动中的重要作用决定的。首先，群众路线领导方法是马克思主义历史唯物主义原理的生动体现。按照历史唯物论的基本观点，杰出人物可以在历史上起着重大作用，但人民群众是认识和改造世界，推动历史发展的真正动力。领导活动从根本上说，是领导者率领、引导被领导者，认识和改造世界的社会实践活动。领导者是领导活动的主体，是主导力量，但被领导者是领导活动的基础力量。在领导活动中，领导者只有充分发挥被领导者的重要作用，才能使领导活动获得群众的理解和支持，从而才能取得成功。这也是一条基本的领导原则。其次，群众路线领导方法从根本上体现了社会主义领导活动的本质。组织和支持人民群众当家做主，是社会主义领导活动的本质。我国是社会主义国家，人民群众是国家和社会的主人，是国家一切权力的所有者；各级领导者是人民和社会的公仆，是国家权力的行使者，他们所

①《毛泽东选集》第3卷，人民出版社1991年版，第1094页。
②《毛泽东选集》第3卷，人民出版社1991年版，第1095页。

拥有的一切权力是人民赋予的,是为人民服务的。所以,在社会主义领导活动中,领导者必须充分尊重人民群众的主人翁地位,支持和保证人民群众当家做主,参与整个领导活动过程。最后,群众路线领导方法是无产阶级领导活动取得成功的根本保证。在我国长期艰难曲折的革命和建设历程中,什么时候坚持并正确地实行了群众路线领导方法,就能战胜一切艰难险阻,领导革命和建设事业走向胜利;什么时候丢弃了或不实行群众路线领导方法,就会使革命和建设事业遭到损失甚至失败。历史上的"左"倾冒险主义和右倾机会主义,现时中的官僚主义和形式主义,之所以是完全错误的,根本原因之一,就是背离了群众路线领导方法。实践证明,群众路线领导方法是我国革命和建设事业中无比宝贵的历史经验总结,具有无限的生命力和创造力。

(六)群众路线坚持与否事关党的兴衰成败

人民群众是马克思主义政党的力量源泉和生命根基。失去人民群众的支持拥护,党的工作就无法开展。历史和现实都证明,坚持党的群众路线这条生命线,党和国家的事业就兴旺发达,否则就会遭受挫折甚至陷入危局。

人民群众是实践的主体,是历史的推动者,也是历史的创造者。党一成立时就指出:"中国革命运动的将来命运,要看党会不会组织群众、引导群众。"[①]毛泽东同志提醒每个共产党员千万不要忘记人民群众,要像和尚念"阿弥陀佛"一样,时常念叨"争取群众"。[②]以毛泽东同志为核心的党的第一代领导集体,根据马克思主义唯物史观,在中国革命和建设的实践中形成和确立了党的群众路线,培育了党群之间鱼水相依的亲密关系。在民主革命时期毛泽东明确指出,"革命战争是群众的战争,只有动员群众才能进行战争,只有依靠群众才能进行战争"。[③]在社会主义建设时期他要求全党"坚决走群众路线,一切问题都要和群众商量"。[④]在改革开放的新时期,以邓小平同志为核心的党的第二代领导集体反复强调,要把"人民拥护不拥护","人民赞成不赞成","人民高兴不高兴","人

①《中共中央文件选集》第1册,中共中央党校出版社1989年版,第472页。

②《红色风暴》第9集,江西人民出版社1960年版,第121页。

③《毛泽东选集》第1卷,人民出版社1991年版,第136页。

④《毛泽东文集》第8卷,人民出版社1999年版,第272页。

民答应不答应”作为制定各项方针政策的出发点和归宿。以江泽民同志为核心的党的第三代中央领导集体指出:“党的一切工作和方针政策,都要以是否符合最广大人民群众的利益为最高衡量标准”。[1]胡锦涛同志进一步强调,“我们党的最大政治优势是密切联系群众,党执政后的最大危险是脱离群众;必须坚持以人为本、执政为民,保持党与人民群众的血肉联系”。[2]习近平同志强调,“在建设中国特色社会主义整个过程中,要不断加强党的宗旨教育和群众路线教育,引导党员和党的干部牢固树立立党为公、执政为民理念、坚持马克思主义群众观点,把实现好、维护好、发展好最广大人民根本利益作为检验作风纯洁性的试金石。”[3]正是因为我们党几十年来深深扎根于人民的沃土之中,保持了良好的党群关系,保持了无产阶级先锋队的性质,党才能历经磨难而不衰,始终站在时代前列,党的事业才能不断从胜利走向新的胜利。

社会主义现代化是一项前无古人的艰巨复杂的事业。中国最广大人民群众是建设中国特色社会主义事业的主体,是社会主义物质文明、政治文明、精神文明、社会建设和生态文明建设的推动者。没有亿万人民的积极参加,社会主义现代化就不可能实现。如同胡锦涛同志所说:“回顾过去我们党在革命、建设、改革各个历史时期的成就,都是通过团结带领人民共同奋斗取得的。面向未来,我们党要实现全面建设小康社会和社会主义现代化的宏伟日标,同样必须紧紧依靠人民。”[4]党只有密切联系群众,最广泛地调动人民群众的积极性、主动性和创造性,最大限度地集中全民族的智慧和力量,才能促进经济、政治、文化和社会建设的协调健康发展,加速推进社会主义现代化,实现党的执政使命。

相反,苏联共产党曾经是一个拥有1800多万党员的大党,拥有占世界1/6土地的大国。两次世界大战、帝国主义的武装干涉、两大集团的军事和经济对抗都没有能使这个党瓦解,然而,它却在20世纪末轰然倒塌了。苏共败亡的根本原因不是别的,正是因为党,特别是党的领导干部严重脱离了人民群众,丧

①《十五大以来重要文献选编》中,人民出版社2001年版,第691-692页。

②《在庆祝中国共产党成立90周年大会上的讲话》,人民出版社2011年版,第14页。

③《习近平在中央党校春季学期开学典礼上的讲话》(2012年3月1日),《人民日报》2012年3月2日。

④《十七大以来重要文献选编》中,中央文献出版社2011年版,第1010-1011页。

失了先进性。苏联部长会议主席雷日科夫指出:“苏共被赶下了政治舞台,而它的一千好几百万党员中,竟没有一个人站出来捍卫它”,“苏共之所以能走到酿成悲剧的一步,是因为几十年来它把权力视为自己的专利,它已经丧失了现实的日常政治斗争的能力。结果当一个统一的机体丧失了自己最优良的品质——战斗性、自我牺牲精神、无私奉献精神……的时候,它衰退了”,“丧失了对人民群众的影响力”。[①]党脱离了人民群众,失去了人民群众的信任和支持,党的事业无疑必然失败。

因此,群众路线是我们党的生命线。坚持群众路线,党群关系密切,党的事业就顺利发展;反之,党的事业就会遭受挫折,甚至失败。我们党 90 多年的历史说明了一个真理:凡是成功和胜利,都是依靠群众取得的;凡遭受失败和挫折,无一不是脱离群众的恶果。广大党员干部应从巩固党的执政地位、完成党的执政使命、确保党和国家长治久安的战略高度出发,带着深厚感情做群众工作,以人民群众利益为重,以人民群众期盼为念,始终保持党同人民群众的血肉联系。

三、新形势下群众路线呈现新特点,面临新挑战

当前,我国继续处在经济社会发展的重要战略机遇期和社会矛盾凸显期,随着改革开放深入推进、社会发展深刻转型、利益格局深入调整,人民群众的思想观念、行为方式、价值取向、利益诉求等发生新变化,贯彻群众路线对象更加多样化、内容更加丰富、环境日趋复杂,呈现出新的阶段性特点,面临新的问题和挑战。

(一)把握群众路线新特点

1.群众对象范畴的扩大化

人民群众是一个动态、发展的历史性概念,在不同的国家和地区,以及同一国家的不同历史时期,“群众”所指的对象也不同,群众概念是随着时代变化

①(俄)尼古拉伊万诺维奇雷日科夫著,徐昌翰等译:《大国悲剧——苏联解体的前因后果》,新华出版社 2010 年版,第 8-9 页。

而发展的。1957年2月,毛泽东在《关于正确处理人民内部矛盾的问题》中指出:"人民这个概念在不同的国家和各个国家不同的历史时期,有着不同的内容。"[①]因此,坚持和发展群众路线,必须以马克思主义科学方法论为指导,用历史的、发展的眼光准确把握人民群众这个概念。

就我国情况而言,在土地革命时期,一切支持中国革命的工人、农民、知识分子、小资产阶级和民族资产阶级,都是人民群众的组成部分。在抗日战争时期,"一切抗日的阶级、阶层和社会集团都属于人民的范围"。[②]在解放战争时期,一切反对官僚资产阶级、地主阶级以及代表这些阶级的国民党反动派的阶级、阶层和社会集团,都属于人民的范围。在社会主义建设时期,"一切赞成、拥护和参加社会主义建设事业的阶级、阶层和社会集团,都属于人民的范围"。[③]新中国成立后,我国形成了"两个阶级、一个阶层"式的社会结构,即工人阶级、农民阶级和知识分子阶层构成了人民群众的主体。改革开放以来,这种传统结构被打破,各阶级阶层的规模、构成、意识和利益关系出现了一系列新情况。随着新兴阶层的涌现,人民群众的范畴在逐渐扩大。科学发展观强调的以人为本的"人",是指包括社会各阶层在内的最广大人民群众,其外延更大。在当代中国,我国人民群众的组成部分包括一切社会主义劳动者,主要指工人、农民、知识分子、军人等;一切社会主义事业的建设者,主要指个体工商户、私营企业主、私营和外资企业的经理者阶层等;一切拥护社会主义的爱国者,主要指港澳同胞和海外侨胞;一切拥护祖国统一的爱国者,主要指台湾同胞。随着改革开放的深入和社会主义市场经济的发展,越来越多的"单位人"变成"社会人",城乡流动人口大量增加,新的社会阶层、社会组织和社会群体不断涌现,群众对象日益多样、多元,群众概念日趋扩大、广泛。

2.群众利益诉求的多元化

当前,我国正处于战略机遇期和矛盾凸显期重叠交织的发展阶段,面临的矛盾和问题较之以往更加复杂、更加突出,群众利益诉求呈现出多元化的时代

①《毛泽东著作选读》,人民出版社1986年版,第757页。
②《毛泽东著作选读》,人民出版社1986年版,第483页。
③《毛泽东著作选读》,人民出版社1986年版,第800页。

特征。

第一，诉求方式多元化。大体可以概括为三种表达方式：一是以人民代表大会制度为核心，包括政党制度、政治协商制度、区域自治和基层群众自治制度等国家制度层面制定的诉求表达方式。其特点是间接代议，群众的利益诉求通过各级人大代表、党代表、政协委员向国家权力机关、执政党表达。二是以信访、网络问政、官方微博、听证会等为代表的新兴诉求表达方式。其特点是群众的利益诉求直达决策层，实现自主利益的有效表达。三是人民团体和社会组织代表特定人群进行利益诉求。其特点是以高度的组织化代替分散的个体表达利益诉求，实现政府与群众之间的有效沟通与合作。

第二，诉求内容多元化。一方面，群众利益需求日趋多元，从单一的物质利益需求转变为物质利益、精神利益、民主权益并存的多种利益需求，涵盖了经济、政治、文化、社会等各个领域。另一方面，群众反映问题日趋多元，既有土地征用、房屋拆迁、环境保护、企业改制、就业保障等多层面的问题，也有安全生产、干部作风、分配不公、民族宗教、历史遗留等多领域的问题。其中的矛盾纠纷往往是直接利益冲突与间接利益冲突并存，合理诉求与不合理诉求交织，对抗性矛盾与非对抗性矛盾融合，历史问题与现实问题叠加，复杂程度增加，处置难度加大，稍有不慎，小问题就会诱发群体性事件，局部问题就会演变成影响全局的矛盾冲突。

第三，利益群体多元化。随着我国经济体制深刻变革，社会结构深刻变动，利益格局深刻调整，思想观念深刻变化，社会利益群体大体可以划分为三种类型：一是强势群体，主要由生活在社会中上层的政治精英、经济精英和知识精英组成；二是中间群体，主要由生活在中下层的普通职员、工人、个体私营者组成；三是弱势群体，主要由生活在社会底层包括城市下岗工人或失业者、城市农民工、贫困农民等组成。三大群体占有的政治、经济和社会资源不同，所关注的利益不同，诉求不尽相同，分化比较明显。

第四，诉求能效差异化。强势群体的群体意识比较成熟，对共同利益有明确认识，而且有能力整合自身资源，通过正式和非正式渠道有效表达利益诉求，影响政治决策和公共政策走向。中间群体人数众多、结构复杂，具备一定的自我意识，却难以形成统一的群体意识，特别是在利益表达方面容易陷入“众声喧哗”、“自相矛盾”的状态。弱势群体缺乏群体意识，组织化程度极低，处于个体游离和分散状态，难以有效表达利益诉求、影响政府公共政策，在合理的利益诉求受到阻挠的情况下，有时被迫选择非理性甚至极端的方式进行维权。

3.群众工作环境的复杂化

改革开放以来的短短35年，我们完成了发达国家200至300年才能实现的历史任务，但与此同时，西方发达国家200至300年中不断出现、不断解决的矛盾和问题同样集中体现在“时空压缩”下的中国，各种矛盾问题相互交织更加复杂化，做好群众工作的压力比过去任何时候都更为突出。

一方面，由市场经济、群团社会、媒体舆论等构成的群众工作外环境，组成结构多元，利益关系复杂。群众日益增长的民主需求、利益诉求和精神渴求，与征地拆迁、企业转制、劳资纠纷等问题相互交织，涉及面之广、处理难度之大、情况之复杂前所未有。另一方面，由思想观念、价值理念等构成的群众工作内环境发生新的变化。人们思想观念的差异性凸显、多变性突出，价值追求呈现出明显的多元化特征。群众对我们党的认同已经从过去的感情认同转变为法理型认同和利益认同，对权威和体制的遵从性、依赖性大大减弱，独立性、民主性逐渐增强，特别是互联网等新兴媒体的迅猛发展，使社会舆论环境发生了重大而深刻的变化，进一步增强了群众工作的复杂性。

4.群众主体意识不断强化

随着经济社会加快发展和深刻变化，人民群众的政治参与能力、创业发展能力明显提高，特别是民主意识、自主意识、平等意识、竞争意识、权利意识不断增强，人民群众从过去对党和政府的无条件信任和服从，一定程度上让位于对个体权利的追求，由于社会分化等问题导致一定的社会“逆反”心理，由于权力腐败等问题导致一些群众对公权力信任度降低。

（二）正视群众路线新问题

总体上看，当前各级党组织和党员、干部贯彻执行党的群众路线情况是好的，党群干群关系也是好的，广大党员、干部在改革发展稳定各项工作中冲锋陷阵、忘我奉献，发挥了先锋模范作用，赢得了广大人民群众的肯定和拥护。这是主流，必须充分肯定。同时也必须看到，面对世情、国情、党情的深刻变化，精神懈怠的危险、能力不足的危险、脱离群众的危险、消极腐败的危险更加尖锐地摆在全党面前，党内脱离群众的现象大量存在，一些问题还相当严重。主要表现在以下三个方面。

1.一些党员、干部群众观念淡化

有的把同群众的“鱼水关系”变成“蛙水关系”，需要时跳进去，不需要时跳出来。有的把群众当临时道具，需要群众口碑时到群众中走一走，无须群众评议时把群众忘在脑后；开展群众活动时走进群众秀一秀，活动过后则把群众丢在一边。有的交通便捷了、与群众的联系却少了，通信发达了、与群众交心却难了，条件改善了、与群众感情却淡了。有的官僚习气十足、衙门作风严重，对待群众门难进、脸难看、话难听、事难办，甚至对群众办事推诿扯皮、肆意刁难。有的对上阿谀奉承、对下颐指气使，只怕领导不高兴、不怕群众不满意，只干为自己长脸的事、不干对群众有利的事。有的热衷于同老板交朋友，不愿意和群众打交道。有的奉行“谁找我我理谁，谁拍我我向谁，谁近我我帮谁”，遇事先考虑个人和小圈子的利益，对群众没感情、对群众的事没感觉、对群众的支持没感恩，不闻民间疾苦、不问群众冷暖，不通民情民意、不知民忧民怨，甚至损害群众利益，引起群众强烈不满。

2.一些党员、干部滋生不正之风

有的搞形式主义，知行不一、不求实效，文山会海、花拳绣腿，贪图虚名、弄虚作假，热衷于造声势、出风头，出镜头、露脸面，“调查研究隔层纸，政策执行隔座山”。有的搞官僚主义，脱离实际、脱离群众，高高在上、漠视现实，唯我独尊、自我膨胀，敷衍塞责、得过且过。有的搞享乐主义，精神懈怠、不思进取，追名逐利、贪图享受，讲究排场、玩风盛行，意志消沉、信念动摇。有的搞奢靡之风，铺张浪费、挥霍无度，大兴土木、节庆泛滥，生活奢华、骄奢淫逸，甚至以权谋私、腐化堕落。

3.一些党员、干部能力不足

有的处理群众问题，或墨守成规、循规蹈矩，或不知所措、无能为力，找不到新途径，想不出新办法。有的对待群众诉求，“不闹不解决、小闹小解决、大闹大解决”。有的借口工作忙、事情多，不愿见群众；担心群众提意见、提要求，不敢见群众；面对新媒体、新方式，不会见群众。有的在公共场合失言、失信、失策、失态，在群体性事件中“举止轻率、态度暧昧、反应麻木、应对乏力”。有的不会同群众说话，与新社会阶层说不上去，与困难群众说不下去，与年轻人说不进去，与老同志被顶了回去。

这些问题虽然发生在少数人身上，却严重影响党在人民群众中的形象，损害政府公信力，污染社会风气，阻碍经济社会发展。如果任由其蔓延开来，后果不堪设想。它就会像一堵无形的墙把党和人民群众隔开，党就会因此失去根基、失去血脉、失去力量。近年来发生的一些群体性事件，就是由部分党员、干部官僚主义盛行、腐败现象严重、漠视群众利益引发的。一位处理过此类事件的领导干部沉痛地说：“对党充满感恩之情、待人善良温和的群众，用暴力维护自己的权益。这件事必须引起我们当政者的深刻反思，必须引起各级干部铭心刻骨、灵魂深处的反省！”类似的事情为党员、干部一次又一次地敲响了警钟。党员、干部一定要清醒地认识到，党的先进性和党的执政地位都不是一劳永逸、一成不变的，过去先进不等于现在先进，现在先进不等于永远先进；过去拥有不等于现在拥有，现在拥有不等于永远拥有。这是用辩证唯物主义和历史唯物主义观察问题得出的结论。对于我们党来说，只要处于执政地位，“赶考”就不会结束，而“考官”正是广大人民群众。

（三）直面群众路线新挑战

坚持党的群众路线，我党既有建党 90 多年薪火相传的优良传统和政治优势，也面临着世情国情党情深刻变化的新挑战。

1.多元化的主体结构：群众路线分化的挑战

坚持群众路线，核心是坚持群众主体地位。改革开放以来，随着我国社会经济成分、组织形式、就业方式、利益关系和分配方式日益多样化，群众主体结构和利益诉求日趋多元化，给我们党带来了群众路线分化的挑战。

一方面，新兴社会阶层异军突起，对巩固党的群众基础、提高党的社会凝聚力和影响力提出了挑战。虽然 20 世纪 90 年代以来，新兴社会阶层的政治地位得到很大提高，被我们党明确定位为“中国特色社会主义事业的建设者”，其中的优秀分子只要符合条件同样可以入党，可以成为人大代表和政协委员，甚至可以直接担任政府部门领导。但是，由于政策瓶颈等原因，大多数新社会成员组织化程度较低，利益的维护和实现难度较大。

另一方面，与新兴社会阶层不断涌现形成鲜明对比的是，传统的执政基础即工农群众特别是农民却逐渐沦为弱势群体。以城乡居民收入差距为例，1978年城乡居民收入差距是2.50:1，2007年扩大到改革开放以来的最高水平3.33:1。2010年以来城乡居民收入差距虽然呈逐年回落趋势，但2012年仍然高达3.10:1。更为严重的是，2012年中国还有1.28亿的贫困人口，占农村总人口的13.4%，占全国总人口近1/10。这种“社会断裂”现象，必然使大量社会成员对于改革开放、“共同富裕”的认同度降低，近年来发生的多起“社会泄愤事件”，一个突出特点就是一些没有直接利益关系的人参与其中，借机发泄心中的不满。这类事件的一再发生，是社会危机的重要信号，如果不能尽快合理解决，党的执政合法性将受到严重威胁。如何运用群众路线来扩大群众基础和巩固阶级基础，来吸收和同化新生社会阶层，整合不同阶层利益，进而整合社会，使党真正成为群众所信任依赖的利益代言人，已经成为我们党必须面对的严峻挑战。

2.精英化的官僚机制：群众路线退化的挑战

自工业社会以来，马克斯·韦伯所倡导的官僚机制就以其分工、准确、效率、非人格化管理等优点，成为现代社会管理中达成社会与经济目标的最优组织形式，但其僵化、保守、对人性的伤害等不足，又使得精英化的官僚机制在社会管理中往往容易出现精英主义思维和官僚主义作风，带来群众路线退化的风险。

第一，精英主义思维对新形势下坚持群众观点、发挥群众主体作用提出了现实挑战。所谓精英主义思维，德国政治学家罗伯特·米歇尔斯称之为万古不变的“历史铁律”。精英主义者认为，在现代社会中只有掌握特殊技能的精英政治家，才能处理日益复杂的公共事务，成为政治核心和支配力量，人民大众只能是群氓。在这一思维主导下，群众作用要么被轻视或漠视，要么被对立化或妖魔化。表现在政绩考核评价、干部选拔任用、职级升迁流转上，虽然有群众评价标准，但权重小、影响力弱或流于形式。在政策制定上，在劳动、资本、技术、管理四要素中，往往对资本的关注远远超过劳动。据全国总工会的一项调查显示，我国居民劳动报酬占GDP的比重，在1983年达到56.5%的峰值后，就持续下降,2005 年下降到 36.7%,22 年间下降了近 20 个百分点。而从 1978 年到 2005 年,与劳动报酬比重的持续下降形成鲜明对比的,是资本报酬占 GDP 的比重上升了 20 个百分点，收入分配已经成为影响社会和谐稳定的重要因素。在对待群体性事件上,一些地方干部往往视其为刁民作乱而简单粗暴处理,甚至给群众扣上“别有用心的一小撮分子”、“黑恶势力”等帽子缉拿追捕。早在 1957 年,针对当时一些党员、干部认为“好人不闹事,闹事无好人”“凡是与政府闹事的就是敌我矛盾”等错误认识,毛泽东严正指示:“对待人民内部问题动不动就想‘武力解决’,这是非常危险的,必须坚决纠正的。”[①]一个月后,毛泽东在作《关于正确处理人民内部矛盾的问题》报告时强调:“闹事的直接的原因,……还是领导上的官僚主义。”[②]

第二,官僚主义作风对新形势下密切党群关系提出了严峻考验。官僚主义的要害在于脱离实际、脱离群众,做官当老爷,是党群关系的“隔离墙”。十月革命胜利后，列宁曾尖锐地指出:“我们所有经济机关的一切工作中最大的毛病就是官僚主义。共产党员成了官僚主义者。如果说有什么东西会把我们毁掉的话,那就是这个。”[③]毛泽东一生痛恨官僚主义,认为官僚主义是“反人民的作风”,[④]主张“把官僚主义这个极坏的家伙抛到粪缸里去”,[⑤]告诫全党“不要滋生官僚主义作风,不要形成一个脱离人民的贵族阶层。”[⑥]“一定要把领导上的老爷式作风、官僚主义作风、命令主义作风,完全消灭得干干净净”。[⑦]并亲自领导和发动了延安整风运动、“三反”运动和 1957 年整风运动等反对官僚主义的斗争。无可否认,我们党历来高度重视、坚决反对官僚主义。但由于官僚主义脱胎于根深蒂固的封建特权思想,“做官当老爷”无疑极具诱惑性,稍不留神,“官僚

①《毛泽东选集》第 5 卷,人民出版社 1977 年版,第 332-334 页。
②《毛泽东选集》第 5 卷,人民出版社 1977 年版,第 356-357 页。
③《列宁全集》第 52 卷,人民出版社 1988 年版,第 300 页。
④《毛泽东选集》第 5 卷,人民出版社 1977 年版,第 72-74 页。
⑤《毛泽东选集》第 1 卷,人民出版社 1991 年版,第 124 页。
⑥《毛泽东选集》第 5 卷,人民出版社 1977 年版,第 324-326 页。
⑦《建国以来毛泽东文稿》第 9 册,中央文献出版社 1996 年版,第 109 页。

主义这种旧社会遗留下来的坏作风,……就会春风吹又生了"。[7]这不,时至今日,官僚主义不仅没有被完全消灭,而是在党内大量存在并有愈演愈烈之势。习近平总书记在党的群众路线教育实践活动工作会议上,深刻揭示了官僚主义等"四风"问题的主要表现,严肃指出这是当前群众深恶痛绝、反映最强烈的问题,也是损害党群干群关系的重要根源。

"奢靡之始,危亡之渐。"这不是危言耸听,的确是高瞻远瞩的思想自觉。苏共垮台、苏联解体,给我们提出了官僚主义盛行而导致"霸王别姬"的深刻警醒,留下了脱离群众、最终被群众抛弃的惨痛教训。在苏联解体前的 1990 年,《西伯利亚报》曾以"苏共代表谁"为题在部分群众中进行问卷调查。统计结果显示,认为苏共代表劳动人民的只占 7%,认为代表工人的只占 4%,认为代表全体党员的只占 11%,而认为代表官僚等的却占 85%。1917 年,苏共 20 万党员时,领导人民推翻沙皇反动统治,取得了十月革命的胜利;1945 年,苏共 200 万党员时,领导人民打败侵略者,赢得了卫国战争的胜利;1991 年,苏共 2000 万党员时,却上演了政党垮台、国家解体的历史悲剧。更令人震惊的是,对苏共这样一个大党的垮台、苏联这样一个大国的解体,苏共党员和苏联人民竟表现出普遍的麻木和冷漠。西方记者曾经这样描述当时的情景:这里在举行"一场平静的葬礼"。苏共垮台、苏联解体的事实表明,当大多数人民群众认为这个政权、这个执政党已经不能代表他们利益的时候,垮台和失败就是必然的了。

苏共垮台、苏联解体,教训深刻,令人深思。但问题的关键在于,我们必须以惨痛教训为镜鉴反躬自省,以壮士断腕的勇气痛下决心,以"钉钉子"的精神常抓不懈,深挖寄生于党内的"毒瘤",拆除损害党群干群关系的"隔离墙"。这是我们直面严峻考验的应有态度和应对举措。

3.固定化的利益阶层:群众路线异化的挑战

利益阶层固化,是近年来人们普遍关注的社会热点问题,是全面深化改革的最大障碍,给新形势下坚持群众路线、实现最广大人民群众根本利益带来严峻挑战。

所谓"阶层固化",是指近年来,"农民工二代"、"贫二代"、"富二代"、"官二

---

①《毛泽东文集》第 8 卷,人民出版社 1999 年版,第 166 页。

代”、“垄二代”(全家几代人都在国有垄断企业)的概念日渐清晰,人们感到改变命运的成本越来越高、渠道越来越窄,由社会底层向中间阶层以及更上阶层流动的难度越来越大。这种社会现象被称之为“阶层固化”。从学理上说,由于制度设计不合理、资源分配不公平、个人禀赋不均衡等因素而形成的社会阶层分化,是人类社会发展的必然。当前,中国社会阶层固化的情况和问题,还需要进一步的实证研究。但毋庸讳言,当今中国社会阶层固化的趋势已然隐现并日益明显,一旦落定,阶层与阶层之间的对立和误读将显性化、扩大化,对社会公平正义将产生极大冲击,还有可能形成爆发式的群体性矛盾冲突,最终影响整个社会的和谐稳定、发展进步。

阶层固化,意味着处在社会底层的人群日趋定型,缺乏改变命运的渠道和机会,难以实现自由、开放的“纵向”流动。这种人员流动不畅的背后,是社会公平、公正的缺失。当前突出表现在教育和就业机会的不公平。从教育看,教育和因教育而获得的技能,是现代社会主导社会流动的最重要机制。但 20 世纪 90 年代以来,受教育产业化带来的教育费用攀升、高考公平性缺失和公共权力运行约束机制匮乏等因素影响,普通百姓出身的底层子弟已难以均享教育机会,依靠知识改变命运的传统向上流动模式受到挑战。一方面,“上学难、上学贵”成为社会热议的焦点。“家里有个上学娃,想花的钱不敢花”,道出了许多普通百姓的生活状况和无奈心声,教育支出成为多数家庭的沉重负担。据有关机构调查测算,当下,“养大一个孩子 50 万元打底,100 万元不稀奇”,农民子女教育支出占家庭总收入 60%以上,有的甚至因教致贫;城市居民子女教育支出占家庭总收入 30%以上,有的高达 50%,“孩奴”成为继“房奴”之后因育儿压力而催生的又一个流行词汇。另一方面,城乡教育差距明显,城乡大学生的比例差距越来越大。2006 年 1 月,国家教育科学“十五”规划课题“我国高等教育公平问题的研究”课题组调查研究表明,城乡之间的学历差距逐渐拉大。在城市,高中、中专、大专、本科、研究生学历人口的比例分别是农村的 3.5 倍、16.5 倍、55.5 倍、281.5 倍、323 倍。2010 年城乡大学生的比例分别是 82.3%和 17.7%。而在 20 世纪 80 年代,高校中农村生源还占 30%以上。从就业看,就业公平性的恶化程度似乎比教育更糟,就业竞争逐渐沦为“拼爹”游戏,父辈社会地位的高低,掌握社会资源的多少,成为子女就业的决定性因素。一句风行网络的“恨爹不成刚(李刚)”道出了多少年轻人的无奈与叹息。一项调查表明:西部某省会公务员队伍中,父母是“公务员”的比例最高,达到 33.3%,父母是“普通职工”的占 26%,而父母是“进城务工人员”的比例最小,仅占 2.8%。一些地方公务员招考不断爆出的“老子招儿子”、“量身定做”等“萝卜坑”新闻更突显就业的不公平,而这种“精英复制”、“权力世袭”的情况在某些基层尤为突出,形成了错综复杂的裙带关系。

有学者坦言:“在固化的利益格局里,权力异化是典型特征。”位于上层的既得利益者在权力和财富上占据垄断地位,千方百计让自己的后代承袭着权力和财富。“官者”可以利用自身资源优势让子女接受更好的教育、享受更多的就业机会,“富者”可以通过财富的传递,让自己的孩子过上富足的生活。如果随着社会的发展,每个人都有向上流动的机会和希望,那么整个社会就会充满生机和活力。而现在,底层民众改变命运的希望几乎破灭,这对于整个社会来说,无疑是相当危险的。长此以往,整个社会流动将陷入僵化甚至出现断裂,社会情绪对立与仇视将日益激化,社会稳定便难以维持。

总而言之,阶层固化使社会财富、社会资源高度聚集于强势阶层,势必使人们对群众路线“一切为了群众”的价值取向产生动摇;阶层固化使不同社会阶层之间的利益矛盾尖锐化、固定化、代际传承化,势必使人们对群众路线“团结和依靠群众”的价值功能产生怀疑,群众路线还能否为党的执政合法性以及巩固党的执政地位提供价值功能,人们期待更有说服力的回答。阶层固化的最大隐患,还不在形成了分化的利益阶层,也不是阶层流动受阻,而是使社会新生代丧失对中国特色社会主义的坚定信念,失去对党的认同感和追随动力。一旦形成个人无法凭知识和能力改变命运的社会环境和风气,如何让新生代认同党的执政合法性,感受社会公平正义?如何让人们相信群众是创造世界的根本动力,是社会的真正主人?这才是最大的挑战。

四、践行为民务实清廉,坚守立党兴国“生命线”

在社会利益多元化的新时期,群众路线的时代内涵在创新发展、与时俱进。为民务实清廉,揭示了党的群众路线的时代内涵:“为民”是贯彻执行群众路线的目的,“务实”是贯彻执行群众路线的途径,“清廉”是贯彻执行群众路线的保障。践行为民务实清廉,是坚持群众路线的时代要求。

(一)为民——站稳群众立场

为什么人的问题,是一个根本的问题、原则的问题。群众立场是我们党最根本的政治立场,体现了党的性质宗旨,体现了对社会发展规律的科学把握,体现了对保持党的先进性的自觉追求。只有真正领悟了群众立场的真谛,才会坚持与群众站在一起,同群众坐在一条板凳上,才会自觉自愿、发自内心地为群众服务。在长期的奋斗实践中,我们党所以得到人民群众的拥护和支持,最根本的原因就是始终站在最广大人民的立场上,始终代表最广大人民的根本利益。只有站稳群众立场,才能制定正确的理论和路线方针政策,才能正确对待事业、对待群众,才能做出经得起实践、人民、历史检验的实绩。

群众立场,必须坚持植根人民、心系群众,始终保持同人民群众的血肉联系。没有一种根基,比扎根于人民更坚实;没有一种力量,比从群众中汲取更强大;没有一种执政资源,比赢得民意更珍贵持久。我们党从诞生之日起就把生存之根、发展之根深深地扎在人民之中,与人民胎脐相连、血脉相通。在党的幼年和童年时期,面对如磐的风雨、如晦的岁月,人民把党紧紧抱在怀里,让我们知道了什么叫生死相依、患难与共,什么叫水乳交融、鱼水情深!

那个时候,我们把人民唤作亲爹娘,把自己当作子弟兵、好儿郎;那个时候,我们穿着太行山区老大妈纳的布鞋,扛着林海雪原中猎户老常家的猎枪,喝着沙家浜阿庆嫂泡的茶,嚼着胶东母亲摘的苦菜花,吮着沂蒙红嫂疗伤的乳汁,奔赴前线;那个时候,在白色恐怖下、血雨腥风中,我们的红旗依然鲜艳、红星依然闪亮、红梅依然怒放,一位老艄公很可能就是我们的交通员,一位老大爷叫卖的“老刀”牌香烟里很可能就藏着我们的密电码,一位衣衫褴褛沿街乞讨的大娘很可能把自己的儿女们全部送上了杀敌战场!那个时候,为了保护革命的火种、为了掩护受伤的八路军战士、为了传递重要的情报,不知道有多少群众献出了生命!党把人民看得最重,人民把党看得比命还珍贵。鲜红的党旗和国旗浸染着共产党人的热血,也浸染了人民的热血!这一切,都是我们党革命的力量、奋斗的力量、胜利的力量。

“最后一口粮,做的是军粮;最后一块布,做的是军装;最后一个儿啊,送到了部队上。”当年的歌谣，一腹衷肠满腔热泪。“羊羔羔吃奶眼望着妈”，是人民把党养育大！1948年11月淮海战役中，543万人民群众“倾家荡产、支援前线”，车轮滚滚，惊尘蔽天，陈毅元帅感慨万分地说：“淮海战役的胜利，是人民群众用小推车推出来的！”这就是力量的源泉、胜利的保证。

历史和现实都告诉我们，密切联系群众，是我们党的安身立命之本、发展壮大之基；能否保持党同人民群众的血肉联系，关系党的生死存亡，决定党的事业盛衰成败。

我们党来自人民、植根人民、服务人民，党的根基在人民、血脉在人民、力量在人民。党只有始终与人民心连心，才能坚如磐石；党的事业只有得到人民拥护和支持，才能根深叶茂。在世情国情党情发生深刻变化的新形势下，我们党要经受“四大考验”、克服“四大危险”，就必须始终密切联系群众。在任何时候任何情况下，与人民同呼吸共命运的立场不能变，全心全意为人民服务的宗旨不能忘，群众是真正英雄的历史唯物主义观点不能丢，始终依靠人民推动历史前进。

站稳群众立场，必须坚持以人为本、执政为民，始终做到真心实意为群众谋利益。毛泽东曾经说过：“一切空话都是无用的，必须给人民以看得见的物质福利。”①站稳群众立场，必须造福于民，坚持把人民利益放在第一位，把实现好、维护好、发展好最广大人民根本利益作为一切工作的出发点和落脚点，不断提高人民群众生活质量和幸福指数，让生活在我们伟大祖国和伟大时代的中国人民，共同享有人生出彩的机会，共同享有梦想成真的机会，共同享有同祖国和时代一起成长与进步的机会。必须坚持把人民拥护不拥护、赞成不赞成、高兴不高兴、答应不答应，作为制定各项方针政策、判断工作成败得失的最高标准，倾听人民呼声、积极畅通群众利益诉求多元化渠道，回应人民期待、统筹兼顾各方面各层次群众利益关切，保证人民平等参与、平等发展权利，维护社会公平正义，保障和改善民生，使发展成果更多更公平惠及全体人民。

①《毛泽东文集》第2卷，人民出版社1993年版，第467页。

(二)务实——做好群众工作

一步实际行动胜过一打空头纲领。务实，是群众路线的本质特征，是新形势下改进作风的重要任务。当前，坚持群众路线及其务实本质，就是要从改进作风做起，切实做好群众工作。群众最纯朴、最实在，干部贵在“实”、重在“干”，“不干，半点马克思主义也没有”。[①]实践证明，党员干部只有坚持求真务实、真抓实干，真正做到重实际、说实话、办实事、求实效，才能得到群众拥护和支持，扎实做好群众工作。

做好群众工作，必须增进群众感情。群众是我们的血脉根基，必须情系群众、贴近群众，把群众放在心中最高位置。只有身入群众，才能对群众有真感情；只有心入群众，才会自觉自愿地服务群众；只有我们把群众放在心上，群众才会把我们放在心上。要把融入群众、体察民情作为一种理念、一种常态，把同群众面对面、心贴心作为一种情怀、一种责任，常怀爱民之心，常思惠民之策，做到真心为民、思想到位，热心为民、联系到位，倾心为民、行动到位，真正与群众融在一起、打成一片，成为群众的知心朋友、贴心亲人。

群众是我们的衣食父母，必须感恩群众、回馈群众，把群众当作自己的父母一样对待。只有群众在党员干部心中有地位，党员干部才会在群众当中有威信；只有我们把群众当亲人，群众才会把我们当亲人。要常怀感恩之心，永葆赤子之情，坚持问政于民、问需于民、问计于民，真诚倾听群众呼声，真实反映群众愿望，真情关心群众疾苦，依法保障群众权益，做到知民情、解民忧、暖民心。

做好群众工作，必须解决实际问题。群众工作的实质是解决群众实际问题，核心是正确处理人民内部矛盾。要真心为群众着想，全力为群众排忧解难。1934 年 1 月 27 日，毛泽东在《关心群众生活，注意工作方法》中指出：“我们应该深刻地注意群众生活的问题，从土地、劳动问题，到柴米油盐问题。妇女群众要学习犁耙，找什么人去教他们呢？小孩子要求读书，小学办起了没有呢？对面的木桥太小会跌倒行人，要不要修理一下呢？许多人生疮害病，想个什么办法

①《邓小平文选》第 2 卷，人民出版社 1994 年版，第221 页。

呢？一切这些群众生活上的问题，都应该把它提到自己的议事日程上。”[①]2012年11月15日，习近平总书记在同采访十八大的中外记者见面时代表新一届中央政治局常委讲话强调，我们的人民热爱生活，期盼有更好的教育、更稳定的工作、更满意的收入、更可靠的社会保障、更高水平的医疗卫生服务、更舒适的居住条件、更优美的环境，期盼孩子们能成长得更好、工作得更好、生活得更好。人民对美好生活的向往，就是我们的奋斗目标。这就告诉我们，做好群众工作，必须设身处地关心群众生活，真心实意为群众谋利益，扎扎实实为群众办实事、办好事。紧抓民生之本，解决民生之急，排除民生之忧，这是密切党群关系的治本之策，也是最根本的群众工作。现阶段要着力解决好三个方面的民生问题：一是要解决基本民生，建立和完善人民生活的基本保障体系；二是要解决底线民生，保证困难群体的基本生活；三是要解决公平民生，保障教育公平、就业公平、分配公平以及权利公平、机会公平、规则公平，使每一个中国人有尊严地生活，感受到社会公平正义的阳光。十八届三中全会通过的《中共中央关于全面深化改革若干重大问题的决定》，紧紧围绕更好保障和改善民生、促进社会公平正义，对改革收入分配制度，促进共同富裕，破除城乡户籍壁垒，推进基本公共服务均等化，消除制度障碍和就业歧视，增加农民财产性收入等社会关切的民生期盼，作出了深化社会体制改革的战略部署，顺应民心，合乎民意。

做好群众工作，必须真诚拜人民为师。马克思主义经典作家曾经说过：千百万创造者的智慧会创造出一种比最伟大的天才预见都还要高明得多的东西。毛泽东指出，群众是真正的英雄，“拜人民为师，这就灵了”。真诚拜人民为师，就是要甘当学生，从内心深处真正把人民群众当先生，虚心向群众求教问策，把政治智慧的增长、执政本领的增强、领导艺术的提高深深扎根于人民群众的实践沃土中，不断从人民群众中汲取营养和力量。不少地方领导干部在驻村蹲点后感慨地说：“在老乡家拉家常与在办公室接待群众来访不一样，睡在农家硬板床上考虑问题与坐在办公室沙发上考虑问题不一样，能够发现平时在办公室看不到、听不到的问题，学到在办公室学不到的新思想、新话语，拿出

①《毛泽东选集》第1卷，人民出版社1991年版，第138页。

在办公室想不到的新思路、新举措。”可见,深入群众,就是来到了智慧的大课堂;拜群众为师,就是真正接地气、顺民意。

做好群众工作,必须提高群众工作能力。一是要提高组织群众能力。组织群众是做好群众工作的基础,关键要身体力行尊重群众,倾心竭力感召群众,以身作则带动群众。二是要提高沟通群众能力。沟通群众是做好群众工作的桥梁,关键要将心比心,以真诚取得群众信任,做到“进得了门,谈得上话,交得上心”。三是要提高化解矛盾能力。化解矛盾是做好群众工作的重心,关键要做到“四个结合”,即全面排查与重点排查相结合,超前预防与主动调处相结合,人民调解、司法调解与行政调解相结合,排查调处与维护群众利益相结合。

(三)清廉——永葆清正廉洁

以史为镜,可以知兴替;以人为镜,可以明得失。官员腐败、政治腐朽,必将动摇执政基础,导致亡党亡国。打铁还需自身硬。为政清廉才能取信于民,秉公用权才能赢得人心。清正廉洁是共产党人的政治本色,是群众路线的基本要求,是新形势下我们党经受各种风险考验必须解决的紧迫课题。

永葆清正廉洁,必须坚定理想信念。崇高的理想信念,是共产党人的政治灵魂,是永葆清正廉洁的精神支柱。党员干部只有坚定马克思主义信仰,坚定中国特色社会主义信念,才能践行为民务实清廉,做到两袖清风、一尘不染,永葆清正廉洁本色。相反,一个以“人不为己、天诛地灭”为处世哲学的党员干部,必定视民众为草芥、视公利为私利,最终落得个身败名裂的下场。理想信念是思想和行动的“总开关”,理想的动摇是最危险的动摇,信念的滑坡是最致命的滑坡。现实生活中,一些党员、干部出这样那样的问题,有的甚至滑向腐败的深渊,说到底是信仰迷茫、精神迷失;党内脱离群众的现象大量存在,“四风”问题成为作风之弊、行为之垢,背后的根源主要是党性不纯、理想信念不坚定。坚定理想信念,必须牢固树立正确的世界观、人生观、价值观,坚定中国特色社会主义道路自信、理论自信和制度自信,自觉把人生追求和价值目标融入为祖国富强、民族振兴、人民幸福的奋斗之中。有了这样的理想信念,才能使自己变得精神高尚、眼界开阔、胸怀坦荡、生活充实,也才能做到淡泊名利、克己奉公、无私无畏、勇往直前。

永葆清正廉洁，必须坚持秉公用权。如何对待和运用权力，是检验领导干部党性强弱、是否清廉的试金石。权为民所赋，权为民所用。领导干部不论在什么岗位，都只有为人民服务的义务，都要把人民群众利益放在行使权力的最高位置，把人民群众满意作为行使权力的根本标准，做到公道用人、公正处事。权力是一把"双刃剑"。坚持执政为民，正确运用权力，就会使权力造福人民；奉行掌权为己，滥用权力，以权谋私，就会使权力祸及人民。因此，领导干部工作上要大胆，用权上则要谨慎，常怀敬畏之心、戒惧之意，自觉接受纪律和法律的约束，让人民监督权力，让权力在阳光下运行，做到位高不擅权、权重不谋私。权力的行使与责任的担当紧密相连，有权必有责，权力越大责任越重。领导干部必须强化责任、勇于担当，在难题面前敢于开拓，在矛盾面前敢抓敢管，在风险面前敢担责任，做到不辱使命、不负重托。共产党员永远是劳动人民的普通一员，任何人都没有法律之外的绝对权力。领导干部必须树立正确的权力观，旗帜鲜明地反对官僚主义，反对特权思想、特权现象。

永葆清正廉洁，必须坚持严格自律。严格自律是一种难能可贵的品行修养，是践行清正廉洁的内在要求。面对纷繁复杂的社会环境，面对形形色色的诱惑挑战，党员干部必须自觉"三省吾身"，始终做到"四自"，即自重、自省、自警、自励，筑牢拒腐防变的思想防线；必须克服五种不良心态，即不怕小恶小贪的心理、侥幸心理、消极攀比心理、从众心理和补偿心理，始终做到"六慎"，即慎微、慎欲、慎初、慎独、慎趣、慎友，养成防微杜渐的清廉操守。尤其要管好自己的生活圈、交往圈、娱乐圈，努力做到在生活圈中严守规矩、抗得住各种诱惑，在交往圈中分清良莠、不交不良之友，在娱乐圈中抵御"灯红酒绿"、不为声色所迷。作为领导干部特别是"一把手"，必须切实履行"一岗双责"，不仅要严格自律保持"自廉"，还要以身作则带好班子和队伍，管好亲属和身边工作人员，做到风清气正"群廉"。特别是当前，要深入开展、积极投身群众路线教育实践活动，按照"照镜子、正衣冠、洗洗澡、治治病"的总要求，深入查摆和自觉整改"四风"方面存在的突出问题，不断提高自我净化、自我完善、自我革新、自我提高能力。

永葆清正廉洁，必须坚定不移加强反腐倡廉建设。腐败现象侵蚀党的肌体、侵害群众利益，当前在一些领域易发多发、愈演愈烈，"解决不好，就会对党造成致命伤害，甚至亡党亡国”。因此，反腐倡廉必须常抓不懈，拒腐防变必须警钟长鸣，坚持有腐必反、有贪必肃，不断铲除腐败现象滋生蔓延的土壤；坚持“老虎”、“苍蝇”一起打，始终保持惩治腐败的高压态势；坚持标本兼治、综合治理、惩防并举、注重预防方针，加强对权力运行的制约和监督，把权力关进制度的笼子里，形成不敢腐的惩戒机制、不能腐的防范机制、不易腐的保障机制，构建决策科学、执行坚决、监督有力的权力运行体系，努力实现干部清正、政府清廉、政治清明，以反腐倡廉的实际成效取信于民。

“求木之长者，必固其根本；欲流之远者，必浚其泉源。”人民群众永远是我们党智慧和力量的源泉。只要我们紧紧抓住维护群众利益这个根本点，牢牢把握改进作风这个着力点，切实抓住密切联系群众、站稳群众立场这个关键点，贯彻群众路线就一定能在新形势下不断开创新局面。

增强领导干部理想信念教育的针对性、实效性

第二课题组*

党的十八大报告指出："共产党人必须坚定理想信念，坚守共产党人精神追求。对马克思主义的信仰，对社会主义和共产主义的信念，是共产党人的政治灵魂，是共产党人经受住任何考验的精神支柱。"习近平总书记强调："理想信念坚定，是好干部第一位的标准，是不是好干部首先看这一条。"坚定的理想信念，是我们党强大的政治优势，是我们战胜各种艰难险阻夺取胜利的重要法宝，是党员干部的终身必修课。当前，如何以群众路线教育实践活动为契机，充分利用并巩固群众路线教育的理论和实践成果，增强新形势下干部理想信念教育的针对性和有效性，突出时代性，是干部教育培训工作亟待研究解决的重大课题。

一、加强领导干部理想信念教育的重要性、紧迫性

理想信念是人类心灵世界的核心，是人们政治信仰和世界观的根本体现。坚定的理想信念是中国共产党人最崇高的追求和强大的精神支柱，是中国共产党无可比拟的政治优势。树立对马克思主义的信仰，坚定社会主义、共产主义的信念，这是对共产党员的基本要求，也是党的建设的根本。加强领导干部理想信念教育，引导其进一步坚定共产主义远大理想和中国特色社会主义理想信念，历来是我们党十分重视的大事。

---

*课题负责人：许晓明，课题组成员：刘章烈、李学金、元勋

（一）理想信念教育是党的事业发展的重要保证

中国共产党成立九十多年来，经验和教训充分证明：领导干部的共产主义理想和中国特色社会主义信念是否坚定，不仅对保持党的先进性有重大意义，而且对中国特色社会主义事业的兴衰成败关系重大。

党和国家领导人十分强调理想信念的重要性，对党的领导干部的理想信念教育非常重视。邓小平同志认为理想信念教育有至关重要的作用，理想信念是革命取得成功、社会主义建设获得发展的重要保证。他指出："为什么我们过去能在非常困难的情况下奋斗出来，战胜千难万险使革命胜利呢？就是因为我们有理想，有马克思主义信念，有共产主义信念。"[①]"过去我们无论遇到什么困难，一直有强大的战斗力，因为我们有马克思主义和共产主义的信念。"[②]胡锦涛同志在庆祝中国共产党成立90周年大会上提出："要坚持用马克思主义中国化最新成果武装全党、教育人民，引导广大干部群众深刻领会党的理论创新成果，坚定理想信念。"习近平总书记在十八届中央政治局第一次集体学习中强调："理想信念就是共产党人精神上的'钙'，没有理想信念，理想信念不坚定，精神上就会'缺钙'，就会得'软骨病'"，"一些党员、干部出这样那样的问题，说到底是信仰迷茫、精神迷失"。[③]

1.正确的理想信念保证了事业发展的方向

中国共产党从成立之初就明确把共产主义作为自己的奋斗方向。1921年7月，中国共产党在第一次全国代表大会的党章中就宣布党的最高纲领是实现共产主义。随着革命斗争形势的不断发展，党始终将共产主义作为一面旗帜，指导党在各个阶段的各项活动。正是有了共产主义的理想信念，我们党才能在复杂的革命斗争中保持正确的方向，取得最后的胜利，从苦难走向了辉煌。

2.正确的理想信念抵御了多元价值思潮的误导

20世纪90年代以来，面对东欧巨变，国际共产主义运动遭受了严重的挫

①《邓小平文选》第3卷，人民出版社1989年版，第110页。

②《邓小平文选》第3卷，人民出版社1989年版，第144页。

③《坚定理想信念怎么强调都不为过》，新华网，http://news.xinhuanet.com/comments/2012-11/23/c_113775837.htm

折，西方国家开始大肆宣扬“共产主义失败”，“第三条道路——社会民主主义”将取代一切社会形态等论调。这些论断误导了一些领导干部对社会主义必然战胜资本主义产生了怀疑，动摇了对社会主义、共产主义的信念。当今社会进入了一个信息化高速发展的阶段，西方社会的多元价值思潮蜂拥而入，共产主义理想信念不再是人们唯一的价值选择。领导干部也是处于现实生活当中的个体，面对各种西方资产阶级思潮（如新自由主义、民主社会主义、“普世价值”、“宪政民主”等等）的冲击，坚定的理想信念是抵挡不被西方各种思潮误导的重要保障。

3.正确的理想信念形成了事业发展的强大精神动力

理想信念是人们追求真理、追求进步的巨大动力。没有坚定的理想信念，就没有一切；有了坚定的理想信念，就有了坚定的奋斗目标和源源不断的力量源泉。在中国革命的历史上，我们的党能够英勇善战、前赴后继，正是因为共产党人具有坚定的共产主义理想、坚定的马克思主义信念。在建设中国特色社会主义的伟大征程中，全体党员，尤其是领导干部要更加坚定对社会主义的信念，增强对改革开放和民族复兴的信心，这是党的事业获得胜利的强大精神动力。

（二）领导干部理想信念缺失的表现形式和巨大危害

当前，随着社会主义市场经济不断发展，改革开放逐渐步入“深水区”，个别领导干部的世界观、人生观和价值观扭曲，蜕化变质、腐败堕落，给党和国家带来了重大的损失，造成了极其恶劣的影响。究其原因，理想信念的缺失实为罪魁祸首。历史证明，共产党人的精神支柱是第一位的，精神支柱如果动摇了，就会出现各种各样的问题。理想信念在哪里滑坡了，哪里必然就出现问题；理想信念偏差有多大，出现的问题就会多严重。特别是现在发展社会主义市场经济，以经济建设为中心，在调动人们积极性创造性的同时，也带来了思想观念、价值取向的多元多样多变，极易滋长拜金主义、享乐主义、极端个人主义，动摇共产党人的精神支柱。理想信念缺失带来的危害，使得中国共产党带领全国各族人民实现中国梦的征途不能一帆风顺，面临的“四个考验”、“四个危险”比任何时候都现实直接。

1.理想信念教育缺失的表现形式

习近平总书记指出:“一些人认为共产主义是可望而不可即的,甚至认为是望都望不到、看都看不见的,是虚无缥缈的。这就涉及是唯物史观还是唯心史观的世界观问题。”理想信念内化于心、外化于形。对马克思主义、共产主义的认同认定,坚定不移地沿着这条道路、这个方向奋进,就是共产党人,尤其是领导干部必须始终秉持的抱负和信仰。但是,近年来,一些领导干部不重视理想信念教育,不学马列、不信马列、不用马列,把马克思主义经典原著丢到一边,头脑里没有马克思主义这个强大的思想武器,就会造成严重的危害。领导干部理想信念教育缺失的危害,主要有以下几种表现形式。

(1)丧失对社会主义的信心

以马克思列宁主义为指导,与时俱进的中国共产党经过90多年探索创立的中国特色社会主义,是具有鲜明吸引力的时代旗帜,党的十八大要求全党要胸怀理想、坚定信念,坚定中国特色社会主义道路自信、理论自信、制度自信。这种自信不是盲目的、无根据的、非理性的,而是对中国历史传统和现实国情的深刻了解,对社会主义建设基本实践和基本规律的深刻认识,对人类社会文明进步和历史前进方向的深刻把握。但是,有的领导干部因为改革的艰难而对中国特色社会主义道路丧失信心,甚至误认为市场化就是资本主义的路子社会主义包装;有的领导干部对中国特色社会主义理论说三道四,甚至认为是既没有社会主义特色,也没有科学理论体系;有的领导干部对中国特色社会主义制度百般挑剔,甚至认为现在的制度既无民主法制,也无公平正义,要搞别的制度。加上一批领导干部亲属向外转移财产、个人加入外籍,给社会带来消极情绪,这些不自信的表现应引起重视。如,全国人大常委会原副委员长成克杰贪污受贿4109万元,为将这笔赃款转到境外,竟花费1150万元。江西省原副省长胡长清,是改革开放以来第一个被判处死刑的省部级高官。他在贪污案发前,为全家办了化名身份证和因私出国护照。胡长清对他儿子说:“总有一天中国会不行的”,“有两个国籍将来就有余地了”。据媒体2010年统计,近30年来,中国外逃官员数量约为4000人,携走资金500多亿美元,人均约1亿元。①

目前高级干部的家属和子女移民海外和港澳地区已经达到108万人。②

(2)不问苍生问鬼神

改革开放三十多年来,在共产党领导下中国取得了举世瞩目的辉煌成就,但伴随而来的还有自由主义、拜金主义等西方思潮泛滥和封建主义残留思想的死灰复燃。共产党人首先应该是一个唯物主义者,无神论者,共产主义的坚定信仰者,而一些领导干部却沦为封建迷信的传播者和执行者。一些领导干部不坚持辩证唯物主义世界观,不坚持马克思主义无神论,大搞迷信之风,不问苍生问鬼神,“台上讲科学发展,台下搞风水迷信”。有的领导干部办公室的位置要讲究风水堪舆,有的领导干部每逢“菩萨生日”不辞辛苦半夜上山烧香拜佛祈求上苍保佑其升官发财,有的花费重金去咨询请教所谓的“大师”、算命先生,在社会上造成恶劣影响。铁道部原部长刘志军为求“平安”,长期在家烧香拜佛,还在办公室布置了“靠山石”。一些项目的开工竣工,刘志军甚至会请“大师”选择黄道吉日。广东省韶关市公安局原局长叶树养,无论公事私事,甚至包括送礼、受贿都要问一卦。叶树养任韶关市公安局局长期间,办理命案时特意请道士到现场算一算凶手逃跑的去向。山西省灵石县县委书记杨洪,将当地名山“石膏山”更名“仕高山”,寓意“凡到仕高山者,无官者可以入仕,居位者可以升迁”。一个月之后,这位官老爷不但没有“入仕高升”,反而是翻身落马,被停职查办。

理想信念的力量是异常强大的。拥有正确的信仰,能激发热情,催人奋进;信仰缺失,领导干部会放松思想修养,精神空虚,败坏党风、政风和社会风气,损害执政党的形象。相关专家指出,相信科学,还是崇尚迷信,关系到党员领导干部的世界观问题。有什么样的世界观,就有什么样的人生观和价值观,就有什么样的思维方式和工作方式。党员领导干部掌握着公共权力和公共资源,他们的头脑里一旦渗透进迷信思维,以官场迷信甚至所谓“大师”的话语作为行为指南,那么公共权力将会被官场迷信所“绑架”,政府的公共政策也将随之失去公信力,甚至沦为掠夺型的权力腐败。崇尚迷信,不仅污染了官场风气和破

①莫非:《领导干部理想信念的缺失与重建》,《文史博览(理论)》,2011年5月,第32页。

②王国信:《贪官外逃约4000名为何多年不变?》《新西部》,2010年第5期,第59页。

坏工作作风，它还会污染社会风气，危害极大。党员领导干部把关注点集中于虚幻的神灵、神秘的“大师”，就不会扎扎实实地工作，落实中央部署的各项任务。丧失了理想信念的领导干部，只会与人民群众的距离越来越远。

(3)金钱至上疯狂敛财

在经济领域，改革开放至今，我国的社会生产力获得飞速发展，人民群众的生活水平得到大幅度提高，随之而来的还有拜金主义思想的疯狂滋长。在政治领域，大多数党员领导干部在工作作风、思想作风和生活作风上是好的。但必须看到，随着国内外环境和党员队伍的变化，拜金主义的思想观念在部分党员领导干部中逐渐滋长起来。他们把手中的权力看作是谋取财物的手段，贪污腐败、行贿受贿、权钱交易、跑官买官等腐败现象层出不穷。有的以权谋私、与民争利，把个人利益凌驾于群众利益之上，侵害群众利益甚至中饱私囊，有的贪图享受、大吃大喝、大手大脚、挥霍人民财富，腐化堕落。部分领导干部在金钱美色的诱惑面前，无法把握自己，逐步失守沦落。如2007年，重庆近10名厅级干部因收受开发商巨额贿赂而落马，其中，重庆市规划局原副局长梁晓琦从第一个红包只有50元，逐渐沦落到利用职务之便疯狂敛财，受贿1589万余元，生活上腐化堕落，和多名女性保持不正当关系。广东省第十届政协原主席陈绍基利用担任广东省公安厅厅长、中共广东省政法委书记职务之便，2002年至2009年这8年间受贿共2959万元。

领导干部对金钱美色的崇拜，其背后折射出来的是享乐主义、极端个人主义在作祟，其本质是理想信念支柱的缺失、道德追求的瓦解、精神世界的垮塌。领导干部应该是先进道德的实践者，是社会道德进步的引领者。领导干部的作风决定着党风，党风影响着整个社会风气。如果领导干部没有牢牢树立马克思主义的世界观、人生观和价值观，没有做到坚持全心全意为人民服务的宗旨，不能廉洁从政一身正气，其危害是不堪设想的。

(4)人格扭曲道德败坏

当前，领导干部队伍存在的道德滑坡、道德失范、人格扭曲的问题，既是党性不强、严重脱离群众的表现，也严重损害了党在人民群众中的形象和威信。从近年来查处的腐败案件看，理想信念动摇，党性修养缺失所占比重呈上升趋势，腐败分子屡屡敢于以身试法，大多都心存侥幸。党员领导干部丧失理想信念，必然会思想道德防线失守，最终人格扭曲、私欲膨胀；权力观念错位，必然会把人民赋予的权力用来谋取私利；藐视党纪国法，必然会胆大妄为、顶风作案，不过最终会难逃法网，自食其果。

习近平总书记在党的十八大报告上谆谆告诫全党“打铁还需自身硬”，强调的不仅仅是领导干部要有过硬的政治素质、过硬的工作作风、过硬的综合素质和过硬的创业本领，还要有高尚的道德情操、良好的自身形象和一流的发展业绩。领导干部应该紧密团结在以习近平为总书记的党中央周围，按照“立党为公、执政为民”的要求，加强自身理想信念建设，始终牢记党员身份，永葆共产党人本色，带头贯彻落实党的十八大精神，带头遵守和执行各项规定上讲党性、重品行、做表率，充分发挥共产党员政治思想坚定、工作作风扎实、勤奋敬业的优良品行，积极维护和展示共产党人的良好形象。而有些领导干部丧失了理想信念，丧失了一名共产党人的道德底线和工作原则，最终走向了犯罪的深渊。浙江省原纪委书记王华元落马前，曾煞费心思地将官员包养情妇归纳为“以色谋权、色助官贪、贪钱买色、色逼官贪、色相贿赂”等五种表现形式，声色俱厉地表示对此类案件绝不姑息，但是他自己却“包二奶”多名。

2.领导干部理想信念缺失的巨大危害

当前，党的领导水平和执政水平、党的建设状况、党员队伍素质总体上同党肩负的历史使命是适应的。同时，党内也存在不少不适应新形势新任务要求、不符合党的性质和宗旨的问题，主要是：一些党员干部忽视理论学习、学用脱节，理想信念动摇，对马克思主义信仰不坚定，对中国特色社会主义缺乏信心等。这些问题严重削弱党的创造力、凝聚力、战斗力，严重损害党同人民群众的血肉联系，严重影响党的执政地位巩固和执政使命实现，必须引起全党警醒，抓紧加以解决。

领导干部是党和国家、地方和部门大政方针的决策者，是各项工作的带头人和领路人，其言行有广泛和深远的社会意义。如果对领导干部的理想信念教育不到位，那么部分领导干部的理想信念就会产生动摇，甚至丧失，对党和国家的各项事业发展危害巨大。根据中纪委报告，2007 年 11 月至 2012 年 6 月，全国纪检监察机关共立案 643 759 件，结案 639 068 件，给予党纪政纪处分 668 429 人，涉嫌犯罪被移送司法机关处理 245 84 人，年均查办违纪违法案件达12万余件,其中包括薄熙来、刘志军、许宗衡等一批重大违纪违法案件。相关专家指出,中国官员腐败日益严重,职务犯罪越来越多,数额越来越大,层次越来越高,官员腐化堕落蔓延的领域越来越广,各种不正之风愈演愈烈。领导干部腐败现象触目惊心,影响深远,不仅关乎社会公平正义,更关涉到执政党的地位。

(1)党的先进性被弱化

崇高的理想信念是中国共产党先进性的最主要体现,是党的事业不断走向胜利的强大精神动力。邓小平同志强调:"我们这么大一个国家,怎样才能团结起来、组织起来呢?一靠理想,二靠纪律。组织起来就有力量。没有理想,没有纪律,就会像旧中国那样一盘散沙,那我们的革命怎么能够成功?我们的建设怎么能够成功?"习近平总书记指出:"经过几千年的沧桑岁月,把我国56个民族、13亿多人紧紧凝聚在一起的,是我们共同经历的非凡奋斗,是我们共同创造的美好家园,是我们共同培育的民族精神,而贯穿其中的、更重要的是我们共同坚守的理想信念。"

先进性是我们党的生命力和活力最深厚的基础,而先进性主要依靠广大党员干部的实践得以实现。俗话说,"群众看党员,党员看干部"。领导干部理想信念产生动摇,必然对普通群众、党员和基层干部产生严重的负面影响。主要存在以下四个方面:

①理想信念动摇,价值观取向物化。部分领导干部在理想信念上突出存在四个方面的问题:一是对马列主义缺乏信仰;二是对共产主义缺乏信心,认为共产主义太遥远,摸不着,看不见,能否实现难以说清;三是对政治理论缺乏热情,有些领导干部对政治理论学习兴趣不浓,主动性较差,把学习看作是一种负担;四是对人生缺乏远大的目标追求,仅仅认为权力是硬的,金钱是实的,理想是空的,理论是虚的,追求眼前利益。

②角色意识错位,宗旨观念淡化。当前部分领导干部宗旨观念淡薄,公仆意识出现错位。功利思想占据了主导地位,急功近利,不惜损害国家和集体的利益,为了个人和局部利益,损公肥私。得失意识被强化,受到了市场经济利益导向驱动,不少领导干部往往把自己的利益放在第一位,严重背离了党的宗旨观念和奉献精神。

③安于守成，创业开拓精神退化。经济取得了大发展，取得了较大成绩，实力增强了，生活富裕了，于是一部分领导干部自我感觉满足，开拓进取精神有所退化，缺乏艰苦创业的精神，存在临时观念，工作缺乏责任感，严重损害了党和国家机关的形象。

④个人主义抬头，局部和自身利益观念强化。部分领导干部大局意识有所弱化，少数领导干部当涉及部分利益时，则以自我为中心，把国家利益、整体利益和长远利益弃之不顾，对上级方针、政策和决定各取所需，甚至有令不行，有禁不止，导致严重的本位主义。凡事都要视利而行，有利的就多做，不利的或无利的看作与己无关。

(2)党的执政能力被削弱

我们党执政后，就一直把执政能力建设作为一项根本建设来抓。党的执政能力，就是党提出和运用正确的理论、路线、方针、政策和策略，领导制定和实施宪法和法律，采取科学的领导制度和领导方式，动员和组织人民依法管理国家和社会事务、经济和文化事业，有效治党治国治军，建设社会主义现代化国家的本领。我们党对领导干部的要求，是以马克思主义为指导，按科学发展观的要求，提高科学判断形势、驾驭市场经济、应对复杂局面和总揽全局的能力。失去了理想信念、迷失了奋斗方向的领导干部必然违背党的宗旨，背弃“立党为公、执政为民”的崇高理念，“科学执政、民主执政、依法执政”就将成为一句空话，这将严重影响党的执政能力建设，极大削弱党的执政地位。

党的执政能力强不强，关乎着执政党的生死存亡，关系国家事业的兴衰成败，关系民族的前途命运。20世纪末，世界上一些长期执政的大党老党相继丧失政权的历史教训充分证明了这一点。这些政党丧失政权的原因尽管是多方面的，但与它们在长期执政的条件下，执政意识淡漠、执政思想僵化、执政宗旨蜕变、执政方式落后、执政队伍涣散、执政基础削弱、执政能力衰退、执政成绩不能令人民满意息息相关。这说明，执政能力建设是决定执政党生死存亡的根本建设，需要常抓不懈。

理想信念，是一个政党治国理政的旗帜，是一个民族奋力前行的向导。当前，广大共产党人的信仰是坚定的，理想是崇高的。但也有少数党员、干部理想信念出现了滑坡和动摇。由于动摇和丧失了崇高的理想信念，部分党员、干部精神极度空虚，有的认为共产主义是遥不可及的乌托邦、虚无缥缈的空中楼阁，是不可能实现的；有的认为社会主义不如资本主义优越，对社会主义最终战胜资本主义丧失了信心；有的认为马克思主义过时了、无用了。历史证明，理想的滑坡是最致命的滑坡，信念的动摇是最危险的动摇。一个人一旦没有了崇高的理想信念，就会失去奋斗的动力。最后变成人生如朝露，沉溺于吃喝玩乐，满足于声色犬马，甚至走向贪污腐化的深渊。

(3)党和人民群众的关系被破坏

习近平总书记指出："衡量一名共产党员、一名领导干部是否具有共产主义远大理想，是有客观标准的，那就要看他能否坚持全心全意为人民服务的根本宗旨，能否吃苦在前、享受在后，能否勤奋工作、廉洁奉公，能否为理想而奋不顾身去拼搏、去奋斗、去献出自己的全部精力乃至生命。""四个能否"的衡量标准是对共产党员坚定最高理想提出的明确要求。我们党作为中国的执政党，党的权力是人民赋予的。广大党员干部特别是领导干部要牢固树立正确的世界观、人生观、价值观和权力观、地位观、利益观，始终保持共产党人的高尚品格和廉洁操守，自觉把权力行使的过程作为为人民服务的过程，自觉接受人民监督，做到为民用权、公正用权、依法用权、廉洁用权。

以马克思主义为指导的中国共产党，从成立那一天起就把全心全意为人民服务作为根本宗旨。不论战争年代还是社会主义建设和改革时期，党都注意全心全意为人民服务，与人民群众建立密切联系，一刻也不脱离群众。从毛泽东同志的"人民万岁"、邓小平同志的"我是中国人民的儿子"、江泽民同志的"代表中国最广大人民根本利益"，到胡锦涛同志的"群众利益无小事"，无不道出党与人民群众的深情厚谊和对人民群众的赤子情怀。正是有了这样的思想、这样的情怀，党才能由小到大、由弱变强。可以说，一部中国共产党的历史就是一部坚持做好群众工作、紧紧依靠并带领人民群众不懈努力和奋斗的历史。没有人民群众的支持，没有人民群众的拥护，没有人民群众的参与，党一天也不能生存，更不可能取得一个又一个辉煌胜利。正因为如此，党把同人民群众的关系比之为鱼水关系，喻之为血肉关系，视之为种子与土地关系。

一些领导干部理想信念缺失，沉醉于追逐权力，欺上瞒下；热衷于搞政绩工程、形象工程；崇拜厚黑学，讲迷信，漠视人民群众，不重视民生，不关心人民疾苦,把职位和权利看成是谋取私利的工具,严重破坏了党和人民群众的血肉联系,对党的执政根基造成了极大危害。

(4)对党的事业发展造成阻碍

在我们党90多年的历史中,一代又一代共产党人为了争取民族独立和人民解放,实现国家富强和人民富裕,不惜流血牺牲,关键就是他们具有坚定的理想信念。革命战争年代,无数共产党人面对敌人的严刑拷打而英勇不屈,靠的是坚定的理想信念。和平建设时期,无数共产党人为了建设社会主义而忘我工作、艰苦奋斗,靠的还是坚定的理想信念。改革开放新时期,无数共产党人为了实现中华民族伟大复兴的中国梦而无私奉献,靠的仍然是坚定的理想信念。正是有了无数共产党人为了崇高理想的不懈拼搏和奋斗, 我们才取得了举世瞩目的辉煌成就,我们比历史上任何时期都更接近中华民族伟大复兴的目标。

古人讲:“士贵立志,志不立则无成。”从一定程度上说明了理想信念对于干事创业的重要作用。基于对人类历史发展规律的科学认识和准确把握,共产党人的理想信念,体现了科学性与阶级性、崇高性与现实性、真理性与价值性的有机统一。正是有了理想信念, 共产党人的行动才有了精神动力和思想支撑;正是有了马克思主义信仰、共产主义理想和社会主义信念,才根本改变了世界历史发展方向,使中国从贫穷落后走向繁荣富强。从历史上讲,理想信念是共产党人推动革命、建设和改革的精神力量。我们党从诞生之日起,就始终高扬理想信念的光辉旗帜。李大钊、方志敏等威武不屈、从容赴死,雷锋、焦裕禄等鞠躬尽瘁、死而后已,就是因为他们有着坚定的马克思主义信仰和共产主义理想。不论是在革命战争年代,还是在社会主义建设和改革开放新的历史时期,中国共产党人正是凭着坚定的理想信念,领导全国各族人民创造了改变中国贫穷落后面貌、建设富强民主文明和谐新中国的奇迹。

一个人如果没有一点精神,没有理想信念,意志就会消失,就会迷失自己,就会方向不明、目标模糊,就会自己垮掉自己;一个组织没有共同的理想信念,就经不起各种考验,经不起风吹浪打;一个社会没有共同的理想信念,就会陷入思想混乱,整个社会就会消沉,就会逐渐弥漫颓废不思进取之风气。是否具有理想信念,是一个人品格的体现,是一个人人生观、价值观、道德观的体现。社会的发展和进步,也往往会伴随着滋生一些与时代发展相悖的思想,甚至产生理想信念上的消极、动摇、混乱的一些言论与行为，与我们发展主旋律不相符的思想观念、道德观念，在一定程度上会混淆视听，动摇我们的思想根基，会像毒瘤一样蔓延侵害组织，也会像烂苹果一样腐蚀我们的组织。领导干部失去理想信念，社会主义建设就会迷失奋斗目标和前进方向，人民群众建设社会主义的智慧和热情会被扼杀、抑制，就会失去精神支柱、崩溃瓦解。领导干部腐化堕落，会破坏社会的公平正义，破坏民主法治，破坏团结和安定的局面，成为党的事业发展道路上的绊脚石。理想信念是否坚定，旗帜是否鲜明，是我们党应对“四个危险”的思想根基，从这个意义上讲，理想信念是一个政党兴衰成败的关键所在。

（三）以往理想信念教育中存在的突出问题

党的十八大以来，各地各部门在增强领导干部理想信念教育的针对性、实效性方面做了许多有益的探索，取得了较好的成绩，但与当前形势下领导干部理想信念教育的要求相比，依然存在一些亟待研究解决的问题。结合以往的研究，我们认为目前领导干部理想信念教育主要存在以下问题：

1.理想信念教育指导思想表述准确性亟待规范

指导思想表述的准确和科学是搞好理想信念教育的前提和基础。目前，关于理想信念教育指导思想的表述起码有三种提法：一是以马克思列宁主义、毛泽东思想、邓小平理论和“三个代表”重要思想作为行动的指南；二是以邓小平理论和“三个代表”重要思想为指导，全面深入贯彻落实科学发展观；三是高举中国特色社会主义伟大旗帜，以科学发展观为指导。这三种提法，有它们一致的地方，但仔细比较，又有较大的差别，指导思想表述的欠准确性，难免影响理想信念教育的权威性。

2.理想信念教育内容的时代性有待完善

目前，中国共产党处在长期执政、改革开放和发展社会主义市场经济的全新执政环境。理想信念教育的内容总体而言能够适应时代变化的要求，但也存在着两个极端的问题，一是内容陈旧老套，难以有效回答各种理论问题和现实中的难点、热点问题，与中共所处的长期执政、改革开放和发展社会主义市场经济全新的执政环境不相吻合，难以说明论证中共建党 90 多年来、建国 60 多年来和改革开放30多年来的种种重大理论和实践问题，领导干部学习起来有不解渴的感觉。二是过于西化、欧化。有些教育培训机构有段时间过于强调与国际接轨，教育内容又转到另一个极端，言必称哈佛、牛津，这应当引起足够的重视和警惕。

3.理想信念教育对象的针对性有待加强

目前，中国共产党有8500多万党员，670多万公务员，3000多万事业单位和国企工作人员，8000多万共青团员。如何区分理想信念教育的对象和层次是一个值得认真思考的问题。目前，主要存在两个问题，一是各类教育对象的层次区分不够。同样一个教学内容，从中央党校、省委党校、市委党校一直讲到县委党校。二是教育对象的差异性区分不够。以省级党校为例，划分为市厅班、县处班和青年班，这样划分的优点是考虑到了领导干部的级别，缺点是没考虑到类别，导致在教育内容上，必须兼顾工、农、兵、学、商、政、党这么七大方面，教育内容过于宽泛、宏观，缺乏针对性。干部学员之间缺乏共同语言，难以真正有效交流。

4.理想信念教育方法的多样性有待丰富

从理想信念教育理论分析，理想信念教育的方法主要包括阅读思考、课堂讲授、现场教学、党内民主生活会和典型示范等，但现在理想信念教育方法中也存在两个极端的问题，一是局限于课堂讲授，在2至3个小时的课时中，由教员从头讲到尾，没有互动、讨论等环节，教员辛苦，学员乏味。二是片面热衷于现场教学和体验教学，导致起码的经典原著不读，理想信念理论教育课不听，党内民主生活会不去，完整系统的理想信念教育只有参观考察一项，而且动辄要到远地方去，新鲜地方去，变相成公款旅游，加重了经济成本，影响了社会风气，最致命的是把学员的心思搞野了。

5.理想信念教育师资的权威性有待提高

目前，党校理想信念教育的师资大致分为三类，一是党校的专任教师，二是各级党政领导干部和先进模范人物，三是红色景点的讲解人员等。在这三类教师中，以党校专任教师为主体，仔细分析，党校专任教师有优点，但也存在明显的缺陷，有人概括为几个反差：没有当过领导的教师给领导干部讲领导科学，没有出过国的教师给出过国的领导干部讲经济全球化，没有看过内部文件的教师给中高级干部讲中央最新指示精神。尽管这些概括不一定准确、全面，但又在一定程度上反映了党校理想信念教育师资权威性缺乏的现实。

6.理想信念教育的长效性有待强化

要保证理想信念教育的效果，起码有三个重要问题要解决，即来党校为什么、到党校学什么、离开党校留什么。这里就涉及体制机制问题，一是调学参训机制不很健全，有些党员干部包括一些组工部门，对接受理想信念教育的重要性认识不到位，接受参训任务不积极主动。参加培训的学员有“三多三少”，一是副职多、正职少；二是虚职多、实职少；三是老同志多、中青年少。导致一些学员被反复调学、多头调学，产生厌烦、抵触情绪，而一些党政正职、中青年后备干部又多年不训。二是考核评估机制不够健全。这里既有社会对党校考核评估问题，也有党校对学员考核评估问题。绝大多数领导干部到党校参加教育培训态度端正，动机纯正，但也有极少数学员存在这样那样的问题，把到党校学习理解为串串门、认认人、养养神，少数学员上午热衷于到部委办局串门、下午热衷参加娱乐活动，晚上热衷于吃喝应酬。因此，党校应建立起一整套对学员的教育、管理、监督的有效制度。三是激励保障机制不够健全。目前党校与各组工部门还缺乏有效的衔接，理想信念教育的效果难以真正成为干部选拔是用的依据之一。

二、新世纪以来加强领导干部理想信念教育的主要经验

（一）加强理论武装，建设马克思主义学习型政党

加强理论武装是我们党总结90多年来加强自身建设的一条重要经验，也是加强领导干部理想信念教育的根本前提。新世纪以来，我们党面对纷繁复杂的国际国内形势，面对越来越严峻的“四大考验”和越来越尖锐的“四大危险”，始终坚持用马克思主义理论武装全党，并把它作为拨清迷雾、明辨是非、坚定信念、统一行动的强大思想武器。

1.理论创新每前进一步，理论武装就跟进一步

坚持用马克思主义中国化的最新成果来武装全党，相继开展“三个代表”重要思想、科学发展观、党的十七大、十八大精神及习近平总书记一系列重要

讲话精神的学习培训，教育和引导各级领导干部在错综复杂的形势下，用中国特色社会主义指引方向、指导实践、推动工作，始终保持高度的政治敏锐性和政治鉴别力。

2.突出党校（干部学院）在加强理论武装中的重要阵地作用

2008年9月，中央印发的《党校工作条例》明确规定，要把党校办成“学习、研究和宣传马克思列宁主义、毛泽东思想、邓小平理论、“三个代表”重要思想以及科学发展观等重大战略思想的重要阵地”，把加强理论武装、开展理论教育作为各级党校和干部学院的根本任务，并据此实施了大规模培训干部、大幅度提高干部素质的重大任务。

3.作出建设马克思主义学习型政党的战略部署

党的十七届四中全会从提高党的执政能力的高度，正式作出了建设马克思主义学习型政党的战略部署，并把科学理论武装规定为其本质特征，把深入学习和掌握马克思主义、毛泽东思想、中国特色社会主义理论体系，牢固树立辩证唯物主义和历史唯物主义世界观和方法论作为根本要求，切实增强领导干部为党和人民事业不懈奋斗的自觉性和坚定性，做到学以立德、学以增智、学以创业。

党的十八大再次强调建设学习型政党，把它作为保持党的先进性和纯洁性的重要前提，并进一步推动了学习型组织和学习型社会建设。新世纪以来，加强领导干部理想信念教育逐步形成了以科学理论为指导、以党校（干部学院）为阵地、以建设学习型政党为目标的基本格局。这是我们党区别于世界各国政党、加强自身队伍建设最鲜明的特色。

（二）密切联系群众，巩固和发挥最大政治优势

党性与人民性是根本一致的。密切联系群众是我们党的最大政治优势，实践证明也是指引、评价、检验领导干部坚定理想信念有效途径。面对市场经济大潮的巨大冲击，面对社会结构的深刻变化，我们党把坚持一切为了人民、一切依靠人民，作为各级领导干部把舵定向的“指南针”，作为砥砺领导干部理想信念的有效武器。

1.紧紧围绕服务型政党建设,不断加强马克思主义群众观的教育

从“三个代表”重要思想强调“代表最广大人民的根本利益”,到科学发展观坚持“以人为本”的核心立场,到现在全党上下大规模开展的以“为民务实清廉”为主题的党的群众路线教育实践活动,都在反复教育和引导领导干部坚定正确的政治立场,牢固树立宗旨观念和群众意识,自觉摆正自己与人民群众的位置,把政治智慧增长、执政本领增强深深扎根于人民的创造性实践之中。

2.开展专题培训提升做群众工作的本领

以保民生、促和谐为主题,加强领导干部做好群众工作、应急处变等专题培训,如从中央到地方都分别举办社会管理创新专题研讨班,着力提升各级领导干部新形势下做好群众工作、化解社会矛盾、维护社会和谐的能力,提高对复杂局面的驾驭能力。

3.在联系群众中转变作风

充分运用学习教育成果,推动各级党委政府建立联系群众的科学制度,完善听民声、解民忧、保民安的长效机制,各地结合实际开展了一系列的实践活动,如我省开展了“十万干部下基层、排忧解难促和谐”活动,赣州市开展了“送政策、送服务、送温暖”活动等。通过这些载体,解决了一大批人民群众反映的难点和焦点问题,也使一大批领导干部在联系群众的实践中得到有效锻炼,进一步增强了坚持群众路线、坚定政治立场的自觉性。

(三)弘扬革命精神,借鉴和运用历史经验

历史是最好的教科书。学习总结历史、借鉴和运用历史经验是我们党一贯重视并倡导的做好领导工作一个重要的思想和方法,也是加强领导干部理想信念教育的“传家宝”。中华民族绵延不断五千年的悠久文明是世界各国独一无二的,中国共产党的艰苦卓绝的奋斗历史也是世界各国政党独一无二的,为新时期加强领导干部理想信念教育提供了宝贵财富。新世纪以来,中央历任领导同志反复强调党和国家各级领导干部要认真学习历史,各级党校(干部学院)认真贯彻落实中央领导指示,不断加强运用历史经验开展对领导干部理想信念的教育。

1.加强国情教育,坚定中国特色社会主义信念

坚持历史唯物主义,从中华民族5000多年悠久文明的传承中,从对近代以来170多年中华民族发展历程的深刻总结中,从中华人民共和国成立60多年的持续探索中,从改革开放30多年的伟大实践中,不断深化各级领导干部对人类社会发展规律、社会主义建设规律和共产党的执政规律的认识,深刻认识历史和人民选择中国共产党、选择马克思主义、选择社会主义道路、选择改革开放的必然性,切实增强对中国特色社会主义的道路自信、理论自信、制度自信。同时,培养历史眼光和世界眼光,强化历史担当,保持清醒头脑,始终从我国还处于社会主义初级阶段这一最大国情出发,既不妄自菲薄,又不好高骛远。

2.注重党史教育,提高精神境界

中国共产党的历史是中国近现代以来历史最为可歌可泣的篇章。通过学习教育,认识党的光荣伟大,从中汲取前进的智慧和力量,永葆党先进性和纯洁性。在实践中,各地从实际出发,充分挖掘和利用红色资源,建立主题鲜明的革命传统教育基地,并通过现场教学、体验教学、情景教学、案例教学等多种形式,实现现实与历史的沟通,今人与先辈的对话,达到震撼心灵、净化灵魂的作用。如我省以弘扬井冈山精神和苏区精神为主题,先后确立了井冈山革命博物馆、八一起义纪念馆、江西革命烈士纪念馆、小平小道、方志敏烈士纪念馆、瑞金"一苏大旧址"等多个现场教学点,通过逐年开发和完善,已成为全国加强领导干部理想信念教育的知名品牌。

(四)紧扣时代主题,推进党性教育实践创新

把握时代性,突出实践性,增强实效性,创新党性锻炼,是我们党加强领导干部理想信念教育的基本方针。新世纪以来,我们党立足新的历史方位,着眼新的历史任务,面对党员干部队伍的现实状况,始终紧扣时代主题,赋予党性锻炼新的时代内涵,确保党性教育的现实意义。

1.坚持按需培训的理念,创新党性教育内容

围绕党在各个历史时期的中心任务,着眼于对现实问题的理论思考,把领导干部的需求点、侧重点作为党性修养及理想信念的目标和要求,把革命传统

与时代要求结合起来，在内容上既有党的基本理论和基本路线教育，又有形势任务、方针政策和最新成果教育，既有先进理念、前沿问题的引导，又有思想方法、思维开发的引导，既有正面教育内容，又有反面警示的案例。

2.坚持理论联系实际的理念，创新培训方式方法

如在利用红色资源、完善革命传统教育的基础上，结合从严治党的要求，开展党风廉政建设警示教育、解放思想的教育，如我省创立"党校课堂+教育基地"的"五个一"党性教育模式，新世纪初开展的思想大解放教育活动。同时，发挥领导干部的主体作用，把党性教育、党性锻炼体现在工作实践和急难险重任务完成中，坚持正面引导，树立了一大批新时代的先进典型，如焦裕禄、孔繁森、邱娥国、罗洋、兰辉、龚全珍等，广泛开展学习活动，鼓励领导干部去思考、去研究，在潜移默化中使党的理想信念内化于心、外化于行。

（五）建设先进文化，培育社会主义核心价值观

文化是民族的血脉，是领导干部的精神家园。建设先进文化，培育社会主义核心价值观，是加强领导干部理想信念教育的时代要求。党的十七届六中全会作出了深入开展社会主义核心价值体系学习教育的战略部署，党的十八大在深刻总结改革开放以来，特别是新世纪以来意识形态工作实践的基础上，提出社会主义核心价值观"二十四字"内容，使加强领导干部理想信念教育的方向更加明确，目标更加具体，并在实践中丰富了教育的内容和形式。

1.深入开展了"中国梦"的教育

"中国梦"是党性与人民性的高度统一，充分体现了中华优秀文化基因的接续传承，体现了社会主义核心价值的集中追求。从实践看，"中国梦"的提出，引起海内外华人强烈共鸣，形成了广泛的社会共识。实现中国梦"必须走中国道路、必须弘扬中国精神、必须凝聚中国力量"，共同享有"人生出彩的机会、梦想成真的机会、与祖国和时代一起成长进步的机会"等新思想，是传统文明与时代精神的有机结合，是远大目标与现实目标的有机结合，对广大领导干部进一步坚定理想信念产生了强大的激励作用，并提供了深厚的"文化土壤"。

2.健全领导干部从政道德规范

德是从政之魂，是保持思想纯洁的根本。在新的历史条件下，我们党坚持

依法治国和以德治国相结合，更加注重发挥思想道德建设在促进领导干部坚定理想信念、坚持廉洁从政中的重要作用，不但明确了领导从政道德的有关规定，专门编写了有关教材，开展了全国道德模范评选活动，而且一以贯之推进廉政文化、道德文化、红色文化、机关文化建设，通过多种途径完善和提升领导干部的立身之道、谋事之道、用权之道、言行之道、创业之道、清廉之道、齐家之道，在实践中树立是与非、公与私、真与假、廉与贪、雅与俗、严与宽的辩证思维观念，不断规范自己的言行。

(六)健全制度体系，坚持教育管理监督并重

建立完善科学合理的制度体系，坚持教育管理并重，是加强领导干部理想信念教育的根本保障。实践反复证明，领导干部的政治素质既是教育出来的，更是考验出来的。综观新世纪以来的教育实践，在以下几方面作出了有益的探索。

1.建立比较明确的责任制度

突出领导干部理想信念在干部教育培训工作中的特殊地位，明确了组织部门、干部所在部门、党校(干部学院)各方的责任，较好地做到分工明确、齐抓共管、整体推进。

2.建立了比较统一的培训制度

形成以组织统一调训、单位统一选派、党校(干部学院)统一培训的制度，并围绕“管、学、用”三个环节，开展培训管理、培训需求、培训效果定期调查、分析、研究，增强教育培训的计划性和针对性。此外，各级各单位都建立了比较固定的理论中心组学习制度。

3.建立了比较完善的领导干部综合考核评价制度

在坚持完善学习教育制度的同时，围绕“党性不易深入”的地方，不断完善管理和监督制度，如领导干部双重组织生活制度，群众民主评议和民主监督制度，党务、政务、财务公开制度，“三重一大”制度，领导干部离任审计制度等，坚持以制度管人管事，把领导干部的权力关进“制度的笼子”，在实践中进一步巩固了领导干部理想信念教育的成果。

三、当前领导干部理想信念教育的新要求

党的十八大报告强调，要全面提高党的建设科学化水平，确保党始终成为中国特色社会主义事业的坚强领导核心。“对马克思主义的信仰，对社会主义和共产主义的信念，是共产党人的政治灵魂，是共产党人经受住任何考验的精神支柱。要抓住思想理论建设这个根本，教育引导党员、干部矢志不渝地为中国特色社会主义共同理想而奋斗。”[①]习近平总书记要求，党员干部要按照党的十八大的部署，深入学习实践中国特色社会主义理论体系特别是科学发展观，讲党性、重品行、做表率，矢志不渝为实现中国特色社会主义共同理想而奋斗。十八大强调，要坚定理想信念，坚守共产党人精神追求。[②]根据十八大精神，当前领导干部理想信念教育必须要从“三抓”入手，即抓好思想理论建设、抓好党性教育和抓好道德建设。

（一）抓好思想理论建设是根本

习近平同志在中央党校建校 80 周年庆祝大会暨 2013 年春季学期开学典礼上的讲话中强调：“要认真学习马克思主义理论，这是我们做好一切工作的看家本领，也是领导干部必须普遍掌握的工作制胜的看家本领。领导干部学习，要正确把握学习的方向。忽视了马克思主义所指引的方向，学习就容易陷入盲目状态甚至误入歧途，就容易在错综复杂的形势中无所适从，就难以抵御各种错误思潮。没有正确方向，不仅学不到有益的知识，还很容易被一些天花乱坠、脱离实际甚至荒唐可笑、极其错误的东西所迷惑、所俘虏。”思想观念是“总开关”、“总闸门”。一些干部出问题，无一不是首先在思想上出了问题，特别是在理想信念上出了问题。坚定的理想信念，是共产党人经受住任何考验的精神支柱。要把坚定理想信念教育作为思想理论建设的核心内容，坚持不懈地用中国特色社会主义理论体系武装干部头脑，使各级干部始终坚守政治信仰，坚定政治立场，不断增强道路自信、理论自信和制度自信。

---

①胡锦涛：《坚定不移沿着中国特色社会主义道路前进　为全面建成小康社会而奋斗》，《中国共产党第十八次全国代表大会文件汇编》，人民出版社 2012 年版，第 46 页。

②《中国共产党第十八次全国代表大会文件汇编》，人民出版社 2012 年版，第 46 页。

1.坚持用党的理论创新成果武装头脑

马克思主义政党的先进性首先表现在理论上的先进性。坚持用马克思主义的科学理论武装全党，是我们不断保持党的先进性的根本经验。面对“多极化”、“全球化”、“市场化”的趋势，应对“多元”、“多变”、“多样”的社会思想意识变迁，在“改革攻坚期”、“发展黄金期”、“矛盾凸显期”的重要时刻，只有始终坚持马克思主义的指导地位，用党的理论创新成果指导新的实践，引领整合多样化的社会思想，全党全国人民团结奋斗才会有共同的思想基础，中华民族伟大复兴才会有强大的精神支柱。

(1)革命理想高于天。在世界多极化、经济全球化、社会信息化、价值多元化背景下，国际形势风云变幻，国内任务繁重艰巨，我们党面临的执政考验、改革开放考验、市场经济考验、外部环境考验是复杂的、严峻的，精神懈怠危险、能力不足危险、脱离群众危险、消极腐败危险更加尖锐地摆在全党面前。习近平同志关于坚定理想信念、坚守共产党人精神追求的重要论述以及一系列新思想、新观点、新论断，是加强党的思想政治建设、经受“四大考验”和消除“四种危险”、保持党的先进性和纯洁性的根本指针。

十八届一中全会选举习近平同志为党的总书记，承继伟业、不负重托，最重要的是什么呢？习近平同志坚定地表示：“崇高信仰始终是我们党的强大精神支柱，人民群众始终是我们党的坚实执政基础。只要我们永不动摇信仰、永不脱离群众，我们就能无往而不胜。”志存高远，才能立场坚定，才能一往无前。习近平同志指出，中国特色社会主义是党的最高纲领和基本纲领的统一，我们要全力为现阶段的目标而奋斗，但不能丢失共产主义的远大目标。在理想信念问题上，习近平同志意志坚定、旗帜鲜明。他指出，中国特色社会主义“是我们理想的旗帜”，“对马克思主义的信仰，对社会主义和共产主义的信念，是共产党人的政治灵魂”。他强调，革命理想高于天。坚定理想信念，是对领导干部第一位的要求，是建设高素质干部队伍第一位的任务，是加强领导干部理想信念教育的关键和根本。

(2)理想信念就是共产党人精神上的“钙”。强调坚定理想信念，有很强的现实针对性。面对开放多元、发展迅猛的时代，面对相互激荡、形形色色的思潮，面对社会生活的复杂变化、利益关系的深刻调整，领导干部的世界观、人生观、价值观经受着强烈的冲击。还要不要坚持、能不能坚持共产党人的崇高理想，坚守共产党人的精神家园，这个问题尖锐地摆在了每一个共产党员、每一名党的领导干部面前。信仰动摇，政治上就会迷失方向，就会变成利己主义、实用主义。习近平同志认为，一些党员干部之所以出现这样那样的问题，说到底是因为缺乏理想、缺少信仰、精神迷失。“理想信念就是共产党人精神上的‘钙’，没有理想信念，理想信念不坚定，精神上就会‘缺钙’，就会得‘软骨病’。”坚定的信仰始终是党员、干部站稳政治立场、抵御各种诱惑的决定性因素。我们党必须站在理想信念这个制高点上来抓党的建设，首先要在这个根本问题上对全党特别是领导干部提出明确要求。

2.加强对社会思潮的正确引导

研究表明，在人均 GDP 从 1000 美元到 3000 美元的发展阶段，是社会矛盾凸显期，也是各种社会思潮涌现的活跃期。面对这种形势，我们要充分运用马克思主义真理的力量，旗帜鲜明地反对和批判各种反动和错误思潮，引导广大干部群众分清真理与谬误、先进与落后的界限，不断抵制错误、落后、腐朽思想文化的影响与侵蚀，坚定对马克思主义的信仰。

3.妥善处理思想理论领域的问题

当前我国思想理论领域总体形势很好，但必须清醒看到，思想理论领域并不平静，噪音、杂音、不和谐音时有出现。处理思想理论领域的问题，要坚持中央确定的正确方针，注意区分思想认识问题、学术问题与政治问题的界限。对思想认识问题，坚持多做工作、积极引导；对学术问题，提倡民主讨论、平等交流；对事关政治方向和根本原则的问题，坚决做到旗帜鲜明、毫不含糊；对错误观点不能听之任之。要切实加强对广大党员干部的先进性教育，在重大问题上进一步统一思想、提高认识，夯实社会团结稳定、国家长治久安的思想基础。

4.强化思想理论阵地的建设和管理

历史经验告诉我们，思想理论阵地，马克思主义不去占领，先进性的理论不去占领，各种非马克思主义的东西就必然会去占领。在思想理论阵地建设上，一是要“守住”，二是要“占领”。“守住”就是要坚守阵地，做到守土有责，确保思想理论阵地宣传科学理论、传播先进文化、倡导科学精神、塑造美好心灵、弘扬社会正气，绝不给错误观点和言论提供传播渠道。“占领”就是要按照“积极发展、加强管理、趋利避害、为我所用”的要求，切实加强互联网站建设，使之成为意识形态工作的新阵地，扩大增强马克思主义影响力的新渠道。

要抓好思想理论建设这个根本，深入开展马克思主义的理论学习宣传，坚持用发展着的马克思主义引领社会思潮、凝聚社会共识，坚定走中国特色社会主义理想信念，使马克思主义真正走进领导干部的内心世界，化为强大的精神支柱，学会运用马克思主义立场、观点、方法观察和解决问题，增强政治敏锐性和政治鉴别力，筑牢思想防线，自觉划清马克思主义同反马克思主义的界限。

（二）抓好党性教育是核心

学习党的历史，深刻总结党的建设历史经验教训，弘扬党的优良传统和作风，教育引导干部牢固地树立正确的世界观、权力观、政绩观，坚定政治立场，明辨大是大非。把学习马克思主义基本理论与加强党性锻炼结合起来，把改造客观世界与改造主观世界结合起来，致力于坚定党员领导干部的理想信念和宗旨观念，提高党员领导干部的道德品行和精神境界。

党校作为学习、研究和宣传马克思列宁主义、毛泽东思想、邓小平理论、“三个代表”重要思想、科学发展观等重大战略思想的重要阵地，干部加强党性锻炼的熔炉，在党的宣传思想工作中发挥着主阵地、主渠道作用。习近平总书记强调：“特别是党校要定好位”，“一定要增强阵地意识”，“阵地不能丢”。并强调：“一个政权的瓦解往往是从思想领域开始的，政治动荡、政权更迭可能在一夜之间发生，但思想演化是个长期过程。思想防线被攻破了，其他防线就很难守住。”习近平总书记的讲话不仅强调了党校在宣传思想工作的重要地位，而且也为党校教育工作提出了新任务、新要求。面对新挑战、新任务、新要求，党校必须积极主动地适应“大规模培训干部，大幅度提高干部素质”的需要，坚持“党校姓党”原则，以改革创新的精神办好党校，充分发挥培训轮训领导干部的主渠道作用，充分发挥党的宣传思想工作的重要阵地作用，重点要抓好三个方面的创新：

1.要创新办校理念

要保持办校思想的敏锐性和开放度，打破传统思维定式，努力以思想认识新飞跃打开工作新局面。党校作为在党委直接领导下培养党员领导干部和理论干部的学校，作为党委的重要部门，作为培训轮训党员干部的主渠道，作为党的哲学社会科学研究机构，在宣传思想工作中，要充分发挥“主阵地”、“主渠道”作用，在事关大是大非和政治原则性问题上，必须增强主动性、掌握主动权、打好主动仗。

2.要创新办校手段

要积极探索有利于破解工作难题的新举措新办法，特别是要适应社会信息化持续推进的新情况，加快传统媒体和新兴媒体融合发展，充分运用新技术创新媒体传播方式，占领信息传播制高点，创办网上党校，不断巩固拓展红色阵地。

3.要创新基层工作

要把创新的重心放在基层一线，扎实做好抓基层、打基础的工作。市、县党校是培养基层干部的重要阵地，是基层干部接受党性锻炼的熔炉。目前来看，大多县级党校普遍存在着党委重视程度不够，基础设施陈旧、办学条件差，师资队伍老化、结构不合理，经费困难等问题。这些问题严重制约了基层党校工作的顺利开展。省级党校要增强“主阵地、主渠道”意识，着眼于党校系统师资队伍建设，积极创造条件加强对市、县党校的业务指导，加大师资培训力度，大力实施全省党校系统资源信息共享工程，切实提高市、县党校办学水平。

（三）抓好道德建设是基础

习近平指出，精神的力量是无穷的，道德的力量也是无穷的。伟大时代呼唤伟大精神，崇高事业需要榜样引领。加强干部思想道德建设，培养大批高素质的干部队伍，是贯彻执行干部队伍建设，努力造就一大批思想道德素质过硬，能贯彻执行党的基本理论和路线方针政策的干部队伍，促进改革开放和社会主义现代化事业顺利发展、跨世纪宏伟目标的如期实现，确保党和国家长治久安的客观要求。

1.动员社会力量，营造道德建设良好氛围

树立和践行社会主义荣辱观，是推进社会主义核心价值体系，巩固全党全国各族人民团结奋斗思想道德建设的有机组成部分。以“八荣八耻”为精髓的社会主义荣辱观，体现了社会主义道德的根本要求，是弘扬中华传统美德，推进公民道德建设工程，加强社会公德、职业道德、家庭美德、个人品德教育的基本规范。全面、深入、持久地坚持和创新社会主义荣辱观的宣传教育，久久为功，必将在全社会形成知荣辱、讲正气、做贡献、促和谐的良好风尚。

2.在思想上提高觉悟，在行动上加大力度

邓小平同志曾经告诫全党："经济建设这一手我们搞得相当有成绩，形势喜人，这是我们国家的成功。但风气如果坏下去，经济搞成功又有什么意义？会在另一方面变质，反过来影响整个经济变质，发展下去会形成贪污、盗窃、贿赂横行的世界。"他向全党和全体人民反复强调，我们要建设的社会主义，不但要有高度的物质文明，而且要有高度的精神文明，要教育人民做到有理想、有道德、有文化、有纪律。国际国内的教训一再证明，道德败坏了，一定会反过来损害经济社会的发展。

正视和治理各类道德问题，一个重要的先决条件，就是要在思想上进一步警醒起来，决不能对道德建设有丝毫的轻视和懈怠；就是要在行动上进一步加大力度，决不能说起来重要、做起来次要。没有道德领域的进步和发展，就不是全面协调可持续的科学发展。在道德建设上，要做实功而不要务虚名，要日积月累而不能急功近利。要真正把道德建设纳入经济社会发展规划，纳入政绩考核指标，纳入领导干部奖惩评价体系。

3.加强法制建设，作为道德建设的坚强后盾

道德的后盾在法律，道德的底线在法律。使法治和德治紧密结合、相辅相成，是加强道德建设、有效治理道德问题的根本途径。在强化道德教育的同时，要针对现在道德领域的突出问题开展专项治理，坚决反对拜金主义、享乐主义、极端个人主义，坚持纠正以权谋私、造假欺诈、见利忘义、损人利己的歪风邪气。在统一认识的基础上，治理要坚决果断，要有抓手措施，要讲求时效。要抓住个别恶性案例，展开大讨论，在因势利导唤起公众法律意识和道德自觉的同时，制定出具有法律效力的地方性法规，取得将坏事变成好事的实效。

这些部署，就是要求各级党组织要教育和引导广大党员干部在改革开放和社会主义现代化建设的实践中，自觉加强思想政治修养，增强党性锻炼，保持高尚的道德情操，追求积极向上的生活情趣，始终把共产主义的坚定信念作为人生永恒的追求，矢志不移，振奋精神、克难前行。

四、增强领导干部理想信念教育针对性实效性的对策

理想信念教育，是党员干部终生的必修课，是始终伴随党的建设历程的重大课题，也是常抓常新、与时俱进的新课题。在新的历史条件下，要不断研究新情况、解决新问题、总结新经验、推出新举措，切实增强干部理想信念教育的针对性、实效性，突出时代性。

（一）以理论武装为基础，扎牢理想信念教育的根基

坚定的理想信念，源于清醒的思想认识。培养坚定理想信念的首要任务，是打好马克思主义思想理论基础，加强马列主义、毛泽东思想、中国特色社会主义理论体系、社会主义核心价值体系以及党的群众路线教育。

（1）组织引导干部加强对马列主义、毛泽东思想原著的学习，要求干部立足实际，从原著中汲取营养，学深学透，深化对改革发展重要性的认识，学会用发展着的马列主义指导新的实践。干部教育培训工作要高度重视并切实抓好马列主义、毛泽东思想经典著作的学习教育，引导干部完整准确理解和把握马列主义，系统掌握马克思主义科学真理，正确地使用马列主义、毛泽东思想指导工作。

（2）加强对干部的中国特色社会主义理论体系教育，大力推动这一理论体系进教材、进课堂、进头脑工作。用中国特色社会主义理论体系教育广大党员干部尤其是领导干部，指导教育培训工作，引导干部不断增强学习研究和贯彻落实这一理论体系的自觉性和坚定性，坚持不懈地用这一理论体系武装头脑，自觉把这一理论体系作为行动指南，毫不动摇地走中国特色社会主义道路。引导干部自觉用这一理论体系加强对客观世界和主观世界改造，提高运用科学理论研究解决实际问题的能力。大力弘扬理论联系实际学风，引导干部紧密结合世情国情党情和改革发展实际，学习中国特色社会主义理论体系，做到真学、真懂、真信、真用，不断提高理论素质、党性修养和综合素质，增强政治敏锐性和政治鉴别力，树立正确的世界观、人生观、价值观，坚定中国特色社会主义信念。

（3）切实加强马克思主义群众观点和党的群众路线教育，教育干部牢记并

恪守全心全意为人民服务的根本宗旨，把为民务实清廉的价值追求深深植根于思想和行动中。当前，针对党员干部队伍建设中面临的“精神懈怠危险、能力不足危险、脱离群众危险、消极腐败危险”，要紧紧围绕树立群众观点，突出加强以为民务实清廉为主要内容的党的群众路线教育，教育引导全体党员干部牢固树立群众观点、坚持走群众路线，切实加强和改进作风建设，集中解决形式主义、官僚主义、享乐主义和奢靡之风；认真贯彻“照镜子、正衣冠、洗洗澡、治治病”的总要求，提升党员干部自我净化、自我完善、自我革新、自我提高的能力。

（二）以党性修养为核心，突出理想信念教育的重点

党性是一个政党的性质、宗旨、作风和纪律等各种要素的综合反映，党性修养是党员在政治、思想、道德品质、能力等方面基本素质的综合体现。坚强的党性是坚定的理想信念的核心。干部只有党性强，才能始终做到在大是大非面前旗帜鲜明，在大风大浪面前无所畏惧，在各种诱惑面前立场坚定，在关键时刻靠得住信得过放得心，必须把加强党员干部的党性锤炼，提升党员干部的党性修养放在突出的位置。当前，干部党性教育要把握以下几点：

（1）加强党的历史教育，引导干部深刻认识和体会党的经验教训，弘扬党在长期奋斗过程中形成的优良传统和作风。

（2）加强全心全意为人民服务这一根本宗旨教育，引导干部牢固树立正确的权力观、事业观和政绩观，深刻认识到以人为本、执政为民是检验党一切执政活动的最高标准。

（3）加强党的纪律教育，引导广大党员干部严格遵守党章和党的纪律，坚定政治立场，增强政治敏锐性，始终听从党的召唤，在思想上政治上行动上与党中央保持一致，明辨大是大非。

（4）加强社会主义道德教育，引导干部积极培育社会主义核心价值观、模范践行社会主义荣辱观，切实做到讲党性、重品行、做表率，做社会主义道德的示范者、诚信风尚的引领者、公平正义的维护者。

党性教育要充分发挥革命传统教育和国情教育的作用，把红色资源转化为干部党性教育资源，坚持理论与实践相统一、历史与现实相统一、内容与形

式相统一、激情与理性相统一，切实增强生动性和吸引力，使干部重温历史、激发情感、净化心灵、坚定信念。党委（党组）要把加强党性教育作为干部教育培训的核心内容，列入重要议事日程，纳入干部教育培训规划和年度计划，作为干部队伍建设的重要内容来抓。组织部门要把党性教育列入干部教育培训工作的重点内容，建立定期分析制度，掌握干部党性修养方面的动态，研究解决存在的突出问题。完善干部党性教育考核激励机制，并将考核情况记入培训档案。

（三）以实践锻炼为关键，明确理想信念教育的出发点

坚定的理想信念是在实践中锻造出来的，干部的理想信念最终要在实践中得到体现和检验。在加强理论武装的同时，要紧密结合经济社会发展实际和干部的思想实际，把抽象理论具体化，深刻揭示理想信念对实践的具体指导意义，充分说明在认识和处理实际问题时如何具体地运用科学理论，为干部提供科学的思想方法。

理想信念教育要直面社会矛盾，针对干部思想上的种种困惑和疑问，深刻分析改革发展实践中的情况和问题，用实践来不断检验、充实理想信念，让干部感到理想信念与鲜活的实践相一致，增强理想信念教育的生动性和吸引力。各级党政领导干部尤其是“一把手”要深刻认识实践锻炼对干部理想信念教育的重要性和紧迫性，增强责任感，树立大局意识，加大工作力度，拓宽实践锻炼渠道，扩大选派规模，完善干部交流制度，改进实践锻炼办法，采取多种形式，以任职为主，选派干部尤其是年轻干部到改革发展的主战场、维护稳定的第一线、服务基层服务群众的最前沿去锻炼，到重要岗位、工作条件艰苦的地方或急难险重任务中去经受考验，到重点项目建设、信访接待、美好乡村建设、非公企业等去体验，到困难大、矛盾多的地方去经风雨、见世面，磨炼意志、砥砺作风、增长才干，并通过换岗交流，增进干部对不同部门、业务工作的了解，提升处理复杂问题的能力。

建立健全干部实践锻炼机制，建立目标责任激励机制，把完成工作目标情况与奖惩、任免结合起来。完善考察机制，加强选派前考察，严格选派条件，坚持标准，深入了解干部的优缺点，确定实践锻炼形式、岗位和地点；加强对干部

实践锻炼的考核，全面客观评价实践锻炼成效。健全干部实践锻炼、提拔使用衔接机制，优先提拔使用实践锻炼成绩突出的干部。建立健全实践锻炼干部共管机制，接收单位按照规定认真行使干部管理职权，定期向上级组织部门和派出单位报告情况；派出单位加强对实践锻炼干部的督促检查；上级组织部门不定期抽查，加强指导和监督。

（四）以激发内在动力为根本，找准理想信念教育的切入点

内在动力是干部理想信念教育取得成效的关键，是巩固教育成果、坚定理想信念的根本。在要求干部努力为党的事业工作、牢固树立共产主义理想信念的同时，尊重干部的个人需求，并把党的事业整体需要和干部的个人需求有机结合起来，最大限度地激发干部牢固树立和积极实践共产主义理想信念的内在动力。准确把握新形势下干部队伍的实际情况和干部个人需求的新特点，引导干部对自身价值和成功的正当追求，教育干部树立正确的权力观，立足本职岗位充分施展才能，把个人价值融入党的事业之中。改变单纯地把干部当作被管理、被教育对象的传统管理模式，保护《党章》、《党员权利保障条例》、法律赋予干部的权利，从党规党纪和法律上保障干部的主体地位。

发挥思想政治工作的作用，教育干部联系实际，总结经验、反思过去、思考未来，把理想信念教育寓于经常性的学习、工作、生活和正在奋斗的事业之中。在坚持基本要求和统一标准基础上，区分各级各类干部的情况和需求，有针对性地提出要求、制定规划、统筹推进理想信念教育。

发挥干部的主体作用，鼓励引导干部客观认识和对待自身，敢于剖析和反省自己，做到自重、自省、自警、自励，切实增强理想信念教育的自觉性。借鉴党内集中教育活动经验，通过开展集中教育，有针对性地解决干部理想信念教育中存在的突出问题。

重视发挥先进典型的激励示范作用，通过宣传先进典型的事迹，引领干部坚定理想信念。完善定期思想分析制度，坚持从实际出发，及时了解、分析干部的思想状况，把理想信念教育与干部的思想特点有机结合起来，有针对性地做好教育工作，对干部的思想行为起到引导、规范作用；建立科学的考核评价制度，增强干部创先争优的主动性、积极性，激励干部为实现理想信念而不懈奋

斗；健全以党章为核心的党内规章制度、严肃党的纪律，发挥法规制度的强制力、威慑力，引导干部遵守道德规范，把理想信念教育与党内法规建设有机结合起来，推进理想信念教育扎实有效地开展；加快推进干部人事制度改革，在服从党的事业需要前提下，充分考虑干部的意愿和特长，尽可能做到人尽其才、才尽其用，合理使用干部，形成一个有利于优秀人才脱颖而出、健康成长、人尽其才、才尽其用的科学机制。加强监督，以外在压力提升内在动力，发扬党内民主，开展批评和自我批评，清除各种错误思想；健全党内外民主评议党员和党员干部制度，对干部特别是党员领导干部实行有效监督。

（五）以创新教育手段为载体，丰富理想信念教育的形式

生动多样的教育形式，是取得良好教育效果的重要条件。干部教育培训工作要将能力建设与理想信念教育统一起来，以增强培训实效为目的，创新载体，以党校、行政学院、干部学院为主渠道、主阵地，以党史党性教育基地为依托，开展多种形式、各具特色的教育活动。

党校、行政学院、干部学院要建立理想信念教育课题开发领导小组，精心开发理想信念教育教学模块，设置独立教学单元，丰富理想信念教育内容，创新培训方式，更多采用启发式、引导式和讨论式方法，积极探索以党性锻炼和理想信念教育为主题的体验式教学等有效途径和办法，使理想信念教育更加切合干部思想实际、更加符合时代发展要求、更加具有灵活性和针对性，并把理想信念教育落实到教学、实践、管理、组织生活等各个环节。

干部教育培训主管部门根据干部教育培训工作需要，组织开展集中教育活动；建立理想信念教育基地，充分挖掘和利用各地理想信念教育资源，组织开展特色教育活动。运用现代科学技术，构建干部理想信念教育信息网络平台，完善以互联网技术和党政信息平台为主的教育网络，探索理想信念教育的新方式、新手段，在全国干部现代远程教育网络的基础上，立足实际，探索建设网上党校、网上大讲堂、网上论坛，尝试采用短信、手机报、微博等形式，开展“订单式”、“菜单式”、“点播式”在线学习、讨论、辅导活动，利用互联网丰富鲜活的教育资源和平等自主的优势，扩大教育覆盖面，加强互动性，激发干部的学习动力，增强理想信念教育的效果。

健全和落实领导干部谈心谈话制度，开展党组织主要领导同班子成员、下一级党政领导班子主要领导谈话谈心，分管领导同所分管部门的领导班子主要负责人谈话谈心，党委组织部门同所联系领导干部谈话谈心活动，并加强督促检查。

（六）以完善制度建设为保障，建设理想信念教育的长效机制

干部理想信念教育是一个永恒课题，不可能一蹴而就、一劳永逸，要把建立长效机制作为一个关键环节，同时，干部党性教育也不可能单兵突进，要坚持统筹联动，改善理想信念教育的体制机制和环境。要在认真落实党内民主制度、干部选拔制度、党内监督制度、廉洁从政制度，完善领导班子议事规则和决策机制，坚持党内政治生活准则，健全民主生活会制度，坚持和完善党性定期分析制度，完善领导干部权力运行机制，加强对领导干部特别是“一把手”的权力监督等基本制度基础上，进一步健全和完善干部理想信念教育制度机制。

1.强化党内基本制度执行保证机制

积极探索干部对上负责和对群众负责相统一的实现机制；完善干部考核评价体系，分层分类制定科学有效的考核指标；健全监督惩戒机制，推进党务、政务、事务公开和领导干部职责权限、收入待遇公开等制度建设；畅通信访举报、社会舆论、行政诉讼、行政复议等渠道，为社会监督搭建平台。

2.坚持和完善党内组织生活制度

严格落实“三会一课”、党委（党组）中心组学习制度等，增强组织生活的政治性、思想性、针对性，保证组织生活的质量。定期召开组织生活会，党员领导干部带头执行组织生活的各项制度，自觉参加双重组织生活。

3.建立健全干部教育制度

建立和完善干部教育培训和选任、监督管理等工作衔接制度，建立教育、诫勉、调整等约束机制，做到学用结合，择优而用，让干部培训工作跟上干部人事制度改革的步伐。健全干部定期培训、分级分层培训、结对帮学、多样化的干部教育培训等制度，充分利用各方面教育资源为干部教育培训工作服务，进一步提高干部教育培训科学化、规范化水平。不断加大对干部教育培训经费的投入，切实加强干部培训主阵地、主渠道建设，确保干部理想信念教育工作扎实

有效开展。

4.落实干部党性教育责任制

坚持和完善党性教育经常化制度，把党性教育作为干部的必修课，实现常态化。

5.加强对干部的管理监督

对干部在学习、守纪、实践、交往和参加活动等方面的情况进行严格管理和监督。

6.加强学习型党组织建设

大力营造重视学习、崇尚学习、坚持学习的浓厚氛围。牢固树立党组织全员学习、终身学习的理念，不断提升干部的学习能力、知识素养，不断增强党组织的创造力、凝聚力、战斗力。加强学习型党组织创建，努力造就学习型领导班子和干部，不断提高经受“四个考验”、防止“四个危险”的能力。发挥主流新闻媒体的作用，报道干部理想信念教育工作开展情况，宣传先进典型，创造积极健康的理想信念教育的社会氛围。

筑牢党的宗旨，弘扬“苏区干部好作风”

第三课题组*

在中国苏维埃运动时期，苏区上下广泛传唱着一首歌谣，即《自带干粮去办公》，歌词为：“苏区干部好作风，自带干粮去办公，日着草鞋分田地，夜走山路打灯笼。”①这么一首歌谣，充分体现了当时苏区干部优良的工作作风。“自带干粮去办公”，体现的是干部的清廉作风；“日着草鞋分田地”，体现的是干部的为民作风；“夜走山路打灯笼”，体现的是干部注重调查的务实作风。事实确实如此！在整个苏维埃运动时期，绝大多数党员干部都具有一种艰苦朴素、勇于奋斗、以身作则、任劳任怨、全心全意为人民服务的优良工作作风。他们关心群众的生活，一切为群众利益着想，群众的一切包括吃穿住行、油盐柴米、疾病婚姻等都纳入他们的工作范围之内。他们心里想着群众，眼里有群众，办事为群众，密切联系群众，同群众打成一片。实际上，“苏区干部好作风”正是对中国共产党宗旨思想的最好诠释。

一、“苏区干部好作风”的主要内容

“苏区干部好作风”的内涵是什么？长期以来，学者将“苏区精神”与“苏区干部好作风”融为一体。当然，这也有一定的道理。因为，工作作风是精神的外在表现，而精神则是对工作作风的一种升华。原中央党史研究室副主任石仲泉认为，“苏区精神”的主要内容为：反对本本主义，深入实际调查；“从斗争中创

---

* 课题负责人：袁小平，课题组成员：杨会清、徐德莉

①危仁晸主编：《江西革命歌谣选》，江西人民出版社 1991 年版，第 141 页。

造新局面”；民主建政、“真心实意地为群众谋利益”、创造“第一等的工作”；“艰苦奋斗、廉洁奉公的优良作风”[①]。而曾任兴国县委书记的吴建春认为，“苏区干部好作风”的内涵包括：注重调查研究，坚持求真务实；密切联系群众，保持艰苦奋斗；提倡模范带头，崇尚廉洁奉公。[②]可见，关于对“苏区精神”和“苏区干部好作风”内涵的概括基本一致。为此，本文将“苏区干部好作风”提炼为以下四个方面，即反对本本主义，坚持一切从实际出发；厉行廉洁政治，为革命节省每一个铜板；实行党内民主，开展批评与自我批评；真心实意为群众谋利益，创造“第一等的工作”。

1.真心实意为群众谋利益，“创造第一等的工作”

毛泽东曾指出：“真正的铜墙铁壁是什么？是群众，是千百万真心实意地拥护革命的群众。这是真正的铜墙铁壁，什么力量也打不破的，完全打不破的。”[③]在整个苏区时期，中国共产党始终依靠群众、为群众谋利益，从而获得了群众的支持和拥护。

要获得群众的支持，就必须维护和保障群众的利益。在整个苏区时期，共产党和苏维埃政府对群众的关心可谓是体贴入微。当时，无论是大到分田造屋、架桥铺路，小到油盐柴米、生老病死，各级苏维埃干部无不想方设法替群众予以解决。如 1933 年 11 月，瑞金沙洲乡的选民大会上，“（代表们——引者注）对地方性的群众一切切身利益的各项工作如卫生运动、铺路、架桥、开办学校、夜校、开发水利等均有热烈的具体的提案。”[④]1933 年 8 月 16 日，《红色中华》报道，“区苏区委的工作人员‘自己家里带火食来’，将每天的公家所发的火食节省起来，以援助被难群众，……对于援助被难群众真是无微不至，募了米给他，又愁他没有菜吃，有了菜，又愁其无盐煮，有了菜和盐又愁其没有油来肥菜，菜、盐、油、米具又愁其没有猪肉吃，没有柴烧，因此，一般的群众，都募集很多

①石仲泉：《中央苏区与苏区精神》，《中共党史研究》，2006 年第 1 期。

②吴建春：《弘扬苏区干部好作风　加强领导干部作风建设》，《中国井冈山干部学院学报》，2009 年第 6 期。

③毛泽东：《关心群众生活，注意工作方法》（1934 年 1 月 27 日），《毛泽东选集》第一卷，人民出版社 1991 年版，第 139 页。

④何秉才：《沙洲乡选民大会纪盛》，《红色中华》第一二四期（1933 年 11 月 11 日），第 3 版。

菜蔬给他们，……”[①]而在兴国长冈乡，“有一个贫苦农民被火烧掉了一间房子，乡政府就发动群众捐钱帮助他。有三个人没有饭吃，乡政府和互济会就马上捐米救济他们，去年夏荒，乡政府从二百多里的公略县办了米来救济群众……长冈乡的群众说：‘共产党真正好，什么事情都替我们想到了。’”[②]尤为可贵的是，广大党员干部还经常到群众家中与群众谈心交心，了解群众所需所盼。正如当时苏区歌谣所唱道：“干部常来我们乡，巡视我乡谈家常；油盐柴米样样问，温暖送到心窝上。”[③]这里虽然讲的是中央苏区，但其他苏区的情况也不例外！像闽浙赣苏区，“苏维埃政府时时刻刻都在想着如何去改善群众的生活，使群众生活日渐向上，虽然群众在革命后的生活，比较革命前有着显著的进步，但苏维埃仍时刻关心他们的生活，设了许多方法，帮助和指导他们走进更进步的生活。”[④]

在维护群众利益的同时，共产党和苏维埃政府还强调要创新工作方式和工作方法，鼓励党员干部创造“第一等的工作”。1932 年 2 月，中共中央在给共产国际的报告中指出：“在这里我们去年曾提出‘革命竞赛’、‘突击队’、‘共产党礼拜六’、‘轻骑队’等等，所有这些方式在白区内当然成绩很少，可是在苏区中已经获得很大的效果，特别是鄂豫皖，湘鄂西等处。”[⑤]这里所提到的“革命竞赛”、“突击队”、“共产党礼拜六”、“轻骑队”，就是一种新的工作方式。像“共产党礼拜六”运动，就是鼓励机关干部义务为群众耕种、砍柴、收割、打扫等工作。在江西会昌，文光明等人回忆：“经邓小平同志提议，决定所有的机关干部每逢礼拜六下午都参加半天的义务劳动。从此，机关里一到礼拜六下午，除了伙夫

①李中：《上杭群众的阶级互助运动》，《红色中华》第一〇二期（1933 年 8 月 16 日）第 8 版。

②毛泽东：《关心群众生活，注意工作方法》（1934 年 1 月 27 日），《毛泽东选集》第一卷，人民出版社 1991 年版，第 138 页。

③危仁晸主编：《江西革命歌谣选》，江西人民出版社 1991 年版，第 141 页。

④方志敏：《我从事革命斗争的略述》（1935 年 3 月），《方志敏文集》，人民出版社 1999 年版，第 81–82 页。

⑤中国人民解放军国防大学党史党建政工教研室编：《中共中央关于组织工作给共产国际的报告》（1932 年 2 月 12 日），《中共党史教学参考资料》第十五册，国防大学出版社 1986 年版，第 74 页。

刘佩墟一个人留下看守机关外，其余的人都去参加义务劳动。”[①]当然，所谓“共产党礼拜六”，并不一定只有共产党员才参加，有时，连普通群众也必须参加。像苏维埃剧团在巡回演出期间，“我们的演员和工作人员分配了工作，有的上山砍柴，有的在山下井边挑水，有的在塘边挑塘泥，有的在田野里引水，到田心淋菜，大家配合着革命的牧歌和土调，劳动热忱非常紧张，小演员也不愿落人后拼命铲草皮。”[②]“通过工作方式方法的不断创新，以前的欺骗、收买、强迫、命令的方式一般是纠正了。”[③]在这一基础上，苏区还鼓励党员干部争做各方面的模范。在共产党和苏维埃政府的领导下，苏区逐渐形成了一个你追我赶、人人奋勇争先、个个争创一流的工作氛围。像湘赣军区兵工厂，“全厂开展了义务劳动支援前线的竞赛。……工人晚上加班生产，星期天也不休假，夜以继日地干，本来厂工会与省工会、省劳动部的合同规定，晚上和星期天加班生产要发双工资。可是工人们一致表示，不仅不要双工资，加班工资也一点不要，算为前线义务劳动。”[④]这一时期，苏区先后涌现出一大批“模范”事迹，他们创造了“第一等”的工作，成为扩大红军、参战支前、慰劳红军、优待红军家属、推销公债、粮食动员、发展生产、文化教育等各领域的模范。他们所创造的“第一等工作”，也受到了当时中央的赞扬。1934 年 1 月，毛泽东指出：“兴国的同志们创造了第一等的工作，值得我们称赞他们为模范工作者。同样，赣东北的同志们也有很好的创造，他们同样是模范工作者。……其他，如福建的上杭、长汀、永定等县的一些地方，赣南的西江等处地方，湘赣边区的茶陵、永新、吉安等县的一些地方，湘鄂赣边区阳新县的一些地方，以及江西还有许多县里的区乡，加上瑞

①文光明、成正南等：《更加郁郁葱葱》，载《关山阵阵苍——中央革命根据地的斗争》(中册)，江西人民出版社 1978 年版，第 272 页。

②戈丽：《苏维埃剧团春耕巡回表演纪事》(1934 年 4 月 26 日、5 月 1 日、5 月 7 日、5 月 14 日)，刘云主编《中央苏区革命文化史料汇编》，江西人民出版社 1994 年版，第 305 页。

③《中央苏区通讯》(1932 年 10 月 16 日)，《红旗周报》第五十二期(1932 年 11 月 15 日)，实业周报出版社(沪)，第 56—57 页。

④段辉亮：《湘赣军区兵工厂》，王首道、萧克等：《回忆湘赣苏区》，江西人民出版社 1986 年版，第 105 页。

金直属县，那里的同志们都有进步的工作，同样值得我们大家称赞。”①

正是在共产党和苏维埃政府的领导下，广大党员干部坚定共产主义信念，密切联系群众，真心实意为群众谋利益，模范带头，从而使争创“第一等的工作”成为当时苏区的一种习惯、一种潮流、一种无形的力量。也正是在共产党和苏维埃政府的领导下，落后的革命环境逐渐成为当时全国最先进、最光明、最有活力的区域。

2.反对本本主义，坚持一切从实际出发

在整个中国苏维埃运动时期，革命斗争始终是沿着两个线索交叉行进：一是借鉴苏俄模式，导致党内教条主义盛行、“左”倾错误泛滥；一是提倡独立自主、实事求是，探索马克思主义中国化。在斗争过程中，教条主义因为其严重的危害而遭到苏区广大干部的唾弃，而实事求是、一切从实际出发则逐渐成为苏区干部的内在追求。

早在1930年5月，毛泽东就曾指出：“反对本本主义。……不根据实际情况进行讨论和审察，一味盲目执行，这种单纯建立在‘上级’观念上的形式主义的态度是很不对的。……马克思主义的‘本本’是要学习的，但是必须同我国的实际情况相结合。”②从苏区的革命实践看，共产党一系列方针政策的制定确实也是一个反对本本主义、坚持从实际出发和马克思主义中国化的过程。像苏俄模式中关于革命主力、革命战略、土地分配都因为中国的实际而经历了一个调整、变化的过程。像革命主力，逐渐由工人变为农民。在革命战略上，由苏俄的城市战略逐渐转变为中国的农村战略。而土地分配，也经历了一个中国化的过程。在井冈山斗争时期，中国共产党根据共产国际“没收一切土地”的要求制定了土地法。但在革命实践中，发现这一分配原则容易伤害中农的利益，不利于革命阵营的巩固。之后《兴国土地法》做出了改变，即“没收一切公共土地及地主阶级的土地归兴国工农兵代表会议政府所有，分给无田地及少田地的农民

①毛泽东：《关心群众生活，注意工作方法》（一九三四年一月二十七日），《毛泽东选集》第一卷，人民出版社1991年版，第136、140–141页。

②毛泽东：《反对本本主义》（1930年5月），《毛泽东选集》第一卷，人民出版社1991年版，第111页。

耕种使用。”[①]但随之带来的另一个问题,即:各地土地数量、肥沃程度不一,从而导致土地分配的结果不公平。为此,又先后提出了“抽多补少”[②]和“抽肥补瘦”[③]的原则。考虑到当时农民对土地的感情与觉悟,中央于1931年2月再次规定:“过去分好了的田(实行抽多补少抽肥补瘦了的)即算分定。得田的人,即由他管所分得的田,这田由他私有,别人不得侵犯。以后一家的田,一家定业,生的不补,死的不退,租借买卖,由他自主。田中出产,除交土地税于政府外,均归农民所有。”[④]上述变化,显然是对苏俄模式的一个修正,同时也反映了中国共产党对国情认识的不断深入,所制定的土地政策因为更加符合当时中国农民的观念和需要,从而有利于争取群众和发动群众。什么叫实事求是?这就叫实事求是,这就是一切从实际出发。

如何坚持实事求是,坚持一切从实际出发?这就需要我们“时时了解社会情况,时时进行实际调查。”这是因为,“没有调查,没有发言权!”[⑤]从整个苏区时期看,毛泽东、方志敏等领导人一直在以实际行动来践行自己提出的上述思想。这一时期,毛泽东就曾先后对寻乌县、兴国县、吉水县东塘和木口村、兴国长冈乡、上杭才溪乡等地进行了调查。其内容涉及中央苏区的政治制度、经济关系、阶级状况、商业交通、文化教育、宗祠族权、家庭伦理、风土民情等社会生活各个方面。方志敏,也非常重视调查研究。邵式平回忆,“我们大发展时期,某些地方政权有脱离群众的现象,打骂群众,少数‘异己分子’混入政权。志敏同志回苏区沿途调查,搜集研究了这些现象,认为必须纠正,曾写一苏维埃与群众关系问题通俗小册子,解决了政府与人民的关系,并进行了区乡政权的改造

①《兴国土地法》(1929年4月),《中央革命根据地史料选编》(下册),江西人民出版社1982年版,第364、365页。

②《中共闽西第一次代表大会决议案——土地问题决议案》(1929年7月27日),《中央革命根据地史料选编》(下册),江西人民出版社1982年版,第369、378页。

③《富农问题》(1930年6月),《中央革命根据地史料选编》(下册),江西人民出版社1982年版,第410页。

④《毛泽东年谱》上卷,人民出版社、中央文献出版社1993年版,第335页。

⑤毛泽东:《反对本本主义》(1930年5月),《毛泽东选集》第一卷,人民出版社1991年版,第109页、115页。

工作。”[1]在共产党和苏维埃政府的倡导和影响之下，当时无论是中央机关，还是基层组织，无论是临时中央政府主席，还是乡苏维埃主席，都纷纷深入群众进行调研。吴德华回忆，当时红四军的宣传员每人都有一本《社会调查提纲》，调查内容包括：“一、社会情况：县、区、乡、村、屋场、圩镇、水流、山脉、邻县交界处、地理情况、人口分布情况，大、小姓，客居或本地的工、农、商、学、兵，分男女老少各多少。二、政治情况：地主、富农、资本家、土豪、劣绅各多少？是谁？出租情况？共有多少人？大部分做什么伪职？他们对贫苦农民的剥削压迫手段，受压迫剥削的贫雇农各多少？态度怎样？哪些坐过班房？抽大烟的多少？高利贷多少？三、经济情况：商业消费、市场上的主要产品、各种物品的价格、各行各业的工资情况、工人的生活情况，长、短、零工的工资多少？城市居民靠什么生活？”[2]这样，就使调查研究成为苏区的一项领导方法，成为苏区干部最普遍的一种工作作风。

重视调查研究之风，培养了中国共产党理论联系实际、一切从实际出发的优良作风，也加强了中国共产党对复杂革命形势进行分析的科学性。正如毛泽东所指出：“调查就像‘十月怀胎’，解决问题就像‘一朝分娩’。”[3]这一优良的工作作风，也是中国共产党后来“三大法宝”之一——“理论联系实际”的实践渊源和思想前提。

3.厉行廉洁政治，为革命节省每一个铜板

在残酷的战争环境下，有限的资源向战争倾斜，这是必需的。在整个中国苏维埃运动时期，无论是高层领导，还是普通干部，都以极大的热情投入到革命事业中来。为着革命事业的成功，他们宁愿过着艰苦朴素的生活，节省着每一个铜板来支持革命。

坚决惩办贪污腐化行为，是苏区时期的重要工作。早在1931年9月，赣东

①邵式平、汪金祥、胡德兰等：《闽浙皖赣（赣东北）党史》，方志敏、邵式平等：《回忆闽浙皖赣苏区》，江西人民出版社1983年版，第29页。

②吴德华：《关于“社会调查提纲”的回忆》，陈毅、肖华等：《回忆中央苏区》，江西人民出版社1981年版，第78页。

③毛泽东：《反对本本主义》（1930年5月），《毛泽东选集》第一卷，人民出版社1991年版，第110页。

北根据地就要求，"严格肃清苏维埃机关及苏维埃经营的企业中底一切腐化官僚主义及形式主义的坏现象！为要达到这一目的，应从速组织工农检查局，以执行监督和纠正腐化、官僚化、财政的浪费，怠工等不良现象的任务"[①]。在临时中央政府的要求下，苏区自上而下地建立了工农检察系统。中央工农检察人民委员部，主要对中央政府及其工作人员进行监督；省、县、区三级苏维埃政权的工农检察部，则负责监督、检查本级苏维埃政府机关工作情况，有权向本级政府建议撤换或处罚本级政府的工作人员，如发现工作人员有腐败行为有权报告法院。1932 年 9 月，临时中央政府要求各级工农检查部下设控告局，负责接受"工农劳苦群众对苏维埃机关或国家经济机关的控告及调查控告的事实"[②]。而且，"在工农集中的地方，控告局可设立控告箱，以便工农投递控告书。还可以指定不脱离生产的可靠工农分子代替控告局接收各种控告"[③]。1933 年 12 月，中央执行委员会又颁布了《关于惩治贪污浪费行为的第二十六号训令》，要求重点检举、考查通过选举产生的各部门、各单位负责人，把其中的贪污腐化、官僚主义、动摇分子清洗出去。在广泛的检举运动中，"大批的洗刷了坏分子，如中央政府各部共洗刷了六十四人，其中有九个贪污的"[④]。与此同时，苏区还广泛建立了由突击队、轻骑队、工农通讯员和群众法庭四部分构成的自下而上的群众性监察组织。如"突击队"，其工作要求为"公开的突然去检查某苏维埃机关或国家企业和合作社，以揭破该机关或企业等的贪污浪费及一切官僚腐化的现象"[⑤]。通过这种无所不在的监督、检举、突击，贪污腐败分子在苏区几乎无处遁形。

为加强对党员干部的监督和警示，苏区还十分重视新闻舆论工具在反腐

①《中共赣东北省第一次代表大会关于苏维埃工作决议案》(1931 年 9 月)，江西省档案馆选编《闽浙赣革命根据地史料选编》(上册)，江西人民出版社 1983 年版，第 293 页。

②《中华苏维埃共和国工农检查部组织条例》(1931 年 11 月)，第 309 页。

③何叔衡：《工农检察部控告局的组织纲要》，《红色中华》第三十二期（1932 年 9 月 6 日）第 7 版。

④董必武：《把检举运动更广大的开展起来》，《斗争》第六十一期(1934 年 5 月 26 日)，第 4 页。

⑤何叔衡：《突击队的组织和工作》，《红色中华》第三十二期(1932 年 9 月 6 日)第 7 版。

倡廉中的作用。这一时期，《红色中华》《斗争》《红星报》《青年实话》《工农报》等都积极参与到反腐倡廉的工作中来。像《红色中华》，作为中华苏维埃共和国临时中央政府的机关报，其“发刊词”即明确表示：“要引导工农群众对自己的政权尽到批评、监督、拥护的责任。”为推动反腐倡廉工作，《红色中华》还专门开辟《铁锤》《突击队》《工农通讯》《警钟》等专栏，以揭露丑恶腐败、无视党纪的严重现象。同时，还设有《红板》《黑板》和《反贪污浪费》等三种主题不同的栏目。《红板》专栏，主要刊登苏维埃干部廉洁奉公，积极工作的先进事迹；《黑板》专栏，专门监督和痛斥那些拖沓懒散、消极怠工、没有坚定的革命理想的工作人员；而《反贪污浪费》专栏，则专门报道那些贪污浪费案件，还发布一些有关腐败分子的处理决定，让党员干部引以为戒。如 1933 年 12 月，《红色中华》对博生县提出公开批评，其中指出：“博生县苏工作人员，每天平均一百四十人，就有十一个病人，食药的大洋三元三角，在十月份一个月吃了三百三十二贴药，计大洋九十八元。……但是我们喊节省不要浪费，一文钱都要帮助战争，因为他们未听见前方的炮声枪声，多食几帖药有什么要紧呢？这真是浪费的变形。”[①]1933 年 4 月，闽浙赣苏区所出版的《工农报》将仅仅贪污了四两盐的工作人员也进行点名曝光，以此来教育、警戒各级党政干部要保持清正廉洁。新闻舆论工具的广泛运用，对整个苏区树立了廉洁奉公、艰苦奋斗的作风有良好的舆论导向作用。

通过广泛的反腐倡廉运动，苏区广大干部逐渐树立了“贪污和浪费是极大的犯罪。……节省每一个铜板，为着战争和革命事业，为着我们的经济建设，是我们的会计制度的原则”[②]。在革命过程中，广大干部逐渐形成了廉洁奉公、艰苦奋斗的工作作风。这一工作作风，可以说感动了千千万万的人。2010 年 9 月，习近平在中央党校秋季主体班的开学典礼上曾指出：“我多次读方志敏烈士在狱中写的《清贫》。在那里面，表达了老一辈共产党人的爱和憎，回答了什么是真正的穷和富，什么是人生最大的快乐，什么是革命者的伟大信仰，人到

①《大量吃药的博生县政府》，《红色中华》一三七期(1933 年 12 月 23 日)第 3 版。

②《我们的经济政策》(1934 年 1 月 23 日)，《毛泽东选集》第一卷，人民出版社 1991 年版，第 134 页。

底怎样活着才有价值。每次读都受到启示、受到教育、受到鼓舞。”[①]而方志敏，正是当时苏区“厉行廉洁政治”的优秀干部代表。

4.实行党内民主，开展批评与自我批评

列宁曾经指出：“一个政党对自己的错误所抱的态度，是衡量这个党是否郑重，是否真正履行它对本阶级和劳动群众所负义务的一个最重要最可靠的尺度。公开承认错误，揭露犯错误的原因，分析产生错误的环境，仔细讨论改正错误的方法——这才是一个郑重的党的标志。”[②]在整个苏区时期，中国共产党始终发扬党内民主，鼓励批评与自我批评。

批评与自我批评之风，自中共成立以来即逐渐化入党的血液之中。张国焘后来在回忆中共一大召开的情景时谈道：“上述这两项议程（指党章与党纲草案——引者注）的讨论经过都很热烈，表现了代表们的认真精神，但并没有意气之争。多数代表批评李汉俊的意见虽很严峻，但没有人指他为改良派或机会主义等等。初期的共产主义都有彼此重视友谊，不愿意随便给意见不同者戴上一顶政治的‘帽子’。李汉俊在讨论中虽也坚持他的意见，但从不与人争吵，当他的主张被否决时，总是坦率地表示服从多数的决定。”[③]中共二大以后，一批在苏联学习的党员先后回国，他们不仅带来了共产国际的指示，同时也给中国革命带来“一些新的作风。”[④]其中，就包括党内民主、批评和自我批评。多重因素的结合，使党内较早就形成了比较浓郁的批评与自我批评氛围。到了苏区时期，领导人博古、张闻天、陈云等本身也是批评与自我批评的倡导者。针对党内要求即时向社会主义转变的要求，博古曾批评道：“正因为苏维埃革命还只有在经济上比较落后的区域中胜利了，正因为在苏维埃的统治之下还没有重要的工业中心，所以过早的社会主义的办法是更加不能容许与更加有害的”。[⑤]针

①习近平：《在中央党校秋季主体班开学典礼上的讲话》(2010年9月1日)。

②《列宁选集》第四卷，人民出版社1972年版，第167页。

③张国焘：《我的回忆》第一册，东方出版社1998年版，第141页。

④李达：《中国共产党的发起和第一次、第二次代表大会经过的回忆》(1955年8月2日)，《“一大”前后——中国共产党第一次代表大会前后资料选编(二)》，人民出版社1980年版，第17页。

⑤博古：《论目前阶段上苏维埃政权的经济政策》，《斗争》第八期(1933年4月15日)第1页。

对当时苏区过"左"的劳动法,陈云批评道:"许多城市中商店作坊提出了过高的经济要求,机械的执行只能适用于大城市的劳动法,使企业不能担负而迅速的倒闭,或者不问企业的工作关系,机械的实行八小时与青工六小时的工作制,不顾企业的经济能力,强迫介绍失业工人,……这种工团主义的倾向是破坏苏区经济的发展,破坏工农的经济联盟,破坏苏维埃政权,破坏工人自己的彻底解放。"[①]在领导人的倡导和影响下,批评与自我批评之风在党内非常浓厚。像当时的《红星报》,通讯员最多时有五百多人,设有"自我批评"专栏。如果哪个单位和个人被打了铁锤,都要尽快给编辑部写出自我批评稿件。除《红星报》外,《红色中华》《青年实话》《工农报》同样敢于碰硬,既敢于批评普通干部战士,也敢于批评高级领导干部,从而成为反官僚主义、形式主义、贪污腐化的尖兵。而且,批评与自我批评的作风逐渐由党内扩大至整个苏区社会。如当时的选举运动,"市苏维埃向选民做工作报告,一般的是进行了。而且报告之后,或多或少对政府下了批评。许多地方批评政府对战争动员如扩大红军,归队运动等,工作没有达到应有的成效,地方建设事业注意得不够等等,给了对工作消极怠工,官僚腐化的苏维埃工作人员以严厉的打击"[②]。

"党内批评是坚强党的组织、增加党的战斗力的武器。"[③]正是通过批评与自我批评,党内得以不断改正错误、不断走向成熟、不断走向正确,从而使中国共产党更加富有生命力、战斗力。

二、"苏区干部好作风"是党的宗旨的集中体现

对于中国共产党的宗旨思想,2012 年版《中国共产党章程》表述为:"党除了工人阶级和最广大人民群众的利益,没有自己特殊的利益。党在任何时候都把群众利益放在第一位,同群众同甘共苦,保持最密切的联系,坚持权为民所用、情为民所系、利为民所谋,不允许任何党员脱离群众,凌驾于群众之上。党

①陈云:《关于苏区工人的经济斗争》,《斗争》第九期(1933 年 4 月 25 日)第 5 页。

②梁柏台:《今年选举的初步总结》,《红色中华》第一三九期(1934 年 1 月 1 日)第 6 版。

③毛泽东:《关于纠正党内的错误思想》(1929 年 12 月),《毛泽东选集》第一卷,人民出版社 1991 年版,第 90—91 页。

在自己的工作中实行群众路线,一切为了群众,一切依靠群众,从群众中来,到群众中去,把党的正确主张变为群众的自觉行动。”[①]而为人所津津乐道的苏区干部好作风,实际上也是对中国共产党宗旨思想的最生动体现。

1.真心实意为群众谋利益,是“一切为了群众、一切依靠群众”的体现

早在1928年11月,中共中央第二十号通告即指出:“无产阶级的领导权不是天然巩固的,农民劳苦群众不是天然就跟着无产阶级跑的,这要靠正确的政策和不断的斗争来决定。”[②]正确的政策是什么?即根据实际来满足不同群体的利益诉求。例如:怎样让农民参加革命?答案是:“给农民以所需要。”[③]这就包括分配农民土地、减轻农民负担、发展公共事业等。所以,在革命的环境下,强调“一切为了群众,一切依靠群众”,这既是党的宗旨思想所在,同时也是动员群众的现实需要。

在整个苏区时期,共产党始终贯彻“一切为了群众”的价值观。1931年11月,中央致信湘赣省委时明确指出:“如何来具体的改良他们的生活条件,如何能使他们取得土地,增加生产,如何能使劳动法更彻底的实行出来,只有真能为广大工农群众谋日常的实际利益,而不是空洞的叫喊,群众才会相信苏维埃,拥护苏维埃,并积极参加苏维埃的工作。不然,苏维埃自然变成像你们所说的空洞的找不到出路的机关了。这样的机关,群众至少亦不过‘敬而远之’地了,要变为工农兵群众自己的政权,当然完全是空想!”[④]通过对“一切为了群众”思想的贯彻,从而使苏区群众在革命中获得极大利益。如:通过工农专政,使群众获得了“话事办事的自由”[⑤];通过土地分配,使群众获得了生产资料;通

①《中国共产党章程》,人民出版社2012年版,第19页。

②《中央通告第二十号——反帝国主义与争取群众策略》(1928年11月30日),中央档案馆编《中共中央文件选集》第四册(1928年),中共中央党校出版社1983年版,第468页。

③《湖南农民运动的真实情形——湖南民众请愿团的报告》(1927年6月22日),中国社会科学院经济研究所中国现代经济史组编《第一、二次国内革命战争时期土地斗争史料选编》,人民出版社1981年版,第140页。

④《中央给湘赣省委的信》(1931年11月21日),江西省档案馆选编《湘赣革命根据地史料选编》(上),江西人民出版社1984年版,第280页。

⑤《两年来苏维埃政权的巩固与发展》,《红色中华》一二一期(1933年10月24日)第3版。

过文化教育，改善了群众的精神生活；通过工农业的发展，提高了群众的生活水平；通过卫生医疗，保障了群众的生命健康；通过社会保障，保障了群众的基本生活。正是在共产党和苏维埃政府的努力下，苏区人民的生活有了明显改善。具体来说，像川陕苏区，“红军未到以前十分之九饿饭，现在没有一人了，以前百分之八十的人冬天没有棉衣穿，现在没有棉衣穿的已完全解决了，广大的工农劳苦群众已经得到了革命的实际利益”①。在闽浙赣苏区，“群众生活在革命后大大提高了，一般农民每人都分了五六亩田，每亩有四五担谷子的收成。米一块钱可以买到二斗八升，油一块钱八斤，猪肉一块钱也有八斤多，棉花及布是不缺乏了。盐比较贵，但现在大家都能制硝盐。工人的工资增加了一二倍，失业工人都分了田”②。在中央苏区，我们可以看看毛泽东在兴国长冈乡的调查。其中指出：“吃肉。贫农增一倍，工人增两倍。……以阶级分：暴动前中农买进猪肉约十二元，贫农约六元，工人约四元，现在差不多都有十二元(其中一部分人无此数)。过去不说逢圩，即过年过节也吃不到多少肉。现在不说过年过节，每次逢圩大家都要买点肉吃了。……衣增一倍：衣服一切算在内，平均每人每年需新制一套单衣裤。中农过去、现在无甚改变。贫农、工人则现在较过去改良了一倍，比如现在制二元衣服，过去则只能制一元。”③

只有坚持“一切为了群众”，才能实现“一切依靠群众”。正是因为共产党全心全意地为群众服务，使群众在革命实践中获得了实惠，从而大大增加了苏区群众对中国共产党、对苏维埃政府的信仰，苏区群众才会不惜一切地来支持共产党、拥护共产党。1933 年 3 月 3 日，临时中央政府发出号召：“我们必须在我们中央政府领导之下，用一切的力量帮助前方红军作战，能够当红军的到红军中去，能够挑担的做伕子去，有钱的买公债票，有谷子的借谷子给红军。”④在这

①《川陕苏区与红四方面军的惊人的胜利》，《斗争》第六十六期(1934 年 6 月 30 日)第 22 页。

②《闽浙赣苏区的近况》，《红色中华》一三九期(1934 年 1 月 1 日)第 5 版。

③毛泽东：《长冈乡调查》(1933 年 11 月)，《毛泽东文集》第一卷，人民出版社 1993 年版，第 295-296 页。

④《中华苏维埃共和国临时中央政府为打破敌人对苏区的经济封锁告群众书》，《红色中华》第五十七期(1933 年 3 月 3 日)第 1 版。

一号召之下，苏区群众除直接参加革命外，还以捐赠、慰劳、借谷、节省、购买公债、退还公债等方式来支持革命。曾任中央组织部部长的李维汉后来回忆，“那时政治思想工作做得好，那样艰苦的条件，毫无怨言，一心为革命。老百姓分到革命胜利果实，得到了利益，也积极拥护革命。我亲眼看到扩大红军的情景，参加红军的，大多是基干民兵。到处出现父母送子、妻子送郎当红军的盛况。参加红军的人，背上还背着布单子和草鞋。那时党和红军与群众关系十分亲密，在群众中威信很高”[①]。而方志敏指出：“因为如此，群众对苏维埃的信仰和拥护，日益增高，他们诚心的服从苏维埃的指导，苏维埃决定要做的事，不用一点威力和强迫，他们都乐意的去做。他们宁愿牺牲一切，帮助苏维埃，他们爱护苏维埃，比爱护他们的家庭还更恳切！”[②]在谈到苏区群众为什么支持共产党的问题时，曾任国民党政府行政院政务处长的蒋廷黻表示：“至于分派（土地）的标准如何，是否十分平均，是否将土地完全分派，还是保留几分之几作为苏维埃土地；分派以后，农民对苏维埃有什么负担：这些问题，我们无从答复。大约各乡也不完全一致。但是在共区的农民经济上受了利益，这是毫无疑问的。”[③]

只有坚持“一切为了群众”，才能实现“一切依靠群众”，这也是“一切为了群众，一切依靠群众”之间的内在逻辑，两者之间相辅相成，缺一不可。对这一价值观的坚持，实际上就是对共产党三大优良工作之一的“密切联系群众”的坚持。

2.坚持一切从实际出发，是“从群众中来，到群众中去”的体现

毛泽东指出：“社会经济调查，是为了得到正确的阶级估量，接着定出正确的斗争策略。”[④]在整个中国苏维埃运动时期，中国共产党内部始终存在着坚持“本本”与坚持实事求是之间的斗争，但斗争的结果，是不断修正“本本”，同时

①李维汉：《回忆与研究》（上册），中共党史资料出版社1986年版，第342页。

②方志敏：《我从事革命斗争的略述》（1935年3月），《方志敏文集》，人民出版社1999年版，第80页。

③蒋廷黻：《对共产党必需的政治策略》，《独立评论》第十一号（1932年7月31日），第7页。

④毛泽东：《反对本本主义》（1930年5月），《毛泽东选集》第一卷，人民出版社1991年版，第111页。

向中国的实际靠拢。

我们先来看两个例子：一是1931年颁布的《中华苏维埃共和国劳动法》。这部劳动法几乎完全照搬了苏联的做法，强调以城市工人为中心。但中国的实际却是：苏区的工人并非严格的产业工人，除少数在兵工厂、被服厂、纺织厂等国营企业工作的人员外，大多数是与农村有千丝万缕关系的手工业工人、雇农、苦力等。因而，这一劳动法在农村的执行就显得过于机械和不切时宜。像闽浙赣苏区，"（劳动法——引者注）在农村中，有些地方是困难执行，尤其是青工童工，如学徒牧童等"①。在湘赣苏区，"在农村中工会工作确实感觉到好多困难，没有很好的方式去发动他们阶级斗争"②。为什么很难发动？一是农村工人的分散性，不利于组织。二是劳动法的纲领缺少针对性。如木船工人和造纸工人，"要实行八小时、六小时、四小时的规定就极端困难，虽是在劳动合同上是那样的规定着，我们完全不能同意木船青工因为要实行他的六小时工作，所以撑船到半路上就停下来了"③。又如店员，"一个铺子内有两个青工的雇员，如执行工作六小时，那这个铺子从早上八点钟开，到下午两点钟就得关门"④。正因为劳动法脱离实际，许多农村工人纷纷以不同方式进行抵制。像湘赣苏区，"农村大多数手艺工人，沿门卖工的，对八小时工作制竟感不甚重要……现在除城市中实现了劳动法外，乡村的工人是没有全部实行"⑤。而江西莲花的艺徒，"不愿实行六小时工作制，他们说：一天只做六小时，不好意思在雇主家中吃饭"⑥。为此，张闻天批评道，"这一年半的经验同时告诉我们，这一为了大都市大生产所订立的劳动法，在经济上比较落后的苏维埃区域内，是不能完全机械执行

①《涂振农向中央的报告》（一九三二年十一月二十日），江西省档案馆选编《闽浙赣革命根据地史料选编》（下册），江西人民出版社1984年版，第204页。

②《湘赣省总工会筹备委员会给全总苏区执行局的报告》（1932年2月15日），《江西工人运动史料选编》，江西人民出版社1986年版，第217页。

③洛甫：《五一节与劳动法执行的检阅》，《斗争》第十期（1933年5月1日）第10页。

④洛甫：《五一节与劳动法执行的检阅》，《斗争》第十期（1933年5月1日）第10页。

⑤《中共湘赣省委关于三个月竞赛条约给中央局的总报告》（1932年7月17日），江西省档案馆选编《湘赣革命根据地史料选编》（上册），江西人民出版社1984年版，第464页。

⑥《中共湘赣省委关于三个月竞赛条约给中央局的总报告》（1932年7月17日），江西省档案馆选编《湘赣革命根据地史料选编》（上册），江西人民出版社1984年版，第464页。

的，……一年半的经验，要求我们党与苏维埃政府用十分审慎的态度来解决我们在执行劳动法中所遇到的各种困难问题，使劳动法的执行更能适合于我们目前的环境与需要”[①]。正是基于上述考虑，1933 年临时中央政府不得不修改劳动法，其公开的解释是：“一九三一年十二月一日所颁布的劳动法，经过一年来实施的经验，认为该劳动法的条文有些地方不合于现在苏区的实际环境，对于雇农、辅助劳动力的中农、贫农与手工业者，没有变通的规定，在执行上发生困难，而且有许多实际事项没有规定进去，而这些实际事项又迫切需要规定。”[②]劳动法的例子，其实是一个反面案例。由于《劳动法》的内容最初并不是“从群众中来”，所以“到群众中去”自然就会受到抵制。二是土地分配的标准。根据共产国际的要求，中共最初提出以劳动力和人口为标准进行分配。但劳动力标准在推行过程中遇到了相当的阻力。为什么？这是因为，当时的中国，“无劳力的占人口全数百分之七十五，即四个人中只有一个壮丁有充分力量耕田”。如果以劳动力为土地分配标准的话，必然导致部分群众无地或少地。“在养老育婴的设备未完备以前，老幼如分田过少，必至不能维持生活。”[③]而以人口为标准的分配原则，则可以让这一群体获得充分的生产资料。考虑到他们劳动力的不足，苏维埃政府再一次改变“本本”，特别颁布条例允许他们进行土地出租。像闽西苏区规定：“目前政府建设养老院、育婴院、残废院等，事实上尚做不到，所以这一般老弱残废无法生活，及参加红军工作的革命群众，虽得土地，亦不能很好的耕耘。……特规定了租田的办法，以减少这些人的困难。……出租田地其租谷由出租人与承租人商量，但不能超过过去土地私有制度时期的收租数量。”[④]这样，土地出租的所得就可以为他们的生活带来了一定的保障。不断完

①洛甫：《五一节与劳动法执行的检阅》，《斗争》第十期（1933 年 5 月 1 日）第 7 页。

②《中华苏维埃共和国劳动法》（一九三三年十月十五日颁布），韩延龙、常兆儒编《中国新民主主义革命时期根据地法制文献选编》第四卷，中国社会科学出版社 1981 年版，第 583 页。

③毛泽东：《分青和出租问题》（1930 年 11 月 15 日），《毛泽东文集》第一卷，人民出版社 1993 年版，第 251 页。

④《闽西苏维埃政府通告（第五号地字第一号——关于租田问题）》，韩延龙、常兆儒编《中国新民主主义革命时期根据地法制文献选编》第四卷，中国社会科学出版社 1981 年版，第 97 页。

善的土地分配原则，受到苏区群众的拥护。因此，要制定科学的政策，就必须深入群众中了解他们的需要，这叫作“从群众中来”。在了解群众需要的基础上所制定的政策，必须放到群众中去检验效果，这叫作“到群众中去”中。反复几次，就可以制定比较科学的政策了。正如毛泽东所指出：“将群众的意见(分散的无系统的意见)集中起来(经过研究，化为集中的系统的意见)，又到群众中去作宣传解释，化为群众的意见，使群众坚持下去，见之于行动，并在群众行动中考验这些意见是否正确。然后再从群众中集中起来，再到群众中坚持下去。如此无限循环，一次比一次的更正确、更生动、更丰富。”①

如果说“一切为了群众，一切依靠群众”是一种价值观的话，那么，“从群众中来，到群众中去”则是一种方法论。在整个苏区时期，中国共产党坚决反对本本主义，坚持一切从实际出发，就是对“从群众中来，到群众中去”这一方法论的诠释与体现。

3.厉行廉洁政治，是“没有自己特殊的利益”的体现

廉洁奉公，是共产党人应具备的道德素质。而廉洁政治，则是共产党人的本质要求。对共产党人廉洁政治最准确的诠释就是以维护广大人民群众利益为价值取向，是对共产党人“没有自己的特殊利益”的外在体现。当然，这也是反映共产党先进性和纯洁性的一个价值尺度。

在整个中国苏维埃运动时期，中国共产党始终重视反腐倡廉工作，始终在践行党“没有自己的特殊利益”这一价值取向，任何违背这一价值取向的党员干部都必须受到惩罚。临时中央政府成立之初，部分党员干部在短暂的和平环境下确实有了享乐主义、贪污腐败的迹象。像江西宁都戴坊区，“区苏养了四匹马，上街(几步路)吃酒的也骑匹马，回屋家种禾的也骑匹马，下乡十里或十几里路也骑匹马”②。还有的区政府，“每月要用四五百元的经费”，甚至有的区政府“每月的信封用了二千九百个，吃仁丹一个人一天吃了八包”。而在江西兴

①《关于领导方法的若干问题》(1943 年 6 月 1 日)，《毛泽东选集》第三卷，人民出版社 1991 年版，第 899 页。

②张谈高：《反对散漫与腐化的苏维埃政府》，《红色中华》第二十期(1932 年 5 月 25 日)第 8 版。

国,“所办的国家商店的经理等吞没公款,假造账目,扯旧账造新账等等贪污舞弊情形,更为严重”[①]。过于重视自身的利益,即是对革命利益、人民利益的违背。这就是一种腐化,这就是对共产党宗旨思想的违背,因而必须受到批评和惩罚。1932 年 9 月 6 日所颁布的《中央工农检察部控告局组织纲要》中明确规定,“每个革命的民众都有揭发苏维埃工作人员的错误缺点之权”,“如果发现了贪污腐化消极怠工以及官僚主义的分子,苏维埃立即惩办他们,决不姑息”[②]。在批评与惩罚的过程中,临时中央政府还重视制度反腐。这一时期,苏区建立起统一的财政制度,健全了苏维埃民主制度,并在反贪过程中建立起以法制监督、党政监督、审计监督、舆论监督、群众监督为主要内容的监督机制。像财政制度,中央政府要求,“实行整个的财政统一,必须:(一)确定会计年度;(二)确定各种预算;(三)建立审核制度;(四)设立国库及分库;(五)规定收支手续及抵押办法。”[③]像民主制度,中央要求,“地方苏维埃政府实行继续改造和改选,从改选中洗刷出去非无产阶级的异己分子及一切对革命战争工作消极怠工的分子,驱逐贪污腐化官僚等分子出苏维埃”[④]。正是通过对制度的建立和完善,苏区逐渐成为一个让贪污腐败分子无处容身的、风清气正的区域。正如中共江西省委报告中指出:“自苏大会后开始揭发这些不好的现象,经过党的动员,政府的动员,坚决的发动统一财政和反贪污腐化泛支浪费的斗争,经过三个月的斗争,在江西苏区,确实收到了相当的成绩,预算决算制度开始建立了,贪污腐化的现象经过严重的惩办相当纠正了。”[⑤]而 1934 年 9 月,中央审计委员会在审计报告中自豪地指出:“在节省运动高潮底下,推动了我们苏维埃的会计工作的建立,和预决算制度之初步实现,在我们财政经济战线上,在苏维埃法度

①项英:《反对浪费严惩贪污》,《红色中华》第十二期(1932 年 3 月 2 日)第 3 版。

②厦门大学法律系,福建省档案馆:《中华苏维埃法律文件选编》,江西人民出版社 1984 年版,第 417 页。

③德峰:《对于财政统一的贡献》,《红色中华》第十四期(1932 年 3 月 16 日)第 7 版。

④《中央执行委员会第十五号训令——关于继续改造地方苏维埃政府问题》,《红色中华》第三十五期(1932 年 9 月 27 日)第 1 版。

⑤《江西苏区中共省委工作总结报告》(一,二,三,四月总报告)(1932 年 5 月),《中央革命根据地史料选编》(上册),江西人民出版社 1981 年版,第 450-451 页。

里，打下了一步根基。使我们可以夸耀着：只有苏维埃是空前的真正的廉洁政府。”[①]事实确实如此！在整个中国苏维埃运动时期，无论是高层领导，还是普通干部，他们都以身作则，不讲究个人利益，而是一心为了革命，把人民的利益、革命的利益放在第一位。曾任闽浙赣苏维埃政府副主席的徐大妹回忆，“当时干革命，大家根本不考虑自己家里的事，没有私心杂念，什么老婆、孩子怎样安排呀，工资待遇呀，房子照顾呀，根本不想，而是一心考虑怎样扩大红军，怎样保卫苏维埃，怎样去做革命工作，脑子里装的不是个人的吃好、穿好，或者做一件什么好衣服。……在待遇上，省级领导和群众都是一样。食堂里吃什么，就都吃什么，没有什么特殊化的。……群众和干部之间，只有职位上的高低之分，没有生活上的高低之分”[②]。

苏区干部这种清贫、廉洁的工作作风，即是对共产党人“没有自己特殊的利益”的最好阐释。这一优良的工作作风，也让当时众多党外人士和群众了解了中国共产党的宗旨。正如胡锦涛所指出：“当时许多党外人士和群众正是通过方志敏等共产党人的革命气节和人格魅力，进一步加深了对我们党的根本性质和宗旨的认识。”[③]

4.批评与自我批评，是践行党的宗旨的重要抓手

开展批评与自我批评，是共产党人为人民的利益而坚持真理、改正错误的重要手段。毛泽东曾指出：“以中国最广大人民的最大利益为出发点的中国共产党人，相信自己的事业是完全合乎正义的，不惜牺牲自己个人的一切，随时准备拿出自己的生命去殉我们的事业，难道还有什么不适合人民需要的思想、观点、意见、办法，舍不得丢掉的吗？难道我们还欢迎任何政治的灰尘、政治的微生物来玷污我们的清洁的面貌和侵蚀我们的健全的肌体吗？”[④]这段话，即是

①《中央审计委员会关于四个月节省运动总结》，《红色中华》第二三二期(1934年9月11日)第3版。

②徐大妹：《断忆闽浙赣苏区的斗争》，《闽浙皖赣革命根据地》(下册)，中共党史出版社1991年版，第177页。

③胡锦涛：《在纪念方志敏同志诞辰100周年座谈会上的讲话》(1999年8月20日)。

④毛泽东：《论联合政府》(1945年4月24日)，《毛泽东选集》第三卷，人民出版社1991年版，第1096–1097页。

开展批评与自我批评的前提和目的所在。

在整个中国苏维埃运动时期，中国共产党始终坚持所有的批评与自我批评必须以是否符合人民群众的最大利益，是否为人民群众所拥护为最高标准。中华苏维埃共和国临时中央政府成立之初即要求：“发动群众来批评苏维埃的过去工作，提高群众对于政权的认识，要在这些实际问题上，将广大群众发动起来，热烈的参加选举运动。”[①]这一指示，在各苏区都得到了贯彻。像闽北苏区要求，“要不断的攻击工作不积极，无活动能力，社会成份不好及官僚化、腐化浪漫的委员，尽量的提拔工人、雇农来任委员，使苏维埃的委员，真正的能代表群众利益，领导群众斗争，事实上成为劳苦群众的真正领袖”[②]。中央苏区要求，“为了巩固工农专政，苏维埃必须吸引广大民众对于自己工作监督与批评。每个革命的民众都有揭发苏维埃工作人员的错误和缺点之权。当着国民党贪官污吏布满全国，人民敢怒而不敢言的时候，苏维埃制度之下则绝对不容许此种现象。苏维埃工作人员中，如果发现了贪污腐化消极怠工以及官僚主义的分子，民众可以立即揭发这种人员的错误，而苏维埃则立即惩办他们，决不姑息。”[③]从实际情况看，正是广泛的批评与自我批评使苏区成为当时中国最民主的区域。如福建上杭才溪乡在公布候选人名单时，“群众在各人名字下注意见的很多，注两个字的，五六个字的，十多个字的，儿童们也在注。注‘好’、‘不好’等字的多，注‘同意’或‘消极’的也有，有一人名下注着‘官僚’两字”[④]。而上杭通贤乡，“发布候选名单后，……结果有二个最主要负责的人：一个是党支部书记，查田中把十三担好田换给自己；一个是乡苏主席，经常募捐的工作没有发布清单无数算，一方面他经常吃东西比人家好，这两个同志都被群众最严重的批评，选举大会中没有当选为代表”[⑤]。除政府外，其他企事业单位也是如此。像

①《选举运动与合作社——中央政府指示江西省苏的一封信》，《红色中华》第十期(1932年2月17日)第7—8版。

②《中共闽北分区委第一次扩大会政治决议案》(1931年4月)，《闽浙皖赣革命根据地》(上册)，中共党史出版社1991年版，第285、286页。

③毛泽东：《中华苏维埃共和国中央执行委员会与人民委员会对第二次全国苏维埃代表大会的报告》(1934年1月23日)，《红色中华》特刊(1934年1月26日)。

④毛泽东：《上杭才溪乡的苏维埃工作》，《斗争》第四十五期(1934年2月2日)第16页。

⑤张鼎丞：《选举运动的好模范》，《红色中华》第一二六期(1933年11月17日)第3版。

闽浙赣苏区,“各工厂工人都能积极帮助厂内管理生产,计划节省材料,减少耗费,并能在工作上互相监督,互相批评。……这些各苏维埃工厂的工人,已经认识到苏维埃工厂是等于他们自己的工厂,而积极来参加管理,帮助计划。兵工厂工人已组织了生产管理委员会,经常讨论改良生产及制造新的生产……过去消极的现象已肃清,大多数变成积极性了”①。

毛泽东曾经指出:“因为我们是为人民服务的,所以,我们如果有缺点,就不怕别人批评指出。不管是什么人,谁向我们指出都行。只要你说得对,我们就改正。你说的办法对人民有好处,我们就照你的办。”②正是因为所有的批评与自我批评都必须以人民的利益、革命事业作为最高标准,苏区的革命与建设因而得到发展。而这一优良的工作作风,实际上也成为维护群众利益、贯彻党的宗旨思想的重要抓手。

三、“苏区干部好作风”对当代党建的借鉴与启示

2011 年 11 月,习近平在《在纪念中央革命根据地创建暨中华苏维埃共和国成立 80 周年座谈会上讲话》中指出:“在革命根据地的创建和发展中,在建立红色政权、探索革命道路的实践中,无数革命先辈用鲜血和生命铸就了以坚定信念、求真务实、一心为民、清正廉洁、艰苦奋斗、争创一流、无私奉献等为主要内涵的苏区精神。这一精神既蕴涵了中国共产党人革命精神的共性,又显示了苏区时期的特色和个性,是中国共产党人政治本色和精神特质的集中体现,是中华民族精神新的升华,也是我们今天正在建设的社会主义核心价值体系的重要来源。”③这里,既阐述了苏区精神、苏区干部好作风的内涵,也指明了这一精神对我们当代党建的指导意义。

---

①《赣东北(省委的)工人通讯》(1932 年 6 月 17 日),《江西工人运动史料选编》,江西人民出版社 1986 年版,第 380 页。

②《为人民服务》(1944 年 9 月 8 日),《毛泽东选集》第三卷,人民出版社 1991 年版,第 1004 页。

③习近平:《在纪念中央革命根据地创建暨中华苏维埃共和国成立 80 周年座谈会上讲话》(2011 年 11 月 4 日)。

1.弘扬“苏区干部好作风”，必须坚定正确理想信念

毛泽东曾经指出：“共产党历来提倡坚定正确的政治方向，……这种坚定正确的政治方向，是与艰苦奋斗的工作作风不能脱离的，没有坚定正确的政治方向，就不能激发艰苦奋斗的工作作风；没有艰苦奋斗的工作作风，也就不能执行坚定正确的政治方向。”[①]这里虽然只提到“艰苦奋斗”，但实际上，也适用于党的其他工作作风。

在整个中国苏维埃运动时期，条件之艰苦、环境之恶劣、形势之险恶、任务之艰巨，是我们现在所无法想象的。但共产党人因为有着坚定的理想信念，所以无论在什么条件下都能够做到始终不渝。像毛泽东，即使在革命低潮时仍然认为革命一定会胜利，而且胜利就在眼前。他指出：“它是站在海岸遥望海中已经看得见桅杆尖头了的一只航船，它是立于高山之巅远看东方已见光芒四射喷薄欲出的一轮朝日，它是躁动于母腹中的快要成熟了的婴儿。”[②]而方志敏指出：“为着阶级和民族的解放，为着党的事业的成功，我毫不稀罕那华丽的大厦，却宁愿居住在卑陋潮湿的茅棚；不稀罕美味的西餐大菜，宁愿吞嚼刺口的苞粟和草根；不稀罕舒服柔软的钢丝床，宁愿睡在猪栏狗窠的住所！一切难于忍受的生活，我们都能忍受下去！我能舍弃一切，但是不能舍弃党、舍弃阶级、舍弃革命事业。”[③]正是因为有着正确而坚定的理想信念，在艰苦卓绝的革命斗争中，在极端困难的生存条件下，苏区干部才能保持高昂的革命斗志，自觉地密切联系群众，艰苦奋斗、知难而进，勇于奉献。无论革命斗争多么残酷，道路多么艰险，他们都前仆后继，义无反顾，并逐渐形成了一整套优良的工作作风。正是有着正确而坚定的理想信念，共产党员才有了不竭的精神动力，就能够始终对党充满忠诚、对人民充满感情、对事业充满责任，满腔热情地为党和人民的事业而奋斗。在革命战争年代，无数先烈抛头颅、洒热血，在生死考验面前威

---

①《在延安庆祝五一国际劳动节大会上的讲话》(1939 年 5 月 1 日)，《新中华报》(1939 年 5 月 10 日)。

②毛泽东：《星星之火，可以燎原》(1930 年 1 月 5 日)，《毛泽东选集》第一卷，人民出版社 1991 年版，第 106 页。

③方志敏：《我从事革命斗争的略述》(1935 年 3 月)，《方志敏文集》，人民出版社 1999 年，第 79 页。

武不屈、英勇无畏，就是因为他们对崇高理想和坚定信念矢志不移。在和平建设年代，许多共产党员为党和人民事业鞠躬尽瘁、死而后已，也是因为有崇高理想和坚定信念的激励。邓小平曾经说过，"在我们最困难的时期，共产主义的理想与信念是我们的精神支柱，多少人牺牲就是为了这个理想"[①]。2012 年 1 月，在中纪委十七届七次全会上，胡锦涛指出："要大力保持党员、干部思想纯洁，加强思想建设，教育引导广大党员、干部坚定理想信念、坚守共产党人精神家园，认真学习和实践中国特色社会主义理论体系，坚持不懈加强党性修养和党性锻炼，牢固树立正确的世界观、权力观、事业观。"[②]

党员干部的理想信念是否坚定，关系到一个政党的生死存亡及其事业的兴衰成败。无数事实说明，只有党员干部保持坚定正确的理想信念，才能够以优良的作风推进我们的工作，才能使我们党在世界形势深刻变化的历史进程中始终走在时代前列。回顾我们党 90 多年的奋斗历程，我们通过开展各种活动加强了理想信念建设，从而为夺取中国革命、建设、改革的伟大胜利奠定了坚实的思想基础，集聚了强大的精神力量。反观苏共垮台、国际上一些大党老党相继退出执政舞台，无不与理想信念的蜕化变质直接相关。正反两方面的经验都表明，新形势下，只有加强理想信念建设，才能使我们党不断地改进自己的工作作风，不断地巩固自己的执政地位。

2.弘扬"苏区干部好作风"，必须不断完善制度建设

加强和完善制度建设，是保障党优良工作作风的一个关键。只有建立健全有关作风建设的各项制度，使之更加有针对性和可操作性，更加符合科学发展观的要求并形成相互衔接的制度体系，努力形成用制度管权、按制度办事、靠制度管人的有效机制，才能使党组织建设和干部作风建设真正步入科学化的轨道。

在整个中国苏维埃运动时期，完善的制度建设是促成优良工作作风的重要因素。这里以苏区的干群关系为例。土地革命之初，因对共产党、苏维埃政府

---

①《邓小平选集》第 3 卷，人民出版社 1993 年版，第137 页。

②胡锦涛：《中国共产党第十七届中央纪律检查委员会第七次全体会议上的讲话》，《人民日报》(2012 年 1 月 10 日)第 1 版。

缺乏了解，加上部分干部官僚主义、形式主义的工作方法，从而导致苏区群众对苏维埃政府缺乏信任。像赣西南根据地，“如延福、纯化、阜田、东固、永新、吉水等政府大多数的政府，群众并不认识为他们自己的政府，认为不过如像反动统治过去设的什么一样”[①]。在赣东北根据地，“各地苏维埃一般的脱离群众，甚至群众在苏维埃政权之下没有言论行动的自由。群众怕苏维埃，厌恶苏维埃，成为普遍的事实。这一事实以上饶、横峰为更甚，都因为苏维埃对群众都只是官僚式命令式的压迫群众，便发生这种事实的结果”[②]。有些地方甚至出现“苏维埃的信仰，愈接近群众的一级便愈低落”[③]的现象。面对上述情况，中华苏维埃共和国临时中央政府向全苏区发出号召并要求：“应自下而上的一样，一切委员都由群众会议产生，实行民主主义的选举。”[④]在整个选举过程中，“苏维埃的工作人员，都要经过工农群众或代表大会的选举，如被选人发生违背群众利益的错误行动时，群众可以开会直接撤换他，另选他人。各级苏维埃重要的工作方针和计划，都要经过各级代表大会的决议。苏维埃要分期就工作向群众做报告。群众听到工作报告之后，可以提出批评的意见。群众有什么意见和要求，可以随时到苏维埃政府报告，政府必须接受，如性质重大，就要拿到会议上讨论执行”[⑤]。在苏维埃选举制度之下，代表不得不向自己的选民负责，这使得他们传统的“向上看”的价值取向逐渐发生了转变，而不得不选择“向下看”。因此，经过选举产生的干部，往往都是革命动员中的先锋模范，并能够深入基层并真正地为人民服务。像兴国县长冈乡，乡政府平时仅仅只留一名值班常委，其余工作人员都要下村了解情况，指导工作，督促检查，认真地倾听群众呼声，及时贯彻上级的决议，与群众保持着血肉联系。该乡贫农马荣海的房子被火烧

①《赣西南刘作抚同志(给中央的综合性)报告》(1930 年 7 月 22 日)，江西省档案馆选编《中央革命根据地史料选编》(上册)，江西人民出版社 1981 年版，第 247 页。

②《中共赣东北特委报告(第 12 号)》(1931 年 2 月 5 日)，江西省档案馆选编《闽浙赣革命根据地史料选编》(上册)，江西人民出版社 1983 年版，第 119 页。

③《曾洪易向中共中央的报告》(1931 年 8 月 14 日)，《闽浙皖赣革命根据地》(上册)，中共党史出版社 1991 年版，第 346 页。

④《湘赣革命根据地》(上册)，中共党史资料出版社 1991 年版，第 47 页。

⑤方志敏：《我从事革命斗争的略述》(1935 年 3 月)，《方志敏文集》，人民出版社 1999 年版，第 79 页。

了一间半，乡苏维埃政府即马上通过互济会救济他6吊铜钱，还募捐了木料、砖块，发动群众义务出勤帮工，帮助他家盖起了新房。在1933年夏荒期间，全乡平均每户缺口粮一个多月，为此，乡政府专门派人从200多里以外的公略县（今吉安东固）购买粮食来救济群众，从而解决了群众的吃饭问题。[①]此外，苏区还通过对巡视制度、监查制度、检举制度等的完善，使一切贪污腐败、官僚主义、形式主义、消极怠工等不良作风在苏区有如过街老鼠一般无处容身，从而推动了苏区干群关系的不断改善，使共产党和苏维埃政府在苏区群众中拥有很高的威信。为此，方志敏认为："苏维埃政府，是工农群众自己的政府，非常亲近群众，倾听群众的意见，忠实的为群众谋利益。它能不用一点威力和强迫，领导群众向敌人斗争，作各种建设事业。苏维埃政府，可以说是世界上最高的德谟克拉西的政府，也是最得群众的拥护和爱戴的强有力的政府。"[②]

今天，我们弘扬苏区干部好作风，就必须不断完善制度、加强制度建设，使我们的党组织建设和干部工作作风建设真正步入规范化、制度化和科学化的轨道。

3.弘扬"苏区干部好作风"，必须领导干部率先垂范

作为党员领导干部，他们往往是一定领域的权力拥有者，也是一定资源的分配者。他们的一言一行，都会影响到我们的党风，影响到社会风气。对于党员干部来说，只有好的工作作风，才能够全心全意为人民服务；只有好的作风，才能够引领、凝聚群众。

苏区干部好作风之所以能够形成，其中一个重要的原因就是广大党员干部能够以身作则。方志敏曾指出："苏维埃目前是处在残酷的国内战争的环境中，一切物质，一切力量，都付与战争，苏维埃的工作人员，为战争的领导者，自应以身作则，节衣缩食，刻苦耐劳，为着战争。"[③]在当时的苏区，可以说，上至中央政府主席，下至村代表主任，在各种革命任务面前，绝大多数都能够以身作

①中共江西兴国县委党史办编：《苏区兴国模范县》，档案出版社1992年版，第60—61页。

②方志敏：《我从事革命斗争的略述》（1935年3月），《方志敏文集》，人民出版社1999年版，第79页。

③方志敏：《我从事革命斗争的略述》（1935年3月），《方志敏文集》，人民出版社1999年版，第80—81页。

则，起模范带头作用。正如当时的歌谣唱道：“苏区干部作风好，事事走在人前头。学习军事他带头，参军作战他带头，执行任务他带头，节约粮食他带头，遵守纪律他带头，参加劳动他带头，优待红属他带头，慰劳捐献他带头，购买公债他带头，供销入股他带头，事事带头作模范，真是穷人好干部。”[①]在实际工作中，苏区干部正是这么做的。像扩大红军，“（江西兴国——引者注）有一个叫黄传桃的妇女宣传员，天天忙着宣传别人参军，日夜不落屋。一天，无意之中听到有人议论她：‘光宣传别人，自己的儿子也长的人高树大，为何不宣传他去？’她一听，觉得非动员自己儿子不行，否则宣传工作难以展开。想想大儿子虽然只有十六岁，长的可高大结实，抵得十八九岁的青年，思想也开通得早，不消几句话，一定会乐意报名的。便赶回家来动员。”[②]在节省运动中，中央领导包括中央领导机关都必须以身作则。1934 年 3 月 24 日，《红色中华》报道：“（中央机关——引者注）办公费减少，火油减少百分之卅，……铅笔每月只用以前的百分之十五，毫笔以后每月只用以前的百分之二十，浆糊只用自己造的，邮票减少百分之二十，每日各个部门信件，非机要的及特别快信，完全集交一个同志手中，由他负责发出，火柴以房间为单位，每月一盒，吃烟的两盒，……绝对不开客饭，各机关到中央局吃饭的同志，自带伙食，并加强对伙食的检查与计划，保证伙食绝对不能超过。”[③]正是在中央领导及中央机关的影响下，苏区的普通职员和群众也积极投入这一运动中来。像中央印刷局，“工人自动提议，因为节省经济起见，愿将原有中央政府规定工资十八元的减为十六元，十四元减为十二元”[④]。少先队员、儿童团员也踊跃地加入这一运动中来。像 1934 年的红五月运动中，“少年先锋队已经节省了米十五万八千三百六十七升，谷子五万三千二百九十六升，大洋九百一十三元五角，……菜干一百八十多斤”[⑤]。正是在广

①危仁晸主编：《江西革命歌谣选》，江西人民出版社 1991 年版，第 140—141 页。

②陈重麟、谢文楷等：《兴国模范师》，江西人民出版社编《革命斗争回忆录》（下册），江西人民出版社 1979 年版，第 203 页。

③《党中央局的节省运动》，《红色中华》第一六六期（1934 年 3 月 24 日）第 3 版。

④《中央印刷局实行劳动法》，《红色中华》第六期（1932 年 1 月 20 日）第 5 版。

⑤曾光：《少先队节省三升米运动的初步检阅》，《红色中华》第二〇三期（1934 年 6 月 16 日）第 1 版。

大领导干部的言传身教下，密切联系群众、艰苦奋斗、廉洁奉公、争创“第一等的工作”逐渐成为整个苏区干部的一种习惯、一种无形的力量。

当前，要实现全面建成小康这一宏大的目标，就需要我们各级领导干部带头转变作风，做到坚持不懈地抓好学习，不断提高驾驭全局的能力、应对复杂局面的能力、科学决策的能力、依法行政的能力和领导市场经济的能力，保持谦虚谨慎、不骄不躁、艰苦奋斗的作风，同时，以科学的态度和求实的精神，全面落实科学发展观和正确的政绩观，扎实工作，才能够开创中国特色社会主义建设新局面。

4.弘扬“苏区干部好作风”，必须保障和改善民生

作为中国最广大人民群众根本利益的忠实代表，中国共产党始终把改善民生、把得到人民群众的真诚拥护作为执政基础。只有切实做到立党为公、执政为民，永远与时代发展同步伐，与人民群众同呼吸、共命运，才能使党的执政基础和执政地位更加坚实稳固。

自成立以来，中国共产党就把中国人民的根本利益放在首位。一部中国共产党的历史实际上就是一部为了中华民族的富强、为了中国人民的利益而不懈奋斗的历史。1934 年 1 月，毛泽东指出：“一切群众的实际生活问题，都是我们应当注意的重要问题。假如我们对这些问题注意了，解决了，满足了群众的需要，我们就真正成了群众生活的组织者，群众就会真正地围绕在我们的周围，热烈地拥护我们。”①事实确实如此！在整个中国苏维埃运动时期，共产党和苏维埃政府始终从关心和解决群众的生活着手，包括文化建设、妇女解放运动、卫生防疫运动、社会救助、劳动就业、土地分配、公共事业等一系列建设，这些工作都是在切实地为群众谋利益。对群众生活的关心几乎到了无微不至的地步。如土地分配，使群众获得了必要的生产生活资料。而解决土地之后，苏区政府还要帮助群众解决种子、农具、耕牛、肥料、水利等问题，并组织耕田队、耕牛合作社，以解决劳力和畜力不足的问题。像湘鄂西苏区，“在种子上，各地党和苏维埃能够发给部分的群众。有的县发百余石的，有的区发数十石的，有的

①《毛泽东选集》第一卷，人民出版社 1991 年版，第 137 页。

乡发十余石的不等。在耕牛耕具上，县和中心苏区都组织有农具制造厂，专门制造锄头、犁耙等补救群众之不及（如监利、沔阳、江陵），在新发展区域内没收很多的牛交给群众了，如省苏发给各县的牛就有四百余头”①。乃至于群众感叹：“红军共产党什么都想到了！政府工作人员真正顾乐（爱惜的意思）我们！”②抓住民生问题，就抓住了立党为公、执政为民的根本。在改善和保障民生的基础上保持同广大人民群众息息相关的联系，是中国共产党安身立命的基础。正如当时福建省委指出：“适当的解决了群众的实际问题，提高了群众积极性，如救济失业（城市）、借粮食给无米的群众，解决了红军家属的困难，实行了优待条例，使群众认识苏维埃是自己的政权，誓死为保卫苏维埃而奋斗。”③我们知道，学习历史的目的在于从中汲取有益我们当代进步的智慧和力量。正是通过对古今中外历史的借鉴，胡锦涛指出：“人心向背，是决定一个政党、一个政权盛衰的根本因素。马克思主义政党的理论路线和方针政策以及全部工作，只有顺民意、谋民利、得民心，才能得到人民群众的支持和拥护，才能永远立于不败之地。”④

弘扬“苏区干部好作风”，就是要坚持一切从实际出发，厉行廉洁政治，开展批评与自我批评和真心实意为群众谋利益。概括起来，就是要务实、清廉、为民。这与当前正在开展的群众路线教育实践活动的内容是一致的。我们要做到为民，就必须反对形形色色的官僚主义；要做到清廉，就必须反对形形色色的享乐主义和奢靡之风；要做到务实，就必须反对形形色色的形式主义。而苏区干部的好作风，无疑是我们当前的一面镜子。

---

①《湘鄂西省苏维埃的工作》（1932年2月25日），《红旗周报》第四十期（1932年5月15日），实业周报出版社（沪），第53页。

②《长冈乡调查》（1933年11月），《毛泽东文集》第一卷，人民出版社1993年版，第310页。

③《中共福建省委工作报告大纲》（1933年10月26日），《福建省苏维埃政府历史文献资料汇编》，鹭江出版社1992年版，第47页。

④胡锦涛：《在“三个代表”重要思想理论研讨会上的讲话》，《人民日报》（2003年7月2日）。

把求真务实、实干兴赣落到实处

——基于400名领导干部的调查研究报告

第四课题组*

党的十八大以来，习近平总书记反复告诫全党，“空谈误国，实干兴邦”，作风是否确实好转，要以人民满意为标准，要以踏石留印、抓铁有痕的劲头抓下去。2013年6月，江西省委书记强卫在接受人民网“百名书记畅谈中国梦”系列专访时，强调要“大兴求真务实、真抓实干之风”，“用实干建设富裕和谐秀美的江西”。在省委十三届七次全会上，他再次强调，要坚持求真务实、真抓实干，以一抓到底的“狠”劲和“韧”劲，确保省委、省政府的决策真正落实到行动里、贯彻到工作中、体现到实效上。本课题通过对392名领导干部(其中市厅级77名、县处级230名、科级85名)进行了问卷调查及访谈，就当前我省领导干部在求真务实、实干兴赣方面的情况和问题进行了调查分析，旨在为进一步加强领导干部工作作风，提振精气神、提高执行力，为实现江西省发展新目标建言献策。

一、新起点上“求真务实”、“实干兴赣”的要义

“求真务实”是江西在新的起点上，实现“实干兴赣”的具体要求。它包含两个方面：一是认识上的“求真”，是对规律性的认识，最终要落实到行动中，经受实践的检验；二是行动上的“务实”，是规律性认识后的实践，还需要不断地认识和提高。求真是务实的前提和基础，务实是求真的结果和归宿，二者相辅相

*课题负责人：杨超，课题组成员：高莉娟、蔡莉、许立、姚亮、凌学武、蔡泉水

成,互相促进,辩证统一。“求真”就是解决“为什么要实干兴赣”和“什么是实干兴赣”的问题;“务实”就是要察实情、出实招、办实事、求实效,解决“怎样实干兴赣”、“如何实干兴赣”的问题。“求真务实、实干兴赣”,就是要求在江西实现“发展升级、小康提速、绿色崛起”的进程中,察实情、谋实策、出实招、求实效,想干事、会干事、干成事、不出事。“求真务实”是党的思想路线的核心内容,“实干兴赣”是实现江西省加快发展的必由之路。

“求真务实”、“实干兴赣”是践行马克思主义的实践观。实践观是马克思主义哲学第一和基本的观点。马克思主义者强调,实践是认识的源泉,实践出真知,实践是认识发展的动力,实践是检验真理的标准。马克思认为“空谈和实干是不可调和的对立面”;列宁大声疾呼“现在一切都在于实践”,他主张说实话、干实事,认为“吹牛撒谎是道义上的灭亡,也势必引向政治上的灭亡”;毛泽东同志要求共产党员一定要有“认真实干”的精神,强调“一件事不做则已,做则必做到底,做到最后胜利”;邓小平同志强调凡事都“要落在实处”,“不干,半点马克思主义都没有”;江泽民同志强调“落实,落实,再落实,因为这是做好一切工作的关键环节”;胡锦涛同志强调“要坚持发扬共产党人的革命精神和坚持科学求实态度的统一,脚踏实地,埋头苦干”。党的十八大把“解放思想、实事求是、与时俱进、求真务实”确立为科学发展观的精神实质,并将之写进了党章,这是对马克思主义实践观的丰富和发展,也是党解决各种复杂问题必须遵循的思想准则。这些论述,既体现了中国共产党人对马克思主义者实践论的价值追求,也体现了中国共产党人的实践品质和先进本色,是我们党的优良传统和宝贵财富。

“求真务实”、“实干兴赣”是贯彻执行党的群众路线的本质体现。群众路线是我们党的生命线和根本工作路线,是我们的事业不断取得胜利的重要法宝,也是我们党不断焕发生机与活力、永葆先进性的力量源泉。真正做到求真务实,就必须坚持马克思主义群众观,从人民的利益出发,一切为了人民群众,一切依靠人民群众,认真贯彻群众路线。群众路线教育实践活动以“为民务实清廉”为主题,全体党员干部通过“照镜子、正衣冠、洗洗澡、治治病”,不断自我净化、自我完善、自我革新、自我提高,彻底扫除形式主义、官僚主义、享乐主义和奢靡之风,踏实做事、真诚待人,以良好的作风落实惠民工作,不断提升人民群众的幸福指数。一切为了群众，是坚持求真务实、实干兴赣的根本价值标准。一切依靠群众，是坚持求真务实、实干兴赣的根本动力。从群众中来，到群众中去，是坚持求真务实、实干兴赣的基本方法和主要途径。

"求真务实"、"实干兴赣"是实现江西发展"三大主题"的根本途径和重要保证。省委全会明确提出了江西发展的十六字方针，即发展升级、小康提速、绿色崛起、实干兴赣。这四句话是互相联系、互相促进的有机整体，"发展升级"是基础，"小康提速"是核心，"绿色崛起"是路径，三者是江西今后发展的"三大工作主题"，而"实干兴赣"是重要保证。省委书记强卫在省委全会上强调，"实现发展升级、小康提速、绿色崛起，关键在党，关键在人，关键在实干"。"好政策执行不力，也等于一纸空文。宏图已然绘就，方针已经确定，关键在落实，关键在执行。要坚持求真务实、真抓实干，反对作风漂浮、弄虚作假，杜绝吃喝玩乐、娱乐误政，不唯上、不唯书、只唯实，说实话、道实情、做实事，挤'水分'、去'虚胖'、练'肌肉'，以一抓到底的'狠'劲和'韧'劲，确保省委、省政府的决策真正落实到行动里、贯彻到工作中、体现到实效上。"只有坚持求真务实、实干兴赣，才能攻坚克难；只有坚持求真务实、实干兴赣，才能将省委省政府各项工作部署落到实处。

二、"求真务实"、"实干兴赣"亟待破解的现实难题

"求真务实"、"实干兴赣"进程中会遇到哪些现实的困难和问题呢？通过调查，我们发现主要有三个方面的难点：

(一)践行不实的问题

1.认识不端

认识是行动的先导，对"求真务实、实干兴赣"的认识是否到位，直接关系到具体实践的成效，势必会影响到江西经济社会的发展。总体来看，当前江西省党员干部对"实干兴赣"的思想认识是基本到位的。在问及"您如何看'求真务实、实干兴赣'的问题"时，绝大部分党员干部认为"意义重大、激发干劲"，比例占90.5%。同时，这种思想认识是与党员干部的职级高低成正相关的，选择"意义重大、激发干劲"比例最高的是市厅级，为94.7%，县处级为89.7%，而乡

科级为89%。从工作单位属性来看,选择“意义重大、激发干劲”比例最高的是市县乡单位,为91.1%,其次是省直单位,为91%,然后是大专院校,为90%,其他单位的为72.7%。但同时也要看到,也有一小部分党员干部对“实干兴赣”的思想认识不到位,认为是“口号而已,无实质意义”,占8.9%。更为重要的是,在现实工作中,不少党员干部在“实干兴赣”存在着各种各样的问题,也即“实干兴赣”面临着各种各样的挑战,还有一些亟待破解的现实难题。(详见表1)

表1 当前江西省党员干部对“实干兴赣”的认知状况

选项			意义重大 激发干劲	认识不深 不太理解	口号而已 无实质意义
类型		频数			
按职级划分	市厅级	75	94.7%	1.3%	5.3%
	县处级	223	89.7%	0.9%	9.4%
	乡科级	82	89.0%		11.0%
按工作单位划分	省直	134	91.0%	0.7%	8.2%
	市县乡	126	91.1%	0.4%	8.4%
	大专院校	7	90%		10%
	其他	6	72.7%	9.1%	27.3%
总体		380	90.5%	0.8%	8.9%

其一,思想解放不够。当前,江西与沿海发达地区的差距,不仅是区位优势、发展基础上的差距,更主要的是思想观念的差距,如观念更新跟不上形势发展、习惯用老方法解决新问题、视野狭窄目光短浅等。调查显示,63.4%的被调查者认为“实干兴赣”认识不足的重要表现是“思想不够解放”。(详见表2)

其二,政绩观有偏差。新时期以来,我省党员干部实干兴赣的积极性很高,愿望很强烈,也取得了不少的成绩。但也要看到,一些党员干部的政绩观出现了程度不同的偏差。调查显示,50.3%的被调查者认为“实干兴赣”认识不足的主要表现是“政绩观出现偏差”。而且,越基层的党员干部对这一问题的认识越深,乡科级为56.1%,县处级为51.6%,而市厅级仅为40%。政绩观偏差主要表现为“急功”政绩、“蛮干”政绩、“作秀”政绩等。

其三，进取意识不强。调查显示，50.5%的被调查者认为当前江西省党员干部存在“进取意识不强”，突出表现在：不用心汲取新知识，不深入思考新问题；事业心和责任感不强，对工作要求不高，敷衍了事；做事拖拉，找借口不干工作；等等。

其四，宗旨服务意识较淡薄。能否牢固树立宗旨服务意识，是检验党员干部党性是否坚强、作风是否优良的试金石。在实际工作中，一些党员干部的宗旨服务意识不强，“唯上不唯下”，对上级的文件、工作部署、工作要求、领导的指示严格执行，而对人民群众的意见和要求考虑的很少，不愿倾听群众的呼声，也落实不到位。调查显示，27.1%的被调查者认为“宗旨服务意识淡薄”是“实干兴赣”认识不足的重要表现之一。

表 2　江西省党员干部对“实干兴赣”认识不足的主要表现

选项		思想不够解放进取意识不强	进取意识不强	宗旨服务意识淡薄	政绩观出现偏差	其他
类型	频数					
总体	380	63.4%	50.5%	27.1%	50.3%	0.8%
市厅级	75	68.0%	52.0%	24.0%	40.0%	1.3%
县处级	223	61.9%	57.0%	32.7%	51.6%	0.9%
乡科级	82	63.4%	31.7%	14.6%	56.1%	

2.心态不正

干事创业要有良好的心理基础，心态是一个人的精神状态，它决定行动。积极饱满的精神状态是确保“实干兴赣”的基本条件。然而，在实际工作中，江西省一些党员干部中出现一些不正、不良的心态，是不利于真正贯彻“实干兴赣”的。

一是“浮躁心态”。在中国现阶段，焦虑浮躁已逐渐成为一种比较普遍的心态。这种心态在江西省党员干部中也较为突出：一些党员干部为取悦上级领导，急于求成，大搞政绩工程，视群众的困难于不顾；也有的党员干部工作没有筹划，没有考虑群众的需要，不把心思放在民生上；一旦个人目标没有达到，还会因此生恨，捞不到政治和仕途上的资本，就开始捞取金钱。调查显示，在问及

“您认为江西省党员干部心态上最突出的问题是什么”时，选择“心浮气躁”的比例最高，为 51.3%。（详见表 3）

二是“依赖心态”。“依赖等待”的心态在江西省党员干部中表现尤为突出。他们认为，江西要摆脱发展的困境，就必须得靠国家政策、资金和项目的支持，否则就难以发展起来。这种心态对于目前江西的发展而言，其危害非常大，严重影响着党员干部的实干精神，甚至可能使江西经济社会的发展错失良机。调查显示，36.6%的被调查者认为当前我省党员干部存在“依赖等待”的心态。

三是“畏难心态”。这种心态的党员干部，认为“实干兴赣”存在种种困难，并认为这些困难都是难以逾越的。由此也就产生了观望心理，而不是脚踏实地地干。数据显示，31.1%的被调查者认为当前我省党员干部存在“畏难观望”心态，而且职级越高对这个问题的认识越深，市厅级的比例为 33.3%，县处级为 31.4%，而乡科级只有 28%。

四是“懈怠心态”。调查显示，有 22.1%的被调查者认为我省党员干部存在“消极懈怠”心态。一些党员干部认为，职位升迁无望，消极懈怠，工作不积极，能不干则不干，能拖的则拖；有的则明哲保身、患得患失，在原则问题上采取事不关己、高高挂起的态度，采取消极的行为。

此外，一些党员干部还存在其他不良心态，如“沾沾自喜”，认为工作取得了一些成绩，由此产生自满心理。4.2%的被调查者认为江西省党员干部存在这种心态。

表 3 江西省党员干部心态上最突出的问题

选项		沾沾自喜	心浮气躁	依赖等待	消极懈怠	畏难观望	其他
类型	频数						
总体	380	4.2%	51.3%	36.6%	22.1%	31.1%	1.1%
市厅级	75	4.0%	69.3%	26.7%	17.3%	33.3%	1.3%
县处级	223	3.6%	53.8%	39.0%	23.3%	31.4%	0.4%
乡科级	223	6.1%	28.0%	39.0%	23.2%	28.0%	2.4%

3.能力不足

党员干部的能力如何与能否实现“实干兴赣”紧密相关。当前，在面对江西经济社会发展的繁重任务，一部分党员干部或难以胜任，或力不从心，能力和素质亟待提高。

第一，创新工作能力不足。创新能力是新形势下党员干部的必备能力，没有创新工作就失去了生命力。从调查来看，当前江西省党员干部的创新能力存在如下问题：创新意识不强，思维打不开，思路狭窄；不愿创新或不会创新，面对新情况和复杂问题时，缺乏解决问题的新思路、新方法；创新工作质量不高，效果难以令人满意，在工作中旧瓶装新酒，蒙混过关。数据显示，在问及“您认为当前我省党员干部最缺乏哪方面能力”，72.4%的被调查者选择“创新工作能力”。（详见表4）

表4　当前我省党员干部最缺乏能力表现

选　项	频　数	百分比
创新工作能力	275	72.4%
科学决策能力	207	54.5%
政策执行能力	147	38.7%
依法办事能力	125	32.9%
调查研究能力	74	19.5%
学习能力	65	17.1%
其他	1	0.3%

第二，科学决策能力不足。具有科学决策能力是现代党员干部的基本要求。当前，江西省党员干部科学决策能力的不足主要体现在：不做调查，不了解实情，无法掌握群众的真正诉求；决策者缺乏法制意识，决策时违背法定程序，背离客观规律；在领导干部的决策行为中，存在民主不足、集中草率的问题。调查显示，54.5%的被调查者认为江西省党员干部存在“科学决策能力不足”问题。

第三，政策执行能力不足。好的政策执行不力，也等于一纸空文。现实工作中,“上有政策,下有对策”,“干多干少一个样,干与不干一个样”等现象时有发生,敷衍塞责,消极怠工;或者搞形式主义,做表面文章;以会议落实会议,以文件落实文件;或者有令不行,有禁不止。还有一些党员干部的工作不在状态,漂浮不定,表现为有时工作态度上的忽冷忽热,工作标准上的忽高忽低。调查显示,有38.7%的被调查者认为江西省党员干部缺乏“政策执行能力”。

第四,依法办事能力不足。法制观念仍然比较淡薄,依法办事的能力不够强;习惯使用行政手段、强迫命令、家长制,不善于依照法律法规办事;有的党员干部认为执行党的政策就行了,遵守不遵守法律无关紧要;也有的认为工作就得靠“硬办法”,依法办事行不通。调查显示,有32.9%的被调查者认为江西省党员干部缺乏“依法办事能力”。

第五,调查研究能力不足。调查研究能力是各级党员干部必须具备的一项基本能力。调查显示,19.5%的被调查者认为江西省党员干部存在调查研究能力不足的问题。具体而言,这种调研能力的不足体现在:不愿意深入基层调查研究,依靠个人主观进行决策;愿意去效益好的单位,愿意去熟人多的单位,对于效益不好的单位或者是亏损企业,有些干部却很少问津,不愿意去;即使去搞调查研究,也只是蜻蜓点水,身子沉不下去,对实际情况不甚了了。

第六,学习能力不足。保持良好的学习状态,对党员干部的成长至关重要。调查显示, 有17.1%的被调查者认为当前江西省党员干部存在学习能力不足的问题。目前,在江西省一些党员干部中,存在学习状态不理想的现象,其具体表现:一是“不爱学”,缺少学习的兴趣和热情,认为学习太枯燥,现在的所学已足够应付工作,无须再深入学习;二是“不真学”,把学习当作装点门面而不是用来推动工作,满足于一知半解、浅尝辄止。三是“不深学”,把学习当成临时应急的手段,视学习为个人升迁的途径,参加学习就是为了临时的需要。四是“不愿学”,以忙于工作为由,不重视理论学习,游离于学习教育培训之外。

(二)政务环境不优的问题

环境也是执行力。目前,影响“求真务实、实干兴赣”的政务环境,突出表现在领导带头示范作用不够明显、政绩考核评价机制不够科学、干部选拔任用导向不够鲜明,坚决执行落实力度不够充分。

1.领导带头示范作用不够明显

俗语说，领导领导，带领指导；干部干部，先干一步。一个单位好不好，关键在领导；火车跑得快，全靠车头带。领导干部的榜样示范行为、身先士卒精神，这对任何一个人或任何一个组织来讲，都发挥着极大而又持久的激励作用。总体上看，江西各级领导干部为到2020年全面建成小康社会而兢兢业业、勤勤恳恳、任劳任怨，他们是建设江西、发展江西的主力军。但在党的群众路线教育实践活动过程中，在全省加速发展的爬坡期、全面小康的攻坚期、生态建设的提升期，江西各级领导干部的带头示范作用与加快发展的省情要求还不匹配。在调查中认为全省党员领导干部带头示范作用发挥很好的有85人次、不明显的有281人次、很差的有15人次，分别占调研样本总数的有22%、74%、4%。(如图1)

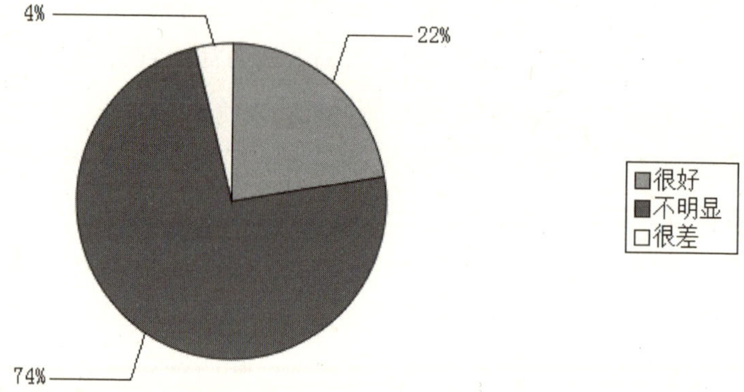

图1 当前江西省党员领导干部的带头示范作用

目前，全省各级领导干部在经济社会发展中带头示范作用不够明显。改革开放以来，江西经济社会发展逐步落后于周边兄弟省份，多项经济社会民生指标落后于全国平均水平。与发达省份领导干部相比，江西省领导干部思想比较保守，观念比较陈旧，眼界不够开阔、心胸不够宽广。部分领导干部因循守旧、墨守成规、谨小慎微、唯上唯书、四平八稳、保持现状，难以成为实现"发展升级、小康提速、绿色崛起"的排头兵、引路人。

2.政绩考核评价不够科学

政绩考评体系是指导与规范全省各级领导干部的指挥棒、风向标与诊断器。江西省政绩考核工作起步较晚，其体系的科学性、客观性、导向性及有效性有待进一步完善。本次调查发现，认为过去江西省政绩考核体系对“实干兴赣”的导向很合理的有 27 人次，认为比较合理的有 153 人次、认为一般的有 147 人次，认为比较不合理的有 36 人次、认为很不合理的有 17 人次，分别占问卷总数的 7.1%、40.3%、38.7%、9.5%、4.5%。（如图 2）

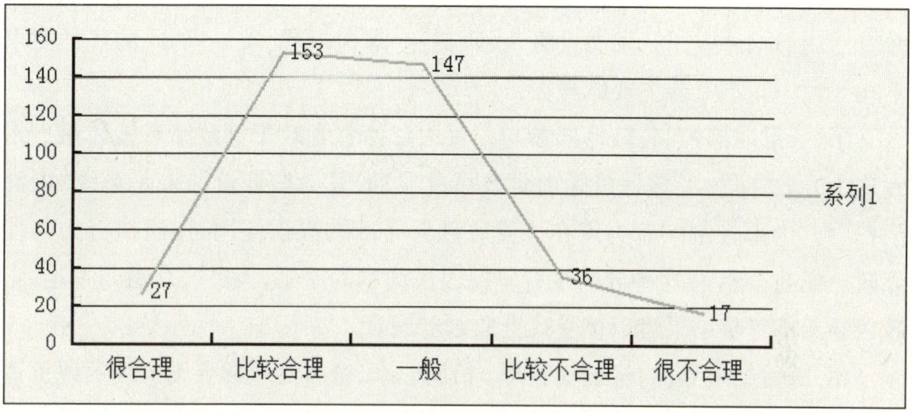

图 2　当前江西省政绩考核体系对“实干兴赣”的导向

在回答“我省政绩考核体系在哪个环节需要进一步完善，才能更好地服务于‘实干兴赣’”时，认为目标导向不完善的有 207 人次、认为指标设置不完善的有 201 人次，认为过程管理不完善的有 132 人次、认为察访核验不完善的有 110 人次，认为考核评估不完善的有 188 人次，认为结果运用不完善的有 168 人次，分别占有效问卷总数的 54.5%、52.9%、34.7%、28.9%、49.5%、44.2%。（如图 3）

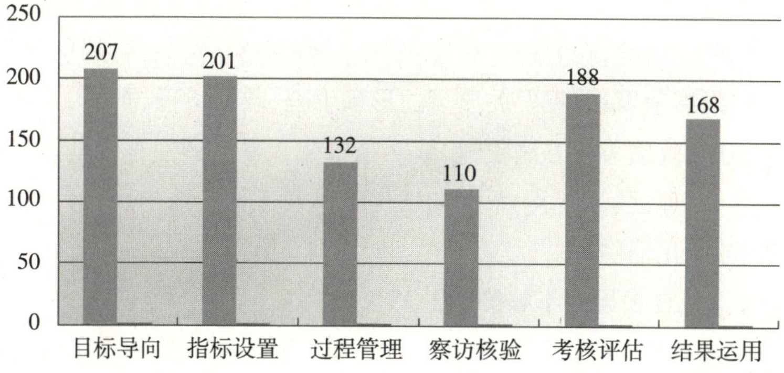

图 3　当前江西省政绩考核体系需要进一步完善的环节

江西省政绩考核评价体系在实践运用中,不断发现问题、改进问题,取得了一些成绩。比如省委、省政府办公厅印发《2013年度市县科学发展综合考核评价实施意见》与省政府办公厅印发《2013年度推进省直和中央驻赣单位绩效管理工作方案》,其考评体系能够做到分类考核、分级考核、加权平均。但从整体上看,全省党政领导干部政绩考核体系与为民务实清廉的党的群众路线教育活动不相适应,与“发展升级、小康提速、绿色崛起、实干兴赣”的任务要求不相一致。其不完善主要体现在:

第一,重内部控制,轻外部参与。过去江西省党政干部政绩考核体系更多表现为党政主导,考核评价是由党政系统发动,其考核评价结果是系统“内部消费”与“内部控制”,着力点在于党政领导干部的提拔任用、提高执行力与保障政令畅通。然而,这种导向没有坚持以民为本的原则,人民群众参与不足,党政领导干部考核结果难以接受社会监督与问责。

第二,重结果导向,轻过程管理。长期以来,全省党政领导干部绩效评价体系重点在于考核评估的结果环节,重视最后的分数和排名,将政绩考核异化为“打分排名、评比评优”的管理工具。而对政绩考核体系的导向偏离,在实施过程中发现问题、改进问题的功效认识不足。事实上,重视分数和排名,必然导致政绩考核体系侧重于奖惩,因此,容易造成被考核对象的造假与隐瞒情况。较早开展绩效考核的国家,现在普遍侧重于政绩考核的改进功能,其重点在于发现问题、提供资源帮助。

第三,重主观定性,轻程序规范。过去党政领导政绩考核评价体系在实施中,缺乏法定程序的约束,评估过程较为随意,评估结果主要是为了追求领导人的个人偏好。因此,在政绩考核中,往往突破部门职责,进行越位评估,甚至出现了只顾发展速度,忽视发展质量的形象工程、政绩工程、面子工程等。而且在具体实施中,政绩考核方法粗糙,缺乏精细化工具。即使有些地区和部门考核党政领导干部政绩,采用一系列的软件工具及工作台账内容,但又过分强调定量,陷入数字化陷阱。

3.干部选拔任用导向不够鲜明

事业兴衰,重在用人;用人之要,重在导向。强卫书记在省委十三届七次全委会议上讲话指出“用人导向正确,党的事业就兴旺发达;用人导向错误,党的事业就必定遭受损失甚至失败”。这句话一语中的，一针见血。选择什么样的干部来“实干兴赣”，关系到江西未来七年甚至更长一段时期的发展。真正要把“讲党性、重品性、作表率”的实干干部选拔到重要的领导岗位。但长期以来，全省党政领导干部选拔任用中，也存有一些用人不正之风。少数热衷于形式主义、脱离群众、党性不纯、投机钻营、跑官要官的干部依然活跃在党政领导干部队伍舞台上。干部选拔用人导向还不十分鲜明，家长制、一言堂等人治因素依然存在，在一定范围内还存在少数人选少数人的现象。部分领导干部用人观念陈旧、忽视规定、违反程序、搞派系斗争，个人说了算。

另外，江西省干部选拔任用制度不完善。制度问题更带有根本性、全局性、稳定性、长期性。正是因为干部选拔任用制度的不完善，反过来又影响了正确的选拔任用导向。从整体上看，江西省现有的干部选拔任用制度体系已建立，并逐步走向完善。但在一些深层次的难点问题和关键环节还处于制度缺失状态或制度模糊状态。各个具体制度之间衔接配套不够，制度冲突或制度重复问题在不同程度上存在，彼此之间缺乏有机联系和协调。一些制度刚性不够，在实施中流于形式。

4.执行不够坚决和执行不到位

伟大的蓝图已经描绘，但它不会自动实现。从决策目标到结果实现，必须要经过执行环节。因为，目标不等于结果，理论不等于实践、说到不等于做到。没有执行，一切都是空谈，哪怕是再完美的决策方案，没有执行，也只是建立在沙滩上的高楼。美国著名学者拉里·博西迪认为，执行就是如何完成任务的学问。执行力，就是完成任务的力度、速度和程度。

当前全省上下正为“发展升级、小康提速、绿色崛起、实干兴赣”伟大目标铆足了劲，坚持求真务实、真抓实干、说一不二、不找借口。但同时，全省党政干部中，也存在一些有令不行、阳奉阴违、推脱责任、胡乱执行的行为。在有效问卷中，认为身边的党员干部对省委省政府各项工作部署执行力度十分到位的只有 51 人次，认为比较到位的有 248 人次，认为一般的有 70 人次，认为不到位的有 11 人次。没有人选择很不到位。分别占有效问卷总数的 13.4%、65.3%、18.4%、2.9%。（如图 4）

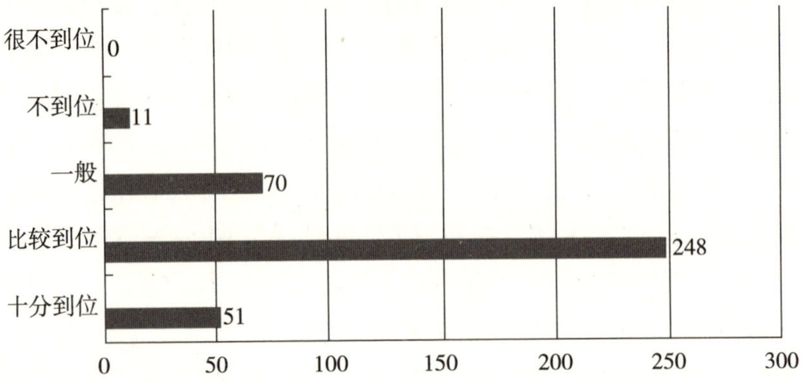

图4　关于身边的党员干部对省委省政府各项工作部署执行力度的判断

经调查,全省党政领导干部执行未到位或执行不力的主要表现为:

第一,政令不畅。下级部门和人员在贯彻落实上级命令和决策时,表现为上有政策、下有对策,有令不行,有禁不止。有些是因为上级部门政策本身制定不合理,下级部门难以结合具体实际,因地制宜地落实下去。有些是因为政策宣传不够,理解不深,造成曲解,最后不能完成任务。有些是下级不愿担当,不敢面对难题,选择性地做做样子,搞形式主义。有些是下级部门只计较部门利益,不能顾全大局,有利益的就执行,没有利益的就不执行。

第二,潜规则盛行。党政领导干部系统中,潜藏着一些正式规则背后的另类规则,通常称为潜规则。潜规则犹于癌细胞,寄生于正式规则之中,并不断侵蚀着正式规则。各种潜规则盛行,必将增加正式制度的交易成本,为部分党政领导干部权力寻租提供了便利,加大了正式规则的执行成本。

第三,人员素质不高。坚决贯彻落实省委省政府各项决策部署,必须是具备了品德高尚、目标远大、意志坚定、主动协调、心细如丝等性格特征的党政干部才能完成。而现实是,全省各级党政领导干部,其中不乏眼界不宽、知识不多、思路不活、作风漂浮、娱乐误政的平庸干部。部分人员理论不够,但又不加强学习;遇到挫折,就推诿退缩;心智固化,难以接受新思想。

(三)社会氛围不浓的问题

求真务实、实干兴赣,需要良好的社会氛围。因为良好的社会氛围能够从精神层面感染人、从观念层面改变人、从行为层面影响人。但目前全省实干兴赣的社会氛围气势不够,科学发展、绿色崛起的责任感和紧迫感不够强烈。在调研的有效问卷中,认为当前江西省“实干兴赣”的氛围很好的有 33 人次,认为比较好的有 165 人次,认为一般的有 166 人次,认为比较差的有 15 人次,认为很差的有 1 人次, 分别占问卷总人次的 8.7%、43.4.%、44.7%、3.9%、0.3%。(如图 5)

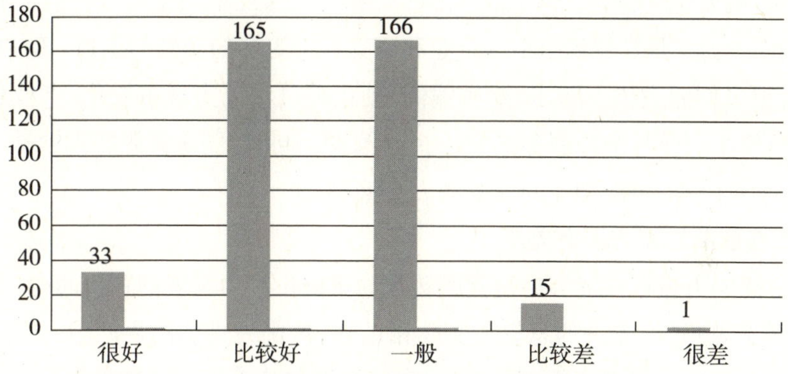

图 5 对当前江西省“实干兴赣”的氛围的判断

从图 5 中可以看出,全省实干兴赣的社会氛围影响不够大,党政领导干部过半数选择社会氛围一般与比较差。究其原因,主要有江西全民创业创新精神不足、思想解放不够、文化舆论环境不够宽容等。

1.全民创业创新精神不足

江西自明朝中后期,就形成了闻名全国的“江右商帮”。赣商、徽商与晋商成三足鼎立之势。可以说,历史上江西就具有良好的全民创业创新精神。江西商人艰苦创业、谦虚好学、技艺精湛、从商崇儒、讲究贾德、注重诚信,在全国商业品格塑造中发挥了重要作用。目前,江西推全民创业创新工作与省委、省政府的要求还有一定差距,与其他兄弟省市相比也有较大差距。主要问题有:

第一,对推进全民创业创新的重要性认识不到位。部分党政领导干部片面强调经济领域的全民创业,忽视了支撑经济发展的人文精神传承。特别重视对外招商引资,忽视内源性经济发展作用。优先发展大项目,忽视小项目的全民创业效应。因此,党政领导干部对全民创业创新工作有所弱化。

第二，全民创业环境不够优化。政策环境不够宽松，一些全民创业的优惠政策没有落到实处，有的政策过于笼统、抽象，缺乏具体的操作标准和配套措施，因此难以落实。另一方面，全民创业环境不够规范，如技能培训、再就业培训管理部门林立，九龙治水。甚至部分主管部门与民争利，对企业干预过多，以罚代管。

第三，对全民创业引导力度不够。全省全民创业型经济处于初级阶段。实干兴赣，既要优先保证大项目的实施，又要不能忽视小微企业、家庭经济的发展。全民创业创新，要求向小微企业和家庭经济更多的倾斜与扶持。但目前情况是，很多创业主体不够多，素质偏低，创业项目难以实现市场化、产业化，从事高新技术产业与中介服务的中小企业偏少。同时，创业资源要素紧缺，资金不足、融资困难，再次创业的后续动力不够等。

2.在解放思想方面有差距

思想的力量往往能够通过实践转化为推进生产力发展的直接动力。因此，要发扬新思想，把先进的思想与实际相结合，转化为具体的生产力，这不仅对现实具有直接的促进作用，而且对未来社会发展具有一定的预见性。因此，以解放思想作为手段和方法，最终达到思想解放。2013 年 9 月 16 日至 17 日，江西省委在省委党校举办学习贯彻省委十三届七次全体（扩大）会议精神专题研讨班，强卫书记强调，“回顾江西这些年的发展历程，思想解放始终是推动我们前进的动力源泉。解放思想不是坐而论道、空喊口号，最终要体现在创造性地破解难题、推动工作上。江西在解放思想、更新观念、敢闯敢试方面，还有很多工作要做、很多功课要补”。

解放思想的关键在于各级党政领导干部。就江西与发达地区的干部相比，解放思想的程度差距较大。全省部分党政领导干部对继续解放思想的重要性、紧迫性和针对性认识不足，在很大程度上存在着不想解放思想、不愿解放思想、不会解放思想、不敢解放思想等倾向性问题。一些领导干部小富即安、故步自封、孤陋寡闻、不思进取、不图创新、不能干事，不仅不能解放思想，甚至成为地方发展的阻碍。

3.社会文化舆论环境不够宽容

求真务实，实干兴赣，是一项开创性的事业。全省要在 2020 年与全国同步建成小康社会，各级党政领导干部无不面临着巨大压力。不发展不行，慢发展也不行，在加快发展的同时，也要保护好环境。这就得打破常规，创新思路，实现跨越发展。但创新是一种实验，要鼓励创新，更要鼓励创新成功，同时，一定要宽容失败。因为成功从来不会是一蹴而就的，也不总是马到成功的。世界上有常胜将军，但没有从不吃败仗的常胜将军。要在全社会形成对先行先试的改革者尊重和宽容，不能让先行先试者成为先烈。

目前，全省上下还没有形成一股正确对待实干兴赣的社会文化舆论氛围。不管是在党政机关，还是在企事业单位，还有一部分人不能善待错误，心胸狭窄，鼠目寸光，不能站在历史的高度、哲学的高度对待失败，不懂得失败是成功之母。全省的文化舆论环境，只许成功不许失败的观点还很流行。

三、展现“实干兴赣”新作为的对策建议

影响和制约江西省“求真务实”、“实干兴赣”的难题，主要表现为践行不实（认识不端、心态不正、能力不足）、政务环境不优、社会氛围不浓等方面。为确保“实干兴赣”战略目标的顺利实现，以开展党的群众路线教育实践活动为载体，切实改进党员干部作风，增强“实干兴赣”的自觉自信自强；以贯彻落实党的十八届三中全会精神为契机，全面深化改革创新，培育“实干兴赣”的良好环境；继续深入开展省委十三届七次全会精神和省情学习教育，围绕中心突出重点，提升“实干兴赣”的实际成效。

（一）以开展党的群众路线教育实践活动为载体，切实改进党员干部作风，增强“实干兴赣”的自觉自信自强

展现“实干兴赣”新作为，应抓住深入开展党的群众路线教育实践活动这个重要载体，以“照镜子、正衣冠、洗洗澡、治治病”为总要求，聚焦改进作风这个主要任务，切实对作风之弊、行为之垢进行一次大扫除，促进党员干部作风大转变，精神状态大提升，工作能力大提高，不断增强“实干兴赣”的自觉自信自强精神，切实解决“实干兴赣”践行不实、执行不力的问题。

1.通过加强理论武装，以坚定理想信念为核心提升党员干部“愿干”的自觉

面对困难与挑战，愿不愿实干、是不是愿干表面上是一个态度的问题，其

本质上还是理想信念和党性修养问题。解决愿不愿干的问题，要抓住坚定理想信念这个核心，着力增强三种意识。

一是增强宗旨意识。“实干兴赣”的前提是没有私心杂念，这样才能不折不扣地执行省委省政府的决策部署。宗旨意识不强，是对“实干兴赣”认识不足、心态不正，导致在“实干兴赣”中责任感和使命感弱化、难以担当的总根源。政绩观出现偏差与宗旨意识淡漠是紧密联系的。因此，增强宗旨意识，特别是增强市县乡党员干部的宗旨意识是提升思想认识的首要问题。要抓住思想理论建设这个根本，深入开展中国特色社会主义理论体系学习教育和中国梦宣传教育，教育引导党员干部矢志不渝为中国特色社会主义共同理想而奋斗，教育引导党员干部充分认识“实干兴赣”是践行党的宗旨的必然要求，以“实干兴赣”的正确态度和良好业绩来检验自身的党性修养，自觉克服以往“上有政策、下有对策”“严行不起来、落实不下去”等政策执行中的“堰塞湖”问题。

二是增强责任意识。一个人的态度是他对付现实世界的主要装置。看不到自己肩负的职责使命，也就摆不正“实干兴赣”的正确心态。和平时期容易发生党员使命感逐渐淡化的情况，代之而起的是个人利益的“强化”。染上这种毛病的党员干部，常常“说一套，做一套”，没有为人民“实干”的劲头，有的是“虚功和花架子”。从机关效能暗访小组提供的相关信息和我们调查访谈中了解的情况看，一些干部上班时间躲在茶楼、宾馆内玩牌、消遣娱乐；一些单位管理有漏洞，人员外出没有明确告示；一些单位执行上下班制度不严，迟到、早退现象普遍；甚至，有些工作人员上班时间有上网炒股、购物、看电影等不务正业行为。这些不良心态和不良言行，都是没有工作责任感的具体表现。省委十三届七次全会提出了与全国同步建成全面小康社会的目标，描绘了建设富裕和谐秀美江西、书写中华民族伟大复兴中国梦绚丽江西篇章的任务。这是江西党员干部神圣的历史使命。要教育引导每一个党员干部，切实增强责任感、使命感，真正把自己放在江西发展的大局中，认清自己的职责使命，自觉发扬先锋队作用，保持为人民鞠躬尽瘁、死而后已、求真务实、艰苦奋斗的政治本色，全身心地投入到“实干兴赣”宏伟实践中。

三是增强担当意识。干事就会遇到困难，干事需要承担风险。调查结果显示，遇到困难持“畏难观望心态”者占三分之一，而且市厅级干部比例居最高。

“畏难观望”，就是不敢担当的典型反映。“畏难观望”，就会导致“实干兴赣”驻足不前，造成目标落空。所以，要教育引导全省党员干部切实克服畏难观望心态，敢于直面困难、敢于正视困难、敢于接受挑战，敢想他人未曾想，敢谋他人未曾谋，敢干他人未曾干。教育引导党员干部坚决摒弃磨磨蹭蹭、拖拖拉拉、磨磨唧唧的坏习惯，杜绝推诿扯皮、视若不见、听若罔闻的坏作风，刹住躲躲闪闪、溜溜达达、松松垮垮的坏纪律。教育引导党员干部植根于赣鄱大地，立足于人民创造，把实干的旗帜举得更高，把大干的劲头鼓得更足。只要上下心往一处想、劲往一处使，阻挡前进的任何困难，我们都可以战胜；阻碍发展的任何矛盾，我们都可以化解。

2.通过强化执行力，以改进方法为核心提升党员干部“会干”的自信

执行力的问题，也就是会不会干的问题，本质上是方法和能力的问题。强化执行力，解决会不会干的问题，就要在改进方法、提高能力上下功夫，才能切实增强“实干兴赣”的自信。

一要改进摸实情的方法。实干绝不是瞎干，要摸实情。只有情况摸得更透，才会抓得更紧，干得更实。问卷中，有21.4%的受访者提出，要着力增强调查研究的能力。要教育引导全省党员干部严格执行中央和省委关于各级领导干部每年到基层调研的时间等规定，坚持执行领导干部的联系点制度，不仅要“身入”基层，更要“心到”基层，注意选择问题多、困难大、矛盾集中、与本职工作密切相关的农村、社区、企业等基层单位，开展蹲点调研，倾听群众心声，找准问题的症结所在，把政策送下去，把发展抓上来，绝不能走马观花，蜻蜓点水，以其昏昏，使人昭昭。近年来，江西省开展的“十万干部下基层”活动、“民情家访”活动、“三送活动”，都是调查研究的好做法，应该坚持并总结推广，健全调查研究制度化常态化机制。

二是改进出实招的办法。实干绝不是乱干，要出实招。访谈情况反映，有一部分党员干部面对工作难题，常常感到无法应对，或者办法不多。而有一些受访群众则认为，有的党员干部在工作中，爱搞花架子，甚至经常蛮干乱干，面对难题往往束手无策。党员干部要在实干中深化对形势的判断，深化对问题的思考，深化对规律的认识，真正做到科学施策、科学应对、科学实干。牵头的领导干部，既要挂帅，更要出征，既要抓部署，更要抓督查，以点石成金之智，破解难题之谋，攻克重点、突破难点，力争在发展升级、小康提速、绿色崛起上有新突破，在实干兴赣上有新作为。

三是改进实干的思维。方法、能力与思维密切联系。实干兴赣是一项复杂的系统工程，党员干部首先要以开放的视野实干。开放程度有多大，发展空间就有多大，干事舞台就有多大。干每一项工作、抓每一个项目，都必须放开视野，放宽思路，实干的办法才能涌现出来。其次要以改革的办法实干。紧紧抓住实施鄱阳湖生态经济区规划、赣南苏区振兴发展规划的重大机遇，坚定改革信念，凝聚改革共识，释放改革红利。再次要以创新的思维实干。各个地方单位条件各异，各项工作、各个项目的情况也不同，此一时彼一时，实干兴赣决不能受限于惯性思维，不能停留于常规套路，不能依赖于传统方法，应当善于从不同侧面来解决矛盾，善于从不同的层面来争取支持，善于从不同的角度来落实工作。十八大在提出现代化建设的“五位一体”的任务时，强调了创新驱动的发展战略。省委十三届七次全会做出了创新升级的新部署。全省党员干部只有真正树立起创新的思维，才能不断开拓实干兴赣的新空间。

3.通过提升综合素质，以增强本领为核心展现党员干部“能干”的自强

能否干得好、干得漂不漂亮，是党员实干境界高低的反映。在“实干兴赣”中自强，核心就是要全面增强素质，提升实干的境界，真正展现党员干部的“能干”新风貌。当前，要突出增强以下三方面的本领。

一是增强凝聚群众智慧和力量的本领。“实干兴赣”，离不开群众的力量。我们过去的成功是这样，今后的成功依然是这样。然而，在访谈中，许多党员干部流露出忽视群众，或者不善于吸取群众智慧和力量的现象。我们要抓住全党正在开展的党的群众路线教育实践活动契机，教育引导党员干部牢固树立并增强群众观念，深刻理解“一切依靠群众，一切为了群众，从群众中来到群众中去”的党的群众路线的深刻内涵，自觉践行党的群众路线，增强集中民智、反映民意、激发民力的本领。要注意尊重人民的主体地位，尊重群众的首创精神，使我们作出的每一个决策、采取的每一条措施、推行的每一项部署，更加符合人民群众的切身利益和现实需要。要更加自觉地站在群众的立场来谋划工作，围绕群众的利益来开展工作，汲取群众的智慧来改进工作，用实干造福人民，以实干赢得人心。

二是增强拒腐防变廉洁自律的本领。干部清正、政府清廉、政治清明是党的十八大作出的庄严承诺，也是“实干兴赣”的基本要求。只有一心为民，无牵无挂为官，才能风风火火干出一番大事业。损公肥私，做事投鼠忌器，必然畏首畏尾，迈不开步子，打不开格局。要教育党员干部筑牢拒腐防变的思想防线，做到反腐倡廉警钟长鸣，真正去除私心，去除贪念，想民之所想，急民之所急。要引导党员干部严格执行党风廉政建设责任制，自觉遵守廉政准则，自觉接受监督，不自吹自擂，不邀功请赏，不贪赃枉法，不滥用职权，真正做到清清白白从政、干干净净干事，始终保持一身正气。

三是增强攻坚克难苦干巧干的本领。自强要有攻坚克难、苦干巧干的充足干劲。但从当前江西省各级领导干部的实际状况来看，一些干部思想观念陈旧，既缺乏改革创新的意识，又缺乏敢闯敢为的意识，这种思想实际决定了一些领导找不到、看不清本地区、本部门、本单位的发展思路。问卷调查中，50.5%的受访者认为江西省党员干部进取意识不强，而在这一点的认识上县处级、市厅级干部的情况更突出，比例高达57.0%、52.0%。所以，要教育引导党员干部着力增强不甘落后的拼劲，坚决摒弃“多干多错，少干少错，不干不错”的消极心态，坚决破除“干得好不等于领导印象好、干得少不等于提拔机会少，干得差不等于组织评价差”的功利思想，坚决打破“以会议落实会议，以文件落实文件，以讲话贯彻讲话”的“八股”作风，使大力气干，下真功夫干。着力增强锲而不舍的韧劲。任何事业都不会一帆风顺，都不能一蹴而就，总会经历一番风雨、走过一路坎坷。对敲定的项目、议定的工作、确定的目标，应当一以贯之，一鼓作气，一抓到底。还要着力增强埋头苦干的实劲。切实减少不必要的会议，不必要的应酬，不必要的评比。以实为先，以干为贵。少说多干，只干不说，干在每一天，干好每件事，在实干中担当无愧于这个时代的历史重任，书写无愧于赣鄱人民的满腔赤诚，铸就无愧于红土地的宏伟事业。

（二）以贯彻落实党的十八届三中全会精神为契机，全面深化改革创新，培育“实干兴赣”的良好环境

推动“实干兴赣”，必须大力营造“人人都是软环境、人人爱护软环境”的良好环境氛围。十八届三中全会吹响了全面深化改革的号角，培育“实干兴赣”良

好环境，要抓住用好贯彻落实党的十八届三中全会精神这个“东风”。当前，江西省各级政府营造优良的发展环境，必须要努力做到人文环境风清气正、政务环境公开透明、服务环境便捷高效、政策环境宽松优惠、社会环境文明和谐。要达到上述目标，需要在以下两大领域下气力：

1.培育“实干兴赣”的良好政治生态

(1)进一步优化以实干为导向的政绩考核评价体系

习近平总书记在全国组织工作会议上讲话指出：要改进考核方法手段，既看发展又看基础，既看显绩又看潜绩，把民生改善、社会进步、生态效益等指标和实绩作为重要考核内容，再也不能简单以国内生产总值增长率来论英雄了。江西省新近出台《2013 年度市县科学发展综合考核评价实施意见》《2013 年度推进省直和中央驻赣单位绩效管理工作方案》等，在全国率先建立的“绿色”市县考核体系，由于更加注重发展的均衡、协调、可持续，其创新性、科学性、可操作性得到国家发改委的密切关注和高度评价。在新起点上实现实干兴赣，我们要在用好 2013 年新评价体系的基础上，今后还要体现以实干为导向的政绩考核评价，应在考核指标和考核方式上有所优化。在分值权重的分配上，要做到“四个倾斜”，即向工作实绩倾斜、向重点难点工作倾斜、向民生民意倾斜、向可持续发展倾斜。具体设置上，要将考核内容从片面追求经济增长速度转到更加关注经济发展的结构、质量和效益；从偏重经济建设考核转向注重经济、社会、生态等全面考核。同时，把环境保护、社会发展、生活质量、幸福指数等纳入政绩考评指标体系，更加重视节约资源和保护生态环境，更加重视保障和改善民生，更加重视党的建设和政治文明。在考核方式方法上，要让群众多角度评价干部。干部考核要贯彻群众路线思想，坚持以民意和公论来检验领导班子和领导干部的工作实绩。

(2)进一步优化以实干为导向的干部选拔任用机制

习近平总书记提出了好干部的“二十字”标准，为我们各级党组织选人用人提供了标尺和导向。为了充分体现这一选拔任用干部工作的导向，我们要牢固树立“看德才、凭实绩、重公论”的选人用人观念和“六看”“八用八不用”的选人用人标准。“六看”：看政治素质，看作风，看政绩，看能力，看民意，看形象。“八用八不用”：大胆重用全心全意为群众服务，口碑好的人，坚决不用跑官要官，没有群众基础的人，形成顺乎民意的用人导向；大胆重用坚决贯彻执行党的方针政策，创造性开展工作的人，坚决不用阳奉阴违，因循守旧的人，形成开拓创新的用人导向；大胆重用脚踏实地，认真负责的人，坚决不用敷衍塞责，弄虚作假的人，形成求真务实的用人导向；大胆重用坚持民主集中制原则，敢于担当的人，坚决不用作风霸道，闹无原则矛盾或出了问题推卸责任的人，形成权责相一的用人导向；大胆重用雷厉风行，作风扎实的人，坚决不用作风漂浮，碌碌无为的人，形成干事创业的用人导向；大胆重用勤于学习，善于思考的人，坚决不用不动脑筋思考问题，工作没有创新的人，形成大兴学风的用人导向；大胆重用遵纪守法，组织原则性强的人，坚决不用纪律松弛，搞自由主义的人，形成严于律己的用人导向；大胆重用公道正派，清正廉洁的人，坚决不用媚上压下，以权谋私的人，形成清正廉洁的用人导向。

(3)进一步优化以实干为导向的督查问效机制

问卷调研结果显示，绝大多数受访问对象认为，要建立健全“考核问效”制度来推动“求真务实、实干兴赣”，这一比例平均达到79.8%，若按职级划分，在县处级、乡科级干部中，选中率更高达82%以上。今后，我们要以健全“督查问效”机制为抓手，加强问事、问效、问责力度，创新督查理念，整合督查力量，突出督查重点，拓宽督查渠道，运用督查结果，以达到治庸、治懒、治散，保证重大决策部署贯彻落实到位、重大问题解决到位，干部工作作风在硬碰硬执行中更加务实，营造真抓实干、比学赶超的干事创业氛围。

2.培育“实干兴赣”的良好社会环境

(1)营造全社会干事创业的生动局面

推动“实干兴赣”不仅仅是党委政府和干部的职责，更要激发全社会的参与热情，大力推动全民创业。而要实现这一目的，当前，各级党委、政府要在以下方面下大力气：

一是进一步优化创业环境，积极培育创业意识，降低创业成本。各地政府和有关部门要真心实意为创业者服务，杜绝为谋取眼前利益、小团体利益和个人利益而与民争利甚至“吃、拿、卡、要”的行为。要加快制度创新，不断探索有效推进全民创业的新模式和新路子。凡是政府已经出台的政策，要用好、用足；凡是被实践证明行之有效的措施，要继续坚持并及时推广；凡是外地已经采用的实践证明是正确的措施方法，要认真学习借鉴。对创业者在待遇上给予平等政策，在税费上给予鼓励政策，在管理上给予宽松政策。要积极培育创业文化。大张旗鼓地宣传创业致富的先进典型，同时将创业精神培育列入中学和大学教学课程，在全社会树立“崇尚创新、宽容失败”的理念，使创新、创造和创业成为人们普遍接受并追求的价值观念。

二是加大创业培训和创业指导的力度，提高创业成功率。对有创业意愿并具备一定创业条件的人员开展创业培训，帮助他们了解创业形势和创业环境，熟悉有关政策法规，掌握必备的经营和管理知识，提高创业能力。创业培训要结合实际，合理确定培训内容，创新培训模式，满足各类创业人员的培训需求。创业培训要与小额贷款、企业开业指导、企业发展服务等有机结合，努力提高创业培训成功率。要充分利用社会各类职业教育培训机构开展创业培训，鼓励与大专院校联合办学，共同开展创业培训。建议由发改、工信、教育、财政、人社、税务、金融、工商等部门的专家组成创业培训咨询机构，负责创业培训的师资充实、政策咨询、业务指导及协调服务工作。

三是拓宽创业领域，改善信贷支持。落实民营资本与国有资本、外资同等待遇的政策，鼓励和引导民营资本投资支柱产业、高新技术产业和现代服务业；允许民营资本进入市政公用事业和基础设施建设，进入教、文、卫、体等社会事业的非营利性和营利性领域，进入区域性股份制银行和合作性金融机构。推进风险投资制度建设，当前江西省综合经济实力已明显增强，政府有义务也有能力逐步构建起支持创业的金融体系，建议省市县三级成立创业基金，解决创业者在贷款中出现的担保不足问题。尽快到位中小企业担保基金，增拨下岗人员担保贷款基金，将下岗人员担保贷款纳入创业贷款体系中管理。对于创业贷款，可参照下岗人员担保贷款管理办法，对银行提供相应的利息贴补。与此同时，要整治社会信用环境，倡导诚信经营，打击逃债行为。银行金融机构要站在从自身长远发展需要的高度支持全民创业，克服“慎贷”、“畏贷”思想，满足创业者对信贷的合理需要。

(2)赋予赣鄱文化新的实干内涵

进一步优化“实干兴赣”氛围，需要我们进一步充实赣鄱文化新的内涵。

一是创业精神。创业精神是指在创业的活动过程中，一个社会(包括创业活动过程中的多个参与主体)普遍表现出来的思想意识、价值观念、基本态度、行为方式等与创业有关的思想理念和精神状态。在这个过程中,创业精神是创业者们的精神动力和发动机,是企业诞生与发展的灵魂和精神支柱,其对创业活动产生重大的潜移默化的影响。

二是创新意识。创业家是经济的灵魂,而创新是创业家的基本职能。创新是“一个社会性的、地域性的、嵌入的互动过程,一个不考虑其制度和文化背景就无法理解的过程”。创新的地域性,不但使进行创新活动的主体和它赖以进行创新的地域背景一起构成了区域创新系统,而且使创新具有明显的区域特色和文化烙印。

三是流动偏好。现实世界资源配置扭曲总是客观存在的,资源并不是总是处在边际生产率最高的界域。创业文化鼓励资源流动,促进资源优化整合,达到动态最佳配置并增进社会福利。如长三角、珠三角地区,海洋文化中冒险、开拓、自由漂流、四海为家的潜能激发一代又一代的人们远涉他乡,开拓创业。

四是宽容失败。改革创新是一种探索性实践,充满艰难风险。失败多于成功,是一个规律。在创新创业的实践中,失败不是结果,只是一种过程,失败是创新道路上不可少的台阶。要积极营造宽容败者、允许失败的文化。宽容失败不只是一种操作手段,从根本上讲它是一种文化。纵观历史,凡社会氛围宽松的时代往往也是文化、科技和社会的繁荣时期。

(三)继续深入开展省委十三届七次全会精神和省情学习教育,围绕中心突出重点,提升“实干兴赣”的实际成效

“实干”不仅要“苦干巧干”,更在于“认准了就干”,务求干出实效。这就必须充分认清省委“实干兴赣”的决策部署,准确把握省情和各地各单位的实际,才能有的放矢。访谈中,有一部分党员干部对于“实干兴赣”的着力点认识不足、理解不深。正是因为对“实干兴赣”认识不深刻、理解不透彻、努力方向不明确,才容易造成部分党员干部无从下手,徘徊观望,使“实干兴赣”落空。因此,要结合学习贯彻党的十八届三中全会精神,继续深入开展省委十三届七次全会精神和省情的学习教育,确保党员干部真正理解“实干兴赣”的深刻内涵、重大意义,特别是要使党员干部认准“实干兴赣”的方向,明确中心工作和重点任

务,才能增强"实干兴赣"的实际成效。当前江西面临的任务很重,要干的工作很多,但根本的任务是发展升级、小康提速和绿色崛起。要把"实干兴赣"的自觉自信自强与当前的根本任务紧密结合起来,找准"实干兴赣"的着力点、着眼点和着重点,以实干为荣、以实干为责、以实干为大,大展身手,大干一场,干成一些大事,干出一番事业。

1.坚持以聚焦发展升级作为"实干兴赣"的着力点

"发展升级"是基础,抓住了科学发展这个主题,就抓住了全局;把握了转变发展方式这个主线,就把握了大势。"实干兴赣"要始终以聚集发展升级这个着力点,落实做大总量、提升质量的主要任务,以工业化、信息化、城镇化、农业现代化"四化"同步发展为抓手,努力实现更有质量、更有效益、更加可持续的发展。

着力在推动产业升级,增强经济发展竞争力上实干。产业是发展的基础支撑,产业升级是发展升级的核心内涵。要围绕紧紧抓住当前国际国内产业加快调整升级的历史性机遇,以提升产业竞争力为核心,加快构建具有江西特色和比较优势的现代产业体系实干。一是认真实施工业强省战略,推动工业产业升级,促进信息化与工业化深度融合,加快推进新型工业化,做大做强做优工业。不折不扣贯彻执行省委、省政府《深入实施工业强省战略加速推进新型工业化的意见》及其配套文件,抓紧编修十大战略性新兴产业规划,进一步明确产业发展的主攻方向。二是抓好大力培育壮大龙头企业这个推动产业升级的关键工程,推动优势资源向重点企业集中,加快培育若干个新的超千亿元产业和超百亿元乃至超千亿元企业,打造一批技术先进、主业优势明显、核心竞争力强的企业"航母"和市场前景大的企业"小巨人"。三是要用好宝贵的园区发展平台,进一步发挥其特色优势和集聚效应,推动园区完善产业配套,加快产业集聚,形成产业集群。四是着力提升基础设施保障水平,打通江西省南北和东西两个走向高铁大通道,加快实现铁路出省通道高速化,尽快建成"纵贯南北、横跨东西、覆盖全省、连接周边"的高速公路网,建设通江达海的水路交通大通道,振兴"千年赣鄱黄金水道"。五是巩固农业基础地位,抓规模、抓特色、抓加工、抓组织、抓服务,创新农业生产经营体制机制,完善农业社会化服务体系,加快建设现代农业强省。六是大力发展服务业,着重发展旅游、文化、金融、物流、电子商务等现代服务业，提高服务业在全省经济中的比重和贡献。

着力在促进开放升级，增强经济发展活力上实干。坚定不移地扩大开放是江西跨越发展的关键抉择。一是以更广阔的视野、更宽广的胸怀、更开放的姿态融入世界，努力抢占新一轮扩大开放、承接产业转移的制高点，打造具有江西特点的开放型经济升级版，以新一轮大开放促进新一轮大发展。二是着力提高招商引资的层次和水平，不能再满足于“捡到篮里都是菜”，而要更加注重择商选资，增强招商引资的质量和效益，真正把那些对我省发展有更大助力的大项目、好项目招进来。三是着力支持本土企业特别是民营企业放手发展、做大做强，放手、放胆、放权鼓励支持民营经济发展壮大。四是大力营造爱商亲商、安商富商的良好环境，进一步精简审批事项、下放审批权限、优化审批流程、提高审批效率。

着力在深化创新升级，增强经济发展动力上实干。一是认真贯彻落实省里《关于大力推进科技协同创新的决定》，推进科技协同创新取得突破。二是推动产学研用相结合、充分发挥企业主体作用、善借外力、培育壮大人才队伍推动协同创新，促进以科技创新的率先突破带动产业发展的全面升级，推动“江西制造”与“江西创造”比翼齐飞。

着力在推进区域升级，增强经济发展支撑力上实干。一是继续深入实施鄱阳湖生态经济区建设和赣南等原中央苏区振兴发展两大国家战略，重点推进南昌打造核心增长极和九江沿江开放开发，集中力量加快推进昌九一体化，实现“龙头昂起”。二是研究制定和落实好支持赣东北打造开放合作高地和促进赣西经济转型崛起的意见，加快形成多极支撑、多元发展的生动局面，构建“龙头昂起、两翼齐飞、苏区振兴、绿色崛起”的区域发展格局。三是着力壮大县域经济，大力推进扩权强县、省直管县、兴乡强镇试点改革，最大限度地对县域经济发展“松绑给力”，进一步提升县域经济发展的层次和水平，形成对全省区域发展升级的强大支撑。

2.坚持以加快小康提速作为“实干兴赣”的着眼点

“小康提速”是核心。加快小康提速，提高人民幸福指数，是“实干兴赣”的最高价值追求。“实干兴赣”要坚持以小康提速为着眼点，在加快经济发展的同时更加注重发展成果由人民共享，在回应人民普遍关切的同时更加注重解决困难群众的具体问题，努力让全体人民生活得更加幸福美好。

着力在提升民生幸福指数上实干。坚持把工作的用力点放在解决人民群众所思所盼的切身利益问题上。大力推动城乡居民收入实现较大增长，认真实施好每一项民生实事工程，提高社会保障水平，进一步增加城乡居民转移性收入；认真做好稳定和扩大就业工作，大力推动全民创业，切实增加城乡居民工资性收入、家庭经营性收入和财产性收入；认真解决好旧城区改造、农村义务教育学校标准化建设、农村电网改造、385 万贫困人口的脱贫致富等具体的民生问题。

着力在加快城镇化进程上实干。紧紧抓住用好国家推进城镇化扩大内需的政策机遇，以更大力度加快江西省城镇化进程。坚持以人为核心，既重视城镇人口规模的扩张，更关注进城人群的社会保障，着力解决"半城镇化"或"伪城镇化"状态，加快推进户籍制度改革，有效推进农业转移人口市民化，着力构建城镇体系，建设综合承载力强、宜居宜业的都市区，加快县城和中心镇发展。坚持镇村联动促进城乡一体化，不断完善城乡发展一体化体制机制，促进城乡一体化进程。

着力在提高社会平安和谐群众满意度上实干。树立并强化"平安是福，稳定也出生产力"的观念，按照"确保人民安居乐业、社会安定有序、国家长治久安"的总要求，不断提高人民群众对社会平安和谐的满意度。大力推进法治江西、平安江西、文明江西建设，坚决摒弃"和稀泥"和"花钱买平安"式的维稳观，全力保障社会治安稳定和公共秩序安全，筑牢社会平安和谐的根基，不断提升公民道德素质和社会文明程度。

3.坚持以致力绿色崛起作为"实干兴赣"的着重点

绿色崛起是路径。走绿色崛起之路，是"实干兴赣"的着重点。

着力在构筑绿色产业体系上实干。一是大力发展生态农业，巩固江西省农产品绿色、安全、有机的"金字招牌"，不断提高我省农产品的市场美誉度和附加值。二是大力发展绿色工业，在技术升级上做好"加法"，在污染排放上做好"减法"，推动全省工业走上绿色、节能、高效、生态的发展之路。三是大力发展现代服务业，重点发展商贸物流、电子商务、文化旅游和金融保险、信息会展等现代服务业，进一步提高服务业在国民经济中的比重。四是推动旅游业发展模式转变，把优质旅游资源盘活成优质旅游产品，建设红色旅游强省、生态旅游名省、旅游产业大省。

着力在保障生态安全上实干。一是加强环境保护和治理，认真做好环境综合整治、工业污染治理、受污染地区生态修复等工作，扎实推进重大生态工程建设，坚决杜绝重大环境污染事件的发生。二是加强食品安全管理与控制，确保食品安全。三是采取严格措施督促企业加大污染治理力度，切实加强安全生产全过程监管，确保生产安全。

着力在发展循环经济上实干。一是合理开发矿产资源，优化土地资源配置，严格管理水资源，突出抓好工业、建筑、效能、公共机构节能降耗，建设资源节约型社会。二是大力推进资源集约利用、循环利用，发展再生资源产业。三是大力发展循环工业、循环农业，积极创建生态工业园区和循环经济园区，全面提升资源精深加工、循环利用、综合利用水平。

深入学习党章和廉政准则，严守党纪国法促廉洁

第五课题组*

党的十八大明确指出，反腐倡廉、建设廉洁政治，是党一贯坚持的鲜明政治立场，是人们关注的重大政治问题。这个问题解决不好，就会对党造成致命伤害，甚至亡党亡国。为此，还专门提出了“干部清正、政府清廉、政治清明”的要求；作出了在全党深入开展以“为民务实清廉”为主要内容的党的群众路线教育实践活动的部署。可见，反腐倡廉建设和各级党员干部保廉洁的要求被提到了前所未有的高度。加强反腐倡廉建设，一方面要加强以党章为根本的党内法规制度建设，为党员干部保廉洁铺就法制轨道；另一方面要认真学习贯彻党章和廉政准则，真正做到制度面前人人平等、遵守制度没有特权、执行制度没有例外，严守党纪国法促廉洁。

一、学习贯彻党章和廉政准则是制度治腐的必然要求

加强反腐倡廉建设，教育是基础，制度是保障，监督是关键。为此，习近平总书记在十八届中纪委二次全会上强调：“加强反腐败国家立法，加强反腐败党内法规制度建设，深化腐败问题多发领域和环节的改革，确保国家机关按照法定权限和程序行使权力。”总结我们党反腐倡廉建设实践的一条成功经验，就是必须深入推进制度改革创新，发挥制度具有的根本性、全局性、稳定性和

*课题负责人：罗志坚，课题组成员：潘泽林、万高隆

长期性的作用,走出一条从“人治”治腐向“法治”治腐(制度治腐)的道路。贯彻落实党章和廉政准则,是制度治腐的必然要求和具体体现,也是经过实践证明具有中国共产党自身反腐倡廉特色的成功做法。

(一)党章是党内根本大法,是坚持从严治党方针的根本依据

邓小平同志指出:“国要有国法,党要有党规党法。党章是最根本的党规党法。没有党规党法,国法就很难保障。”中共中央2012年5月印发实施的《中国共产党党内法规制定条例》明确规定,党内法规的名称分为党章、准则、条例、规则、规定、办法、细则,党章是最根本的党内法规,是制定其他党内法规的基础和依据。制定廉政准则、党内监督条例、纪律处分条例等其他党内反腐倡廉法规制度,必须以党章为根本规则和依据。因此,党章在党内法规中堪称“宪法”,具有最高权威性,是立党、治党、管党的总章程,是坚持从严治党方针的根本依据,也是解决党内矛盾和加强反腐倡廉建设的根本规则。党的十八大报告指出:“新形势下,党面临的执政考验、改革开放考验、市场经济考验、外部环境考验是长期的、复杂的、严峻的,精神懈怠危险、能力不足危险、脱离群众危险、消极腐败危险更加尖锐地摆在全党面前。不断提高党的领导水平和执政水平、提高拒腐防变和抵御风险能力,是党巩固执政地位、实现执政使命必须解决好的重大课题。”只有认真学习和深入贯彻好党章这一党内总章程总规矩,真正在党内树立党章意识和党章文化,在党内树立按制度按规矩办事的意识和习惯,才能切实做到从严治党,坚决惩治腐败,实现制度治腐,不断保持、发展党的先进性和纯洁性,不断提高党的领导水平和执政水平、提高拒腐防变和抵御风险能力。

(二)廉政准则是党内基础性法规,是规范党员领导干部廉洁从政的基本制度

党章在党内法规体系中属于最高层次的“法”,是一级“法”,在反腐倡廉建设方面,更多的只是提出了宏观、总体的要求。廉政准则在党内法规体系中是位于党章之下的二级“法”,是根据党章制定的规范党员领导干部廉洁从政的基本制度,对党章所提出的反腐倡廉建设的宏观、总体要求进一步集中化、明细化和具体化,为党员领导干部廉洁从政提供了具体的自律标准和有效的监

督途径和措施。廉政准则实现了用具体制度规范和设置党员领导干部的从政行为:一是为党员领导干部安全从政、健康成长起到了指示作用。廉政准则规范和调整的内容,不仅涉及党员领导干部日常工作的行为规范,而且还涵盖了党员领导干部思想、生活、家庭和社会人际关系交往等方方面面的内容,详细规定了作为一名党员领导干部哪些事可为、哪些事不可为,为党员领导干部安全健康从政指明了方向。二是为党员领导干部廉洁从政、秉公用权起到了警戒作用。廉政准则将反腐败的“关口”前移,用党内纪律规定设立党员领导干部从政用权的警示防线,有利于防止和纠正一些领导干部不廉洁的苗头性问题,避免“小错酿成大错”。三是对违反廉洁从政行为的党员领导干部起到了惩戒作用。廉政准则规定的“8 项禁止 52 个不准”,详细系统地对党员领导干部在从政过程中可能出现的违规违纪行为进行了规范和限制,是党员领导干部严守纪律、不可逾越的高压线,任何人违反上述规定,必将受到党纪国法的严厉惩处。

(三)党章和廉政准则都是查找党内“四风”问题的“镜子”和“尺子”

党的十八大指出,围绕保持党的先进性和纯洁性,在全党深入开展以为民务实清廉为主要内容的党的群众路线教育实践活动。这是新形势下坚持党要管党、从严治党的重大决策,是保持党的先进性和纯洁性、巩固党的执政基础和执政地位的必然要求,也是解决群众反映强烈的突出问题的必然要求。中央明确要求,这次教育实践活动的主要任务要聚焦到作风建设上,集中解决形式主义、官僚主义、享乐主义和奢靡之风这“四风”问题,并提出“照镜子、正衣冠、洗洗澡、治治病”的总要求。“照镜子”在总要求中是前提和基础,只有照好了镜子,查找准问题和差距,才能有的放矢改正缺点,对症下药治病救人。《中共中央关于在全党深入开展党的群众路线教育实践活动的意见》明确指出,“照镜子”,主要是学习和对照党章,对照廉政准则,对照改进作风要求,对照群众期盼,对照先进典型,查找宗旨意识、工作作风、廉洁自律方面的差距。因此,党章和廉政准则都是查找党内“四风”问题的“镜子”,是衡量领导干部作风差距和不足的“尺子”。解决“四风”问题,要以党章和廉政准则为镜,才能对准焦距、找准穴位、抓住要害,才能不“走神”、不“散光”。习近平总书记强调指出,党章是共产党员加强党性修养的根本标准。照镜子，主要是以党章为镜。因为党章回答了共产党员入党“为什么”这一首要问题，规范了党员标准“是什么”这一核心问题，指引了入党以后“怎么做”这一关键问题，是共产党员加强党性修养的根本标准，是广大党员、干部进行自我教育、自我提高的最好教材。只有认真学习和深入贯彻党章，才能有效引导党员干部加强党性修养，严格遵守党员标准，牢记党的宗旨，严守党的纪律，时刻把党和人民放在心中最高位置，坚持和发扬共产党员政治本色，始终保持和发展党的先进性和纯洁性。

二、全面把握党章和廉政准则的基本精神和主要内容

只有认真学习、深刻把握和领会党章和廉政准则的基本精神和主要内容，才有可能遵守好、贯彻好和维护好党章，真正实现制度治党，制度反腐。

(一)党章是党的根本制度

党章是政党章程的简称。它是一个政党内部的最高行为规范和政党自身建设的基本依据，是一个政党党内政治生活和党内关系的基本准则，也是一个政党政治态度和组织形态的集中反映。

1.党章的地位和作用

习近平总书记指出：“党章是党的总章程，集中体现了党的性质和宗旨、党的理论和路线方针政策、党的重要主张，规定了党的重要制度和体制机制，是全党必须共同遵守的根本行为规范。”因此，党章是一种“行为规范”，是党的根本的行为规范，这是理解和把握党章地位和作用的逻辑起点。既然是一种行为规范，因此党章建设属于党的制度建设的范畴，它是党的根本的制度和总规矩。强调党章建设的重要性，实质上就是强调党内要按“法”治、按制度、按规矩办事的重要性，强调党的建设也要有“法”、有制度、有规矩。为此，经典作家从“党的法律”的视角诠释党章有过许多思想观点：如马克思将党的章程称为党的“最高法典”；恩格斯也将党的章程称为党的“共同法律”，指出党章是“一个有生命力的党所借以进行活动的法权基础”；列宁曾使用过“党章法”的概念，指出无产阶级政党的党章是“党组织的形式和规范的总的决议”，是“一致通过的组织规则”。党章不仅是党内“共同法律”，而且还是党内根本大法，这种根本

性的地位主要体现在以下三个方面：一是从党章规范和调整的内容上看，党章规定的是党内生活中最重要最根本的问题，是党的整体意志的集中体现，是统一全党思想和行动最有力的武器；二是从党章的效力上看，党章在党内具有最高权威性，是党内的“母法”，党内其他法规是党内“子法”，党章不仅是制定其他党内法规制度的依据和基础，也是党内共同遵守的普遍行为规范；三是从制定和修改的程序上看，党章的制定、修改、解释乃至停止生效，全部权力属于党的全国代表大会。

与党章的根本大法的地位相适应，党章在党内生活中起着重要而特殊的作用，党章的作用主要体现在以下三个方面：一是调整党内关系。正确处理好党内关系，是保证党的统一和团结的重要条件。党章通过规定党的各级组织职责、党员的权利与义务，来实现调整党内关系的功能，使党的各级组织、各个部门各司其职、互相配合，保证党内的正常秩序。二是指导党的工作。党的工作一刻也少不了法规作为依据。党的工作也要有章可循、有法可依，否则就可能导致无效率、低效率甚至混乱。在所有的党内法规中，党章又是特别重要的。有了完善的党章，才有可能形成与之配套的具体党内法规，党的各项工作才能得以正常开展。三是严格党的纪律。党章是权责分明、赏罚严格的规范性文件。每个党组织和每个党员，在决定自己行动时，都要根据党章权衡自己的行动是符合党章还是违反党章，将会带来什么样的后果，包括受到何种处罚等等。历史经验证明，有了一部好的党章，并能得以正确施行，对严格党的纪律有着极为重要的意义。

2.十八大党章的内容和创新

十八大党章分“总纲”和“条文”两人部分：“总纲”规定了党的性质、指导思想、奋斗目标、党在国家社会生活中的地位和作用以及党在社会主义初级阶段的纲领、路线、方针和政策，着重回答了“建设一个怎样的党”这一重大问题。“条文”共十一章五十三条，详细规定了党员的条件、党的组织制度，党的中央组织、地方组织、基层组织的职责，党的干部、党的纪律、党的纪律检查机关以及党组、党团关系、党徽党旗等内容，着重回答了“怎么来建设这个党”的问题。党章作为一个政党政治态度和组织形态的集中反映，其灵魂和基本精神是不变的，在保持党章总体稳定的基础上，其具体内容又总是在不断完善和创新，因为党和国家事业的实践总是在不断发展，党的思想理论总是随之不断创新，党的自身建设新经验总是在不断积累，因此，党章的内容总是要与时俱进的。十八大党章在保持总体稳定的基础上，对“总纲”和“条文”都做了适当修改，其中重点对“总纲”作了修改。正如习近平总书记所指出的：“在 90 多年的奋斗历程中，我们党总是认真总结革命建设改革的成功经验，及时把党的实践创新、理论创新、制度创新的重要成果体现到党章中，从而使党章在推进党的事业、加强党的建设中发挥了重要指导作用。”纵观党的建设的实践，在党的代表大会中制定和修改党章不仅成为党的自身建设一个惯例，也是党章建设的一个规律。

习近平总书记指出：“党章对党的性质、宗旨、指导思想、奋斗纲领和重大方针政策作出了明确规定，对党员权利和义务作出了明确规定，对党的制度和各级党组织的行为规范作出了明确规定，对党的各级领导干部的基本条件作出了明确规定，对党的纪律作出了明确规定。对这些重要内容，全党同志都要全面了解和掌握。”习近平总书记提出的这五个“明确规定”，既是党章的基本精神和主要内容，也是我们学习和领会党章内容的努力方向：第一个“明确规定”，要求我们要认真学习把握党章“总纲”的本质和内涵，领会和把握党的性质、宗旨、指导思想、奋斗纲领和重大方针政策；第二个“明确规定”，要求我们要认真学习领会党章第一章关于党员的基本条件和标准，明确并自觉遵守和履行好党员的八项义务和八项权力；第三个“明确规定”，要求我们要认真学习把握党章第二章到第五章关于党的制度及各级党组织的行为规范的要求；第四个“明确规定”，要求我们要认真学习把握党章第六章关于党的干部的要求，切实把握党的各级领导干部必须具备的六项基本条件；第五个“明确规定”，要求我们要认真学习把握党章第七章关于党的纪律的要求，自觉接受党的纪律的约束。上述五个“明确规定”，也是我们查找党内“四风”问题的主要“镜子”和“尺子”。当前学习领会十八大新党章，在围绕习近平总书记提出的五个“明确规定”的基础上，还要着力领会和把握十八大党章修改和完善的新内容，准确把握新党章在内容上所体现出的既一脉相承又与时俱进的理论品质。这些修改的内容主要体现在以下几个方面：

一是把科学发展观写入党的指导思想。把科学发展观同马克思列宁主义、毛泽东思想、邓小平理论、“三个代表”重要思想一道，确立为我们党的行动指南，并充实了党的十六大以来党的理论创新特别是科学发展观的定位的内容，明确了科学发展观的历史地位。这是十八大党章修改的最大亮点和最突出的历史贡献，体现了党的指导思想的与时俱进，有利于把科学发展观贯彻到我国现代化建设全过程、体现到党的建设各方面。

二是增写了确立中国特色社会主义制度的内容。在强调改革开放以来我们取得一切成绩和进步的根本原因中，增写了确立中国特色社会主义制度的内容，反映了我们党对中国特色社会主义建设规律的认识是一个不断深化的过程。将中国特色社会主义道路、理论体系、制度作为一个整体进行完整表述，体现了我们党对中国特色社会主义科学内涵的全面把握，对于全党深化对中国特色社会主义的认识，进一步增强道路自信、理论自信、制度自信，坚定不移推进中国特色社会主义伟大事业，具有十分重要的意义。

三是充实完善中国特色社会主义事业总体布局。把生态文明建设同经济建设、政治建设、文化建设、社会建设一道，纳入中国特色社会主义事业总体布局，使中国特色社会主义事业总体布局更加完善。与此相适应，增写了关于生态文明建设的段落。这对于提高全党对生态文明建设战略地位的认识，大力推进生态文明建设，具有十分重要的意义。在经济建设方面，增写了促进工业化、信息化、城镇化、农业现代化同步发展的内容；在政治建设方面，增写了发展更加广泛、更加充分、更加健全的人民民主，完善中国特色社会主义法律体系的内容；在文化建设方面，增写了建设社会主义文化强国、加强社会主义核心价值体系建设的内容；在社会建设方面，增写了使发展成果更多并且更公平惠及全体人民、加强和创新社会管理的内容，并将以改善民生为重点修改为以保障和改善民生为重点。这些都反映了我们党对社会主义现代化建设的新认识、新成果。

四是充实了改革开放的内容。增写了只有改革开放，才能发展中国、发展社会主义、发展马克思主义的内容，表明了我们党对坚持改革开放重大意义的认识更加充分、更加深刻，有利于全党更加自觉、更加坚定地推进改革开放，以更大的政治勇气和智慧坚定不移地推进改革开放，不断推进我国社会主义制度完善和发展。

五是充实完善了党的建设总体要求的内容。把加强党的纯洁性建设与执政能力建设和先进性建设一道，作为党的建设主线和根本任务；强调整体推进党的思想建设、组织建设、作风建设、反腐倡廉建设、制度建设，确立五位一体党的建设新布局；强调全面提高党的建设科学化水平，升华了我们党对马克思主义执政党建设规律的认识，表明了我们党将更加自觉地推动党的自身建设向科学化迈进；增写了建设学习型、服务型、创新型的马克思主义执政党的内容，充分反映了中国共产党一贯重视学习、善于学习的优良传统，服务人民、造福人民的政治责任，与时俱进、改革创新的政治品质。

六是充实了党员、党的基层组织、党的干部的行为规范。增写了积极创先争优的内容，指出了这是增强党组织和党员队伍的凝聚力、战斗力的客观需要和现实要求；强调选拔干部坚持德才兼备、以德为先，坚持五湖四海、任人唯贤，表明了我们党在干部选拔任用方面的远见卓识和宽广胸怀；强调党重视监督干部特别是主要领导干部，充分表明了我们党从严治党、建设坚强有力的马克思主义执政党的坚定信念和决心。

3.党章是党的制度建设的总章程

实现制度治腐，把权力装进制度的笼子里，首先必须建立健全制度，实现有“法”可依。以党章为根本的党内法规制度体系是一个由党的根本制度、基本制度和具体制度组成的有机体系，同时也是一个包括制度、体制、规则、机制等在内的一个有机整体。党章是党的制度建设的“总纲”和统领，实现依“章”治党是实现依法执政的核心和关键，也是实现依法治国的前提和保障。

一是党章指明了党的制度建设的指导思想和基本要求。党章“总纲”明确规定：中国共产党以马克思列宁主义、毛泽东思想、邓小平理论、“三个代表”重要思想和科学发展观作为自己的行动指南。在此基础上，提出党的建设必须坚决实现以下四项基本要求：坚持党的基本路线；坚持解放思想，实事求是，与时俱进，求真务实；坚持全心全意为人民服务；坚持民主集中制原则。在这四项基本要求中，既是直接针对党的制度建设提出的，如坚持民主集中制，同时也体现了在党的制度建设中坚持党的基本路线，坚持解放思想、实事求是、与时俱进、求真务实和坚持全心全意为人民服务的基本精神，因为我们党进行制度建设的目的就在于此，原则也在于此，离开了这些要求，党的制度建设就会失去灵魂和依托。

二是党章明确了党的制度建设的核心内容及具体要求。党章作为党的总章程，不仅指明了党的制度建设的指导思想和要求，还明确和规范了党的制度建设的基本框架、原则和内容。党章规定了民主集中制这一党内核心制度。《中共中央关于加强和改进新形势下党的建设若干重大问题的决定》明确把“建立健全以党章为根本、以民主集中制为核心的制度体系，推进党的建设科学化、制度化、规范化”作为我们党在长期执政实践中加强自身建设的一条基本经验。党章明确规定，党是根据自己的纲领和章程，按照民主集中制组织起来的统一整体；明确规定了党的民主集中制的六条基本原则；明确规定了党内领导、决策及民主政治生活的一系列制度和原则，对民主集中制这一核心制度进一步具体化。比如，党章规定：“党的各级代表大会的代表和委员会的产生，要体现选举人的意志。选举采用无记名投票的方式。”“党组织讨论决定问题，必须执行少数服从多数的原则。决定重要问题，要进行表决。对于少数人的不同意见，应当认真考虑。如对重要问题发生争论，双方人数接近，除了在紧急情况下必须按多数意见执行外，也可将争论情况向上级组织报告，请求裁决。”“党的各级领导机关，对同下级组织有关的重要问题做出决定时，在通常情况下，要征求下级组织的意见。要保证下级组织能够正常行使他们的职权。凡属应由下级组织处理问题，如无特殊情况，上级领导机关不要干预。”

三是党章明确了党的纪律尤其是政治纪律的要求。党员义务第四条明确“自觉遵守党的纪律”的要求，第六条预备党员入党誓词有“严守党的纪律”的内容，并设第七章“党的纪律”专章强调这一问题；党的干部的基本条件明确要“讲政治”、“有强烈的政治责任感”、“有全局观念”、“坚决执行党的基本路线和各项方针、政策”等政治纪律的要求。对于适用党纪的原则，党章指出：“党组织对违犯党的纪律的党员，应当本着惩前毖后、治病救人的精神，按照错误性质和情节轻重，给以批评教育直至纪律处分。”党章亦规定了党的纪律处分的五种形式：警告、严重警告、撤销党内职务、留党察看、开除党籍。同时对适用党纪处分的程序、适用党纪处分中的申诉程序也做出了规定。党章对党纪的原则规定同《中国共产党纪律处分条例》的具体规定构成了一个完整的党纪体系。

四是党章明确了党的组织体制的基本构成。党的组织体制是党的制度建设的重要组成部分，虽然党的组织体制在民主革命时期和社会主义建设时期有很大的不同，但是，党章规定一直是各时期进行组织体制设置的根本依据。党章设立专门章节明确了党的各种组织的组成、职责、权限等内容。比如，在“党的中央组织”一章中提出，党的全国代表大会是党内最高权力机关。在全国代表大会闭会期间，中央委员会执行全国代表大会的决议，领导党的全部工作，对外代表中国共产党。中央政治局和它的常务委员会在中央委员会全体会议闭会期间，行使中央委员会的职权。中央书记处是中央政治局和它的常务委员会的办事机构。在“党的纪律检查机关”一章中，明确规定：“党的中央纪律检查委员会在党的中央委员会领导下进行工作。党的地方各级纪律检查委员会和基层纪律检查委员会在同级党的委员会和上级纪律检查委员会双重领导下进行工作。”规定党的各级纪律检查委员会的主要任务是：维护党的章程和其他党内法规，检查党的路线、方针、政策和决议的执行情况，协助党的委员会加强党风建设和组织协调反腐败工作。在“党组”一章中，明确提出：“在中央和地方国家机关、人民团体、经济组织、文化组织和其他非党组织的领导机关中，可以成立党组。党组发挥领导核心作用。党组的任务，主要是负责贯彻执行党的路线、方针、政策；讨论和决定本单位的重大问题；做好干部管理工作；团结非党干部和群众，完成党和国家交给的任务；指导机关和直属单位党组织的工作。”由此建立起一个由党的中央组织、地方组织、基层组织以及党的派出机构构成的一个完整的组织体系，这一体系通过党章确认，既统一规范了党组织设置，同时又对党的各级组织机构建设具有指导作用。

五是党章明确了党内生活的一系列程序。党章在重视前述实体性规定的同时，还有诸多程序性规定。如对发展党员程序进行了严格规定：要求发展党员，必须经过党的支部，坚持个别吸收的原则。具体规定：“申请入党的人，要填写入党志愿书，要有两名正式党员做介绍人，要经过支部大会通过和上级党组织批准，并且经过预备期的考察，才能成为正式党员。介绍人要认真了解申请人的思想、品质、经历和工作表现，向他解释党的纲领和党的章程，说明党员的条件、义务和权利，并向党组织作出负责的报告。党的支部委员会对申请入党的人，要注意征求党内外有关群众的意见，进行严格的审查，认为合格后再提交支部大会讨论。上级党组织在批准申请人入党以前，要派人同他谈话，作进一步的了解,并帮助他提高对党的认识。在特殊情况下,党的中央和省、自治区、直辖市委员会可以直接接收党员。”对于党员处理程序,党章也做了具体规定:“党组织对党员做出处分决定,应当实事求是地查清事实。处分决定所依据的事实材料和处分决定必须同本人见面,听取本人说明情况和申辩。如果本人对处分决定不服,可以提出申诉,有关党组织必须负责处理或者迅速转递,不得扣压,对于确属坚持错误意见和无理要求的人,要给以批评教育。”此外还有对党内选举程序、党组织议事程序的具体规定等。

六是党章明确了党的制度建设创新发展的方向。它集中体现在对党的领导的阐述之中,因为党的领导是一个随着形势任务的不断变化而不断创新改进的复杂过程,与之相应的制度建设也必须与时俱进,否则就难以保证和实现党的正确领导。因此,党章“总纲”规定:“党的领导主要是政治、思想和组织的领导。党要适应改革开放和社会主义现代化建设的要求,坚持科学执政、民主执政、依法执政,加强和改善党的领导。”明确了党的领导的范围,确立了党的三大执政方式,把“依法执政”载入党章,为制度建党指明了基本方向。党章强调和重申了“党必须在宪法和法律的范围内活动”这一基本原则,强调“必须保证国家的立法、司法、行政机关,经济、文化组织和人民团体积极主动地、独立负责地、协调一致地工作”,为实现依法治国和依法执政提供了党内根本大法的保障。党章还指出,“党必须适应形势的发展和情况的变化,完善领导体制,改进领导方式,增强执政能力。”这些内容和要求,为加强党的建设尤其是党的制度创新指明了方向,体现了党章应有的原则性和前瞻性,是加强党的制度建设的基本指针。

(二)廉政准则是规范党员领导干部廉洁从政的基础性党内法规

廉政准则共3章18条,包括总则和正文。这些内容概括起来体现三大特点:一是继承与创新相结合。既保留了廉政准则(试行)原有的仍然适用的规定,又根据新的形势和任务,整合和吸收了中央对党员领导干部廉洁从政提出的新要求,总结和提炼了实践中创造的一些好经验好做法,并注意与其他党内法规的有机联系和衔接,体现了反腐倡廉制度创新的成果。二是治标与治本相结合。在对新形势下党员领导干部廉洁从政提出明确的规范性要求的同时,按照建立健全惩治和预防腐败体系的要求，着眼于从源头上预防和治理党员领导干部廉洁从政方面存在的突出问题，在加强教育、健全制度、强化监督、深化改革、严肃纪律等方面提出了一系列政策措施，体现了治标和治本、惩治和预防、自律和他律的有机统一。三是原则性与可操作性相结合。总则部分对党员领导干部坚定理想信念、坚守根本宗旨、发挥表率作用、遵守党纪国法、正确行使权力、保持优良作风等方面提出了原则性的要求；在正文章节中对党员领导干部的从政行为提出了一系列禁止性要求，第一章——廉洁从政行为规范，是准则的核心部分，共 8 个方面、52 个“不准”；第二章——实施与监督，对准则的贯彻实施工作提出了相关要求，具有很强的可操作性；第三章——附则，说明了准则的适用范围、解释机构和生效时间，有利于增强廉政准则的执行力和有效性。其中对党员领导干部廉洁从政行为做出了以下具体规定：

1.禁止利用职权和职务上的影响谋取不正当利益

我们党除了工人阶级和最广大人民的利益，没有自己的特殊利益。无论职务级别高低，党员领导干部手中的权力都是人民赋予的，只能用来为民谋利，绝不能用来谋取个人私利。廉政准则明确规定，不准有下列行为：一是索取、接受或者以借为名占用管理和服务对象以及其他与行使职权有关系的单位或者个人的财物；二是接受可能影响公正执行公务的礼品、宴请以及旅游、健身、娱乐等活动安排；三是在公务活动中接受礼金和各种有价证券、支付凭证；四是以交易、委托理财等形式谋取不正当利益；五是利用知悉或者掌握的内幕信息谋取利益；六是违反规定多占住房，或者违反规定买卖经济适用房、廉租住房等保障性住房。

2.禁止私自从事营利性活动

党员领导干部作为国家公职人员，掌握着一定的公权力，如果利用公权力的影响私自从事营利性活动，就容易混淆公权与私权的界限，甚至导致以权谋私、与民争利，从而严重损害党和政府的形象与公信力。为此，廉政准则明确规定不准有下列行为：一是以个人名义或者借他人名义经商、办企业；二是违反规定拥有非上市公司（企业）的股份或者证券；三是违反规定买卖股票或者进行其他证券投资；四是个人在国（境）外注册公司或者投资入股；五是违反规定在经济实体、社会团体等单位中兼职或者兼职取酬，以及从事有偿中介活动；六是离职或者退休后三年内，接受原任职务管辖的地区和业务范围内的民营企业、外商投资企业和中介机构的聘任，或者个人从事与原任职务管辖业务相关的营利性活动。

3.禁止违反公共财物管理和使用的规定，假公济私、化公为私

公共财物的管理和使用应当严格依照法定的标准，个人消费与公务消费要严格区分，杜绝化公为私。廉政准则明确规定，不准有下列行为：一是用公款报销或者支付应由个人负担的费用；二是违反规定借用公款、公物或者将公款、公物借给他人；三是私存私放公款；四是用公款旅游或者变相用公款旅游；五是用公款参与高消费娱乐、健身活动和获取各种形式的俱乐部会员资格；六是违反规定用公款购买商业保险，缴纳住房公积金，滥发津贴、补贴、奖金等；七是非法占有公共财物，或者以象征性地支付钱款等方式非法占有公共财物；八是挪用或者拆借社会保障基金、住房公积金等公共资金或者其他财政资金。

4.禁止违反规定选拔任用干部

为政之道，要在得人。以选拔任用干部为主要内容的我国干部人事制度改革在取得明显成效的同时，也不同程度地存在选人用人方面的不正之风，群众反映强烈。为此，廉政准则明确规定，不准有下列行为：一是采取不正当手段为本人或者他人谋取职位；二是不按照规定程序推荐、考察、酝酿、讨论决定任免干部；三是私自泄露民主推荐、民主测评、考察、酝酿、讨论决定干部等有关情况；四是在干部考察工作中隐瞒或者歪曲事实真相；五是在民主推荐、民主测评、组织考察和选举中搞拉票等非组织活动；六是利用职务便利私自干预下级或者原任职地区、单位干部选拔任用工作；七是在工作调动、机构变动时，突击提拔、调整干部；八是在干部选拔任用工作中封官许愿，任人唯亲，营私舞弊。

5.禁止利用职权和职务上的影响为亲属及身边工作人员谋取利益

党员领导干部不仅要独善其身，更要管好自己的亲属和身边的工作人员，否则会给社会上一些别有用心的人拉拢腐蚀自己提供可乘之机，最终害了自己、亲人和朋友，现实教训十分深刻。廉政准则明确规定，不准有下列行为：一是要求或者指使提拔配偶、子女及其配偶、其他亲属以及身边工作人员；二是用公款支付配偶、子女及其配偶以及其他亲属学习、培训、旅游等费用，为配偶、子女及其配偶以及其他亲属出国(境)定居、留学、探亲等向个人或者机构索取资助；三是妨碍涉及配偶、子女及其配偶、其他亲属以及身边工作人员案件的调查处理；四是利用职务之便，为他人谋取利益，其父母、配偶、子女及其配偶以及其他特定关系人收受对方财物；五是默许、纵容、授意配偶、子女及其配偶、其他亲属以及身边工作人员以本人名义谋取私利；六是为配偶、子女及其配偶以及其他亲属经商、办企业提供便利条件，或者党员领导干部之间利用职权相互为对方配偶、子女及其配偶以及其他亲属经商、办企业提供便利条件；七是允许、纵容配偶、子女及其配偶，在本人管辖的地区和业务范围内个人从事可能与公共利益发生冲突的经商、办企业、社会中介服务等活动，在本人管辖的地区和业务范围内的外商独资企业或者中外合资企业担任由外方委派、聘任的高级职务；八是允许、纵容配偶、子女及其配偶在异地工商注册登记后，到本人管辖的地区和业务范围内从事可能与公共利益发生冲突的经商、办企业活动。

6.禁止讲排场、比阔气、挥霍公款、铺张浪费

勤俭节约是中华民族的传统美德。随着经济不断发展和生活条件的改善，一些地方领导干部的奢靡之风愈演愈烈，造成十分恶劣的影响。廉政准则明确规定，不准有下列行为：一是在公务活动中提供或者接受超过规定标准的接待，或者超过规定标准报销招待费、差旅费等相关费用；二是违反规定决定或者批准兴建、装修办公楼、培训中心等楼堂馆所，超标准配备、使用办公用房和办公用品；三是擅自用公款包租、占用客房供个人使用；四是违反规定配备、购买、更换、装饰或者使用小汽车；五是违反规定决定或者批准用公款或者通过摊派方式举办各类庆典活动。

7.禁止违反规定干预和插手市场经济活动，谋取私利

市场经济是法治经济、信用经济，党员领导干部违反规定干预和插手市场经济活动，不仅扰乱市场经济秩序，破坏公平竞争规则，而且滋生出大量腐败现象，教训非常深刻。廉政准则明确规定，不准有下列行为：一是干预和插手建设工程项目承发包、土地使用权出让、政府采购、房地产开发与经营、矿产资源开发利用、中介机构服务等市场经济活动；二是干预和插手国有企业重组改制、兼并、破产、产权交易、清产核资、资产评估、资产转让、重大项目投资以及其他重大经营活动等事项；三是干预和插手批办各类行政许可和资金借贷等事项；四是干预和插手经济纠纷；五是干预和插手农村集体资金、资产和资源的使用、分配、承包、租赁等事项。

8.禁止脱离实际，弄虚作假，损害群众利益和党群干群关系

密切联系群众，从群众中来，到群众中去，是我党一贯的工作作风和工作方法。脱离群众的危险是最大的危险。为此，廉政准则明确规定，不准有下列行为：一是搞劳民伤财的“形象工程”和沽名钓誉的“政绩工程”；二是虚报工作业绩；三是大办婚丧喜庆事宜，造成不良影响或者借机敛财；四是在社会保障、政策扶持、救灾救济款物分配等事项中优亲厚友、显失公平；五是以不正当手段获取荣誉、职称、学历学位等利益；六是从事有悖社会公德、职业道德、家庭美德的活动。

三、领导干部要以党章和廉政准则为镜促廉洁

没有规矩，不成方圆。共产党员特别是党员领导干部要紧密结合党的群众路线教育实践活动的要求，自觉学习党章、遵守党章、贯彻党章、维护党章，自觉学习、遵守廉政准则，自觉以党章和廉政准则为镜子，加强党性修养，增强党的意识、宗旨意识、执政意识、大局意识、责任意识，做到一身正气、一尘不染，干干净净做事、清清白白做人，永葆共产党人清正廉洁的政治本色。

（一）坚定理想信念是领导干部廉洁从政的精神支柱

党章第34条关于党的各级领导干部必须具备的基本条件的第二条明确规定党的各级领导干部必须“具有共产主义远大理想和中国特色社会主义坚定信念”的基本要求，廉政准则在“总则”中也指出“党员领导干部必须具有共产主义远大理想和中国特色社会主义坚定信念，践行社会主义核心价值体系”。理想信念是一个人精神世界的轴心和支柱，是人们世界观人生观在奋斗目标上的反映，是工作、学习、生活的精神动力。对于一个领导干部来说，理想信念是对事业执着、奋斗进取的精神支柱，正确的理想信念可以引导和激励人们自强不息、奋发进取，可以使人养成浩然正气，抵制各种腐朽落后思想的入侵，走正确的人生道路。“柱弱而屋坏，辅弱而国倾。”现实生活中，一些党员干部出现形式主义、官僚主义、享乐主义和奢靡之风问题，从根本上说就是理想信念的淡

漠与动摇。在十八届中央政治局第一次集体学习时，习近平总书记就明确指出：“理想信念就是共产党人精神上的‘钙’，没有理想信念，理想信念不坚定，精神上就会‘缺钙’，就会得‘软骨病’”。并在全国宣传思想工作会议上再次作此强调，进一步指出没有理想信念的后果“就可能导致政治上变质、经济上贪婪、道德上堕落、生活上腐化”。领导干部如果丧失共产主义理想信念，就会思想上缺位空虚，行动上迷失方向。领导干部只有坚定共产主义理想信念，才能走出“不敬苍天敬鬼神”的误区，才能在大是大非面前旗帜鲜明，在各种诱惑面前立场坚定，在关键时刻靠得住、信得过、放得心，才能在解决“四风”问题上以身作则、率先垂范，才能真正与群众拉近距离、增进感情，把群众利益放在权力行使的最高位置，心中有信仰，有权就会更谨慎。否则，人生观价值观出现偏差，看到社会上的一些“灯红酒绿”、权钱色交易现象，心里就会失去平衡，进而道德乃至法律底线突破。现实中，几乎所有因腐败被判刑的领导干部在忏悔书中，都把自己走上犯罪道路归咎于思想堕落、信仰缺失。如河北省国税局原局长李真 32 岁就走上了正厅级领导岗位，这颗政坛璀璨的新星依仗其特殊的背景和权势，大肆索贿、受贿，最终走上了不归路，根本原因就在于长期忽视世界观人生观的改造，动摇了共产主义理想信念。理想信念是具体的、实在的，既体现在理论上的清醒，又体现在政治上的坚定，更体现在行动上的自觉。领导干部只有把坚定不移走中国特色社会主义道路、不断提高人民物质文化生活水平作为自己的抱负和人生理想，才能理性地对待金钱利益和生活享受，远离腐败堕落生活的诱惑，守得住清贫、耐得住寂寞，才能常思贪欲之害，不为人情所扰、物欲所动。

作为党员领导干部，应当时刻保持清醒的头脑，牢固树立正确的世界观、人生观、价值观。世界观决定着人的信仰、思想和行为，在很大程度上也决定着人改造客观世界的效果。理想、信念、信仰是居于支配地位的核心价值观念，是一个人世界观、人生观、价值观的集中体现。伏尔泰说过：“伟大的事业需要始终不渝的精神。”毛泽东同志指出“人是要有一点精神的”，并教导我们要做“一个高尚的人，一个有道德的人，一个脱离了低级趣味的人，一个有益于人民的人”。讲党性、重品行、做表率，常修为政之德、常思贪欲之害、常怀律己之心，指的正是这种精神。不同的世界观、人生观、价值观，决定着对人的本质的不同认识。为什么绝大多数党员干部能够兢兢业业，经受住各种考验和诱惑，而极少数的某些人却成了利己主义、拜金主义、享乐主义的俘虏，不信马列信鬼神？根本上就在于世界观、人生观、价值观不同。由此可见，党员领导干部要在自己的一生中永远燃起共产主义理想信念之火，践行全心全意为人民服务的宗旨，首先必须解决好世界观、人生观、价值观这个深层次的问题，这是真正的立身之本。我国历史上大禹治水“三过家门而不入”、范仲淹挥写“先天下之忧而忧，后天下之乐而乐”、文天祥高吟“人生自古谁无死，留取丹心照汗青”、顾炎武崇尚“国家兴亡，匹夫有责”等佳话已经证明，坚定的理想信念和为国为民的强烈责任意识既是领导干部廉洁从政的精神支柱，也是治疗“四风”顽症的一剂良药。

（二）发扬优良作风是领导干部廉洁从政的内在动力

党章“总纲”指出：“我们党的最大政治优势是密切联系群众，党执政后的最大危险是脱离群众。党风问题、党同人民群众联系问题是关系党生死存亡的问题。”党的作风是一个政党的性质、宗旨、纲领、路线的重要体现，是一个政党创造力、战斗力和凝聚力的重要内容，也是广大群众评判一个政党的重要依据。领导干部是党和国家的骨干力量，是广大人民群众的带头人，他们的一举一动直接对党风政风起着示范和引导作用。党员干部的作风是一种无声的巨大力量，直接关系到党的形象和人心向背，也关系到社会风气的好坏。孟子说：“不仁者在高位，是播其恶于众也。”管子说：“授有德则国安，授无德则国乱。”

这些都说明了“无品”、“无德”的官员给国家和社会带来祸害。因此，在任何时候，中国共产党的领导干部都要牢记全心全意为人民服务的宗旨，贯彻为民务实清廉的优良作风，做到“权为民所用，情为民所系，利为民所谋”。就党员领导干部个人而言，作风既是一个人在社会中的表现，也是其品行的反映，更是人们评判的标准。焦裕禄、孔繁森等领导干部就是以其优良的品行受到人民的爱戴，反之，一些作风不正的党员干部则被人们唾弃。

1.要养成良好的学风与思想作风

要解决干部作风问题，根本在于加强干部的党性修养，党性纯洁则作风端正，党性不纯则作风不正。党性修养是领导干部在党的科学理论指导下自我教育、自我约束、自我监督、自我完善的能动过程。其中关键环节是加强学习，通过学习不断提升自我认识能力，强化自身修养。一些走上违法犯罪深渊的领导干部，往往就是从放松学习开始的：由于放松理论学习，忽视党性锻炼和世界观改造，加之受到社会上一些消极落后思想的影响，当日益膨胀的官欲一旦得不到满足，仕途一旦出现挫折，便丧失了当年的朝气和锐气，失去了领导干部应有的理想信念和道德操守，意志消沉、观念蜕变，对社会消极落后的社会意识的抵御能力逐步减弱，最后走上了违法犯罪的道路。

2.要养成良好的工作作风和领导作风

作风是党的生命。中央政治局做出改进工作作风、密切联系群众的“八项规定”，充分体现了党中央带头改进作风的坚定决心和从严治党的要求。苏联后期，党内官僚主义、特权腐败之风盛行，形成官僚阶层在工作和生活各个方面几乎无所不包的特权，以至于绝大多数苏联人民并不认为苏共是他们利益的代表，最终失去人民群众的信任与支持，曾经盛极一时的强大国家陷入土崩瓦解、万劫不复的境地，其中教训非常深刻。为民务实清廉既是这次党的群众路线教育活动的主题，也是当今党员领导干部工作作风和领导作风的核心内容。“为民”，要求我们在工作中坚持群众路线这一根本工作路线，一切为了群众、一切依靠群众，从群众中来到群众中去。它要求我们在一切工作中，必须相信群众，依靠群众并组织群众用自己的力量去解决自己的问题。尤其要坚持深入基层、深入群众，深入调查研究，倾听群众心声，切实解决群众的实际困难和问题。“务实”，要求我们在工作中坚持求真务实的原则，依据“解放思想、实事求是、与时俱进、求真务实”的思想路线，切实做到理论和实践、知和行的有机统一。从实际出发，形成扎实的工作作风，增强工作责任感，克服浮躁情绪，用心想事、用心谋事、用心干事，坚持重实际、鼓实劲、求实效，不图虚名，不务虚功，扎扎实实地把党和国家的各项决策和工作落到实处。“清廉”，要求我们在工作中坚持严于律己，廉洁奉公，模范遵守党纪国法，坚持高尚的精神追求，永葆共产党人清正廉洁的政治本色和浩然正气，切实做到拒腐蚀、永不沾。

3.要养成良好的生活作风

生活方式是一个人思想觉悟、道德水准、性格品质的综合反映。从历史和现实看，许多党员干部最后堕落为腐败分子，往往是从吃喝玩乐这些看似生活小事开始蜕变，一步步陷入违法乱纪的泥坑。不仅贻害了党的事业，也葬送了干部自身的前程。一个优秀的党员领导干部必须具有健康的心态和高尚的人格。一是要注意自身生活的健康，在实际生活中量力而行，勤俭持家，吃住行乐合理、科学安排。二是要注意在人际交往中讲原则、讲正气、讲人格，营造一个积极向上、健康快乐的“生活圈”、“交际圈”，讲操守、重品行，追求积极向上的生活情趣、高尚的精神品质。

（三）培养法治思维是领导干部廉洁从政的前提条件

党员义务第四条有“模范遵守国家的法律法规”的要求，廉政准则也进一步强调党员领导干部“必须模范遵守党纪国法”。由于长期受封建专制主义思想的影响，在社会管理中以各式封建家长制为典型的人治作风还不同程度地存在，一些党员领导干部的行政思维和行政方式解决问题的能力很强，但缺乏应有的法治意识与法治能力，甚至出现“以权压法”、“以言代法”等极端现象。行政思维和行政方式虽然高效快捷、雷厉风行，但其弊端显而易见，在改革发展问题上容易注重短期和眼前，缺乏长期性，搞劳民伤财的“形象工程”和沽名钓誉的“政绩工程”。为追逐政绩，急功近利；在化解矛盾维护稳定方面，容易注重个案解决而忽视普遍正义。崇尚“摆平就是水平”、“搞定就是稳定”，进一步蓄积甚至激化了矛盾。党的十八大以来，明确“法治是治国理政的基本方式”，“法治”的理念反复被重申，成为新一届中央领导集体治国理政最为醒目的标志之一。十八大强调提高领导干部的法治思维和法治方式，就是要以此取代过去的领导思维、管理思维和行政思维。这是领导干部廉洁从政的基本前提。

1.培育法治理念

法治思维和法治方式是建立在法治理念的基础之上，一个不具备法治理念的领导干部在处理相关事项或问题时就不可能形成法治思维，更不可能自觉运用法治方式。从查处的腐败分子来看，法治意识淡薄、把权力凌驾于党纪国法之上成为他们的共性。中组部干部监督局曾在一篇分析领导干部违法犯罪反省材料的报告中指出，81.4%的贪官认为自己犯罪与“不懂法”有关，实质上，不懂法只是一个障眼法，内心里则是不畏法。他们视党纪国法为儿戏，直至“手铐戴着，监狱蹲着，苦水咽着，悔泪流着”，才追悔莫及。在经济活动和社会管理过程中，领导干部时常面临情与法、利与法、权与法的冲突，如果没有法律至上的理念，就很可能会沦为人情、利益与权力的奴隶，甚至变为阶下囚。卢梭说过:“法律既不是铭刻在大理石上，也不是铭刻在铜表上，而是铭刻在公民们的内心里。”领导干部应当带头改变旧观念，培养法治理念，冲破传统“亲情网”、“关系网”、“权力网”的束缚，在思想意识领域进行一次深刻的“法治启蒙运动”。

2.养成法治思维

领导干部要运用法治理念理解相应法律规范和法律原则，决定是否应将其作为分析和解决相应问题的依据(包括法律规范、原则、精神)，再运用法治思维进行判断、推理，形成认识和解决相应问题的结论和方案。这就是法治思维的内在逻辑过程。“四风”的表现形式各异，但其共同点就是脱离群众，把个人利益放在高于一切的位置。这种领导干部想问题、办事情必然偏离法治思维，损害人民利益，破坏社会公平正义。在强调坚持和推进中国特色社会主义的今天，法治思维应当成为领导干部的能力要求之一。具体而言，领导干部想问题、办事情、做决策，都要按照法治思维的逻辑要求，解决好是否具有法律依据、是否符合法定程序、是否体现公平正义等问题。坚持做到无论何人、何时、何地、何事，都不因位高权重而漠视法律，也不因人情关系而践踏法律，确保一切行为都符合法律的精神、原则和规定。

3.运用法治方式

法治思维支配并决定法治方式。领导干部只有具备法治思维，才能主动、自觉运用法治方式做出决策、处理问题。否则，通常会首先想到人治方式，甚至在只能运用法治方式时，也可能把法治方式用偏、用歪。法治思维需要通过法治方式体现。法治思维只是一种思想认识活动和过程，它必然要外化为法治行为，即通过法治方式进行社会管理和处理事务。如果一个领导干部只会用法律规范、原则、精神分析和思考问题，而不会运用法治方式解决实际问题，也不能认为其真正具备运用法治思维和法治方式的能力。虽然运用法治方式的人不一定具有法治思维(其运用法律手段可能出于无奈或仅以法为手段治民)，而具有法治思维的人必定乐用(不一定善用)法治方式。法治思维和法治方式与国家的法治状况具有互动作用。50年前，浙江枫桥干部群众创造了“依靠群众就地化解矛盾”的“枫桥经验”。在新的历史条件下，坚持把群众路线与法治方式结合起来，运用法治思维和法治方式预防化解社会矛盾，这是“枫桥经验”所蕴含的创新精神和时代要求。领导干部主动、自觉并善于运用法治思维和法治方式做出决策和解决问题，会促进相应国家的法治发展。同样，国家的法治发展也会成为领导干部更主动、自觉运用法治思维和法治方式的推动力。一旦形成这种良性互动，则意味着社会进入了法治的常态。这种状态是领导干部廉洁从政的基本条件。

（四）严守党纪党规是领导干部廉洁从政的根本保证

党的纪律就是党规党法，是党内基本法规，党章第七章专章对“党的纪律”作了明确具体的规定。党员领导干部只有树立正确的纪律观，在各种诱惑面前始终保持清醒的头脑，时刻绷紧纪律这根弦，纪律就会成为一把保护伞，爱护你、关照你、保护你。遵守纪律，廉洁从政，是领导干部必备的思想品德和政治品格。在当前权力监督制约机制尚不健全的情况下，一个领导干部是否会出问题，很大程度上取决于自己是否遵守党规党法。值得警醒的是，有的领导干部不遵守政治纪律，自由主义泛滥，在大是大非面前旗帜不鲜明、立场不坚定；有的搞“上有政策，下有对策”，我行我素，不守规矩；有的公款吃喝玩乐，追求生活刺激；有的以权谋私、权钱交易，顶风违纪，直至走上违法犯罪的道路。像2006年上海社保案主犯祝均一、安徽省原省委副书记王昭耀等腐败案中落马的官员，他们的政治素质和业务水平都很高，但他们缺乏的恰恰是原则和纪律。最近曝出的上海法官集体嫖娼案、山西省人民检察院副检察长接受宴请事件都说明了这一点。“没有规矩，不成方圆。”为此，领导干部必须做到以下几点：

1.树立规则意识

宪法是国之重器，党章是党之明鉴。开展党的群众路线教育实践活动，党章和廉政准则须臾不可缺。具有党内根本大法地位作用的党章和基础性党内法规的廉政准则既是一面镜子，又是一种“钢制度”、“硬约束”，是领导干部廉洁从政的基本规则，也是领导干部从政行为的底线，一些被判刑的领导干部并非不懂党规党法，而是规则意识缺乏，从起初收受几千元到后来几十万元，再到来者不拒、心安理得，最终在犯罪道路上不能自拔，毁掉自己的一生，危害家庭、组织和社会，成为国家和人民的罪人。可见，领导干部从政过程中要党章意识，牢记《党章》和《廉政准则》的规定并加以实践，这不但是保证其廉洁从政的前提，也是自觉遵守规则并指导自己从政行为的基本规范。

2.确立敬畏思想

常言道：越规者，规必惩之；逾矩者，矩必匡之。近年来查处的领导干部违规违纪问题表明，在刚性纪律面前，保持敬畏，不但是党之所望、民之所盼，也是领导干部自我警戒、自我保护的需要。如果无视党纪政纪，放纵自己的欲望，被金钱美色所迷惑，既害了别人，也毁了自己。领导干部应该带头遵守纪律、敬畏纪律，时时处处从党性原则出发，把党规党纪作为悬在头上的“三尺利剑”，天下之事，成于惧而败于忽。政治上清醒，纪律上严明，是对领导干部的基本要求，也是领导干部应有的政治本色。不论职务多高、资格多老，党员干部特别是领导干部都要把党章作为根本遵循，把廉政准则作为基本规范，经常思考入党时为了什么、当干部时干了些什么、身后会留下什么等问题。

3.强化纪律观念

强化纪律观念就是要明确纪律与责任的关系，党规党法规范着每一位领导干部的工作和生活，党规党法的底线不能突破。领导干部应当把《廉政准则》《中国共产党纪律处分条例》看成是“紧箍咒”。领导干部既是党规党法的遵守者，也是维护党规党法的责任人。强化纪律观念，首先要认真学习各项党规党法，做到知纪、懂纪、守纪，真正把纪律观念作为一种思维方式确立起来；另一方面，要把各项纪律渗透于学习、工作、生活的方方面面，严格执行党的各项纪律特别是政治纪律，坚决反对形式主义、官僚主义、享乐主义和奢靡之风，时时处处使自己的思想作风、言行举止与党的性质宗旨相一致，维护纪律的严肃性和权威性。

（五）保持廉洁心理是领导干部廉洁从政的安全防线

党章第34条规定了党的各级领导干部必须具备的基本条件，其中第五条规定党的各级领导干部必须“清正廉洁，勤政为民”。廉政准则要求党的各级领导干部必须“始终保持职务行为的廉洁性”。近年来反腐大案要案充分表明，腐败分子大都存在一种不健康的从政心理，构筑反腐心理防线，是领导干部廉洁从政的重要途径。古希腊哲学家柏拉图曾经比喻，人的欲望犹如烈马，必须由理性的骑手来驾驭。近年来查处的案件表明，绝大多数腐败分子的堕落，都是从心理防线的崩溃开始的。“苦难的童年、奋斗的青年、上升的中年、悲惨的晚年”成为他们的共性。一些领导干部崇尚拜金主义，羡慕有钱人，看到身边一些商人发财了，心理不平衡，在赌徒心理的驱使下，铤而走险，最终引火烧身，自毁前程。可见，健康的心理是领导干部开拓进取、积极向上的重要前提。腐败心理的形成，并非与生俱来，也非完全由客观环境决定，而是内因和外因相结合的结果，外因是条件，内因是基础，外因必须通过内因起作用。要保持健康心理，领导干部必须做到：

1.谨公慎独，守廉耻之节

领导干部单独处理事务、单独与他人接触的机会还是比较多的，八小时之外也基本上由自己安排，领导干部不仅要在公开的场合保持廉洁自律，而且在个人独立工作、无人监督的场所也要能够保持清醒的头脑，做到不越轨、不逾矩。发扬严于律己的精神，自我规范、自我克制。孟子说过：“无羞恶之心，非人也。”古人把“礼”、“义”、“廉”、“耻”视作“国之四维”，尤其强调“廉”、“耻”乃“四维之要”。顾炎武说过：“廉耻，立人之大节；盖不廉则无所不取，不耻则无所不为。”一个人如果缺乏基本的廉耻之心，其个体品质很难沿着正确的方向发展。这就要求领导干部要树立正确的利益观、荣辱观，“君子喻于义，小人喻于利”，要做到“君子爱财，取之有道”。网上有一则消息，某纪委书记在领导干部警示大会上讲了一个故事：一个行贿的房地产商是这样看待干部的，“当我给他们送钱时，他们不受，他们是人我是狗，我求他们办事他们可以不办；当他们收钱时，他们是狗我是人，我要他们办事他们不敢不办”。人狗之别就在一念之间。领导干部只有分清是非荣辱，明辨善恶美丑，严守廉耻之节，才能形成正确的价值判断和行为方向。

2.谨小慎微，养廉洁之风

大量现实的案例表明，不少领导干部在大是大非面前立场坚定，但在一些小事上缺乏原则，甚至失去操守。有的认为吃顿饭、收点礼这点小事不算什么，然而，正是从吃点、收点、拿点、要点开始，思想道德防线一点一点被攻破，贪欲不断滋长，最后堕落成为人民的罪人。领导干部不仅要有崇高的思想境界、宽阔的胸怀，而且在工作和日常生活中不失小节，不以善小而不为，不以恶小而为之，时刻做到防微杜渐，绝不能以“大错不犯小错不断”这剧慢性毒药来残害自己。为此，领导干部要树立正确的群众观、权力观，做到三正：一要“心正”，讲正气、不媚俗，始终把群众利益看得高于一切；二要“立得正”，勤政务，淡泊名利，廉洁清正；三要“行得正”，走正道、做正事，不徇私枉法。

3.谨始慎终，尽廉政之职

领导干部在自己的政治生涯中要做到始终如一，善始善终。不仅在年富力强的时候自爱自重、廉洁自律，为当地经济社会发展做出卓越的贡献，而且要在退休之前注重修养，保住晚节，始终经得起金钱、名利、美色的诱惑。领导干部一定要在其位谋其职，体现在为官一任，造福一方，干出一番事业，真正做到权为民所用、情为民所系、利为民所谋，不能只求做官的好处，不愿承担做官的责任。为政清廉是一种高尚的政治品质和道德境界。“忧劳可以兴国，逸豫可以亡身。”物必自腐而后虫生，私欲是自腐的内因。党员干部必须保持清廉这个党性本色，常养廉洁之气，常怀廉洁之心，常守廉洁之身，正确对待名利得失，始终守得住清贫，耐得住寂寞，经得住诱惑，不为私欲所困，才能真正遏制享乐主义、奢靡之风。

4.谨友慎情，保廉明之身

领导干部要认真对待亲情、友情和人情，严格要求自己身边的人，包括配偶、子女、亲属和身边的工作人员，使他们不得利用自己的名誉和权力的影响从事损害国家和人民利益的行为，及时发现和制止他们的违法行为。广东省中山市原市长李启红股票内幕交易案涉案人数十余人，其中 5 人为李启红家族，包括李启红夫妇、弟弟、弟媳和妹妹。古人云：“近朱者赤，近墨者黑。”领导干部的身份特点和工作性质决定其在社会交往方面应更加谨慎：交友适当，可以相互学习、共同提高。交友不慎，则可能互相利用、互相攻击、尔虞我诈，甚至被拉下水，最终追悔莫及。曾有行贿商人在办案人员面前形容与腐败分子的关系时说：“游鱼贪食，钩者诱之；人皆为鱼，我则钓者。”领导干部一定要净化自己的社交圈、朋友圈和生活圈。善交益友，拒交损友。远离“小圈子”、“小兄弟”，特别是遇到那些绞尽脑汁、不择手段套近乎、拉关系的人，要时刻保持清醒的头脑，不为所动，更不为所用。

(六)自觉接受监督是领导干部廉洁从政的重要途径

十六大党章在“总纲”首次载入“加强对党的领导机关和党员领导干部的监督,不断完善党内监督制度”。在此基础上,十八大新党章进一步增写了要“加强对主要领导干部的监督”的内容。加强对领导干部尤其是主要领导干部的监督,是防止腐化变质的关键。权力具有扩张性,权力行使者总是倾向于把权力运用到极致,直到遇到权力制约的边界,如果缺乏接受监督的意识,就存在走向腐败深渊的危险。安徽省原副省长王怀忠就是拒绝监督而走上不归路的典型代表,他在任阜阳市委书记期间,提拔任用干部上想用谁就用谁,重大项目建设上想上什么就上什么,时常干预行政执法,乃至直接插手微观经济,把各种监督视同无物。

领导干部应该对监督有正确的认识,真正树立自我监督意识,切实把党内监督当作是“政治保健医生”,而不是“不信任”、“找麻烦”,更不能干扰和破坏监督。党章是规范和制约全党行为的总章程,十八大新党章明确规定,要“加强对党的领导机关和党员领导干部特别是主要领导干部的监督”。当前,有的领导干部仍然没有真正树立监督意识,这种心理对领导干部自身的成长有百害而无一利。每个领导干部在决策、执行过程中,无论能力多强、资历多深,也难免失误。接受监督是对领导干部的一种帮助和爱护,也是与党的群众路线教育“照镜子、正衣冠、洗洗澡、治治病”这一总要求相一致的。群众路线教育实践活动不是闭门修炼,而是要充分信任、依靠群众并认真倾听群众意见,充分发挥群众监督的“放大镜”和“显微镜”作用。有的领导干部目无法纪,身边的同志对其敢怒不敢言,最终不能自拔而走上犯罪的道路。黑龙江省绥化市原市委书记马德在忏悔时说,要是大家平时拉一把、提示一下,自己也不可能陷入腐败泥坑,并且越陷越深。可见,领导干部一定要虚心接受党内监督、人大监督、专门机关监督和社会监督。尤其值得注意的是,随着互联网的发展,网络监督已经成为人民监督和舆论监督的新阵地和强有力手段,弥补了权力监督的某些不足。使监督无处不在,违纪违法者无处躲藏,网络监督事件一次次引起震动。为此,领导干部必须按照党的群众路线教育实践活动的总要求,以中央八项规定为切入点,自觉把党性修养正一正、把党员义务理一理、把党纪国法紧一紧。时刻检点自己的言论、掂量自己的行为，不该说的话坚决不说，不该做的事坚决不做，注意自己的人格和操守，珍惜自己的名誉和形象。否则，稍有不慎容易被人抓住把柄，成为众矢之的。最近，河北省兴隆县孤山子镇党委原书记梁文勇接受私人宴请，喝着高档酒，骂着老百姓。该视频一经网络上传即引起网民广泛关注和围攻。有的地方领导干部排斥甚至打压网络监督，采用“扣帽子”、“捂盖子”、“补漏子”、“做样子”、“没法子” 等不正确的态度与行为，造成更恶劣的社会影响。只有工作上尽职尽责，生活上廉洁正派，才是唯一途径。老老实实做人，堂堂正正做事，时刻保持党章要求的“自重、自省、自警、自励”，不贪不占，不拿不要，这样才没把柄可抓、没辫子可拽。如果像周久耕一样抽名烟，像杨达才一样戴名表，贪污受贿，腐败堕落，招摇过市，即便没有人肉搜索，迟早也逃脱不了纪委监察的查处。

基层党组织书记作风建设研究

——以修水县黄溪村党支部书记发挥模范作用为例

第六课题组*

基层党组织书记是基层组织推动发展的决策者、服务群众的组织者、凝聚人心的示范者、促进和谐的推动者，是党的路线方针政策和各项工作任务在基层得以贯彻落实的“领头雁”。我们党高度重视基层党组织带头人队伍建设，党的十七届四中全会通过的《中共中央关于加强和改进新形势下党的建设若干重大问题的决定》就明确指出，加强基层组织建设，要“建设高素质基层党组织带头人队伍”。党的十八大报告从创新基层党建工作，夯实党执政的组织基础的高度，进一步强调指出，要“加强基层党组织带头人队伍建设”。当前，全党上下正在深入开展以为民务实清廉为主要内容的党的群众路线教育实践活动，中央明确要求，这次教育实践活动的主要任务要“聚焦到作风建设上，集中解决形式主义、官僚主义、享乐主义和奢靡之风这‘四风’问题”，切实改进党员干部的作风。加强基层党组织带头人的作风建设不仅是党的群众路线教育实践活动的要求，也是加强基层党组织带头人队伍建设工程中的重中之重，建设一支高素质的基层党组织带头人队伍，关键是要建设一支作风过硬的基层党组织书记队伍。本课题以深入开展党的群众路线教育实践活动为背景，选取省委十三届党代表——修水县马坳镇黄溪村党支部书记徐万年在推动发展、服务群众、凝聚人心、促进和谐中转变作风、发挥模范作用为个案，进行认真解剖，以求探索总结实现中华民族伟大复兴中国梦、全面建成小康社会新时期基层

*课题负责人：廖清成，课题组成员：潘泽林、李学金、蔡泉水

党组织书记加强作风建设的一般规律和有效路径。

一、加强基层党组织书记作风建设是基层党的群众路线教育实践活动的突出任务

习近平总书记在党的群众路线教育实践活动工作会议上强调，随着改革不断深入和对外开放不断扩大，党必将面临前所未有的风险和挑战，党的作风建设始终是摆在我们面前的一项重大而紧迫的任务，抓作风建设一丝都不能放松、一刻都不能停顿。开展党的群众路线教育实践活动，就是要使全党同志牢记并恪守全心全意为人民服务的根本宗旨，以优良作风把人民紧紧凝聚在一起，为实现党的十八大确定的目标任务而努力奋斗。省委强卫书记在全省党的群众路线教育实践活动动员大会上指出：开展党的群众路线教育实践活动，就是要求我们每个党员、干部都警醒起来，对作风之弊、行为之垢来一次大排查、大检修、大扫除；就是要进一步净化党的肌体、纯洁党的队伍，使我们党的作风有一个大的改观，创造力凝聚力战斗力有一个大的提升。因此，基层开展党的群众路线教育实践活动，也必须坚持聚焦作风建设这个核心任务，才能做到“不虚”、“不空”、“不偏”。基层在党的群众路线教育实践活动中，完成好作风建设这个核心任务，首先要提高对加强基层党组织书记作风建设重要性、紧迫性的认识，切实增强搞好基层党组织书记作风建设的积极性、主动性。

（一）加强基层党组织书记作风建设的重要性

党的十八大报告强调，“党的基层组织是团结带领群众贯彻党的理论和路线方针政策、落实党的任务的战斗堡垒。”2013 年 6 月，习近平总书记在全国组织工作会议上指出：“基层不牢，地动山摇。贯彻党要管党、从严治党方针，必须扎实做好抓基层、打基础的工作，使每个基层党组织都成为坚强的战斗堡垒。……各级都要重视基层、关心基层、支持基层，加大投入力度，加强带头人队伍建设，确保基层党组织有资源、有能力为群众服务。”面对基层组织建设的新形势新任务，如何充分发挥基层党组织的作用，实现“以党的基层组织建设带动其他各类基层组织建设”，关键是要建设一支作风过硬的基层党组织书记队伍，充分发挥他们的示范带头和先锋模范作用，才能推动基层组织建设目标

的实现。

1.基层党组织书记的作风建设关系到基层组织推动发展的能力

作风是能力的保障，提高执政能力，必须以坚强的作风作保障。发展是中国共产党执政兴国的第一要务，是解决中国所有问题的关键。基层党组织书记是基层组织党的建设的第一责任人，也是基层党组织推动发展的第一责任人，党组织书记是否具有为民务实清廉的过硬作风，直接关系到推动发展的能力和水平。试想，一个作风漂浮的基层党组织书记，怎么能真正把心思用到事业上，怎么能团结带领全村的群众积极投身社会主义新农村建设？从一定意义上说，基层组织推动科学发展的过程，也是基层党组织书记带领党组织班子围绕科学发展这一主题不断制定和实施决策的过程。因此，基层党组织书记的作风，直接影响到基层党组织决策的价值目标、能力水平、决策的执行和结果，最终影响到科学发展事业的成败。

2.基层党组织书记的作风建设关系到基层组织服务群众的水平

邓小平指出，"领导就是服务"。中国共产党的根基在人民，血脉在人民，力量在人民。党要始终得到人民群众的支持和拥护，不断夯实执政的基础，必须不断发挥基层党组织服务群众的作用，切实做到全心全意为人民服务。正如党的十八大报告明确提出，要"以服务群众、做群众工作为主要任务，加强基层服务型党组织建设"。习近平总书记在全国组织工作会议上强调，"当前和今后一个时期，要以此来指导党的基层组织建设"。基层党组织带头人是基层组织服务群众的领导者和组织者，其领导能力和工作作风，关系到党的群众路线在基层中的贯彻落实，关系到人民群众对基层组织服务的满意度。实践表明，当前一些基层组织之所以软弱涣散，战斗堡垒作用发挥不好，服务群众的能力和水平不高，一个重要的原因就是缺少一个作风过硬的基层党组织领导班子，尤其是班子带头人自身的作风不硬，影响力和号召力减弱，做群众工作的方式和方法简单。

3.基层党组织书记的作风建设关系到基层组织凝聚人心的力量

实现中华民族伟大复兴中国梦，全面建成小康社会，需要把全体人民最广泛地团结起来，把社会各方面力量最大限度地凝聚起来，调动社会各方面力量，共同为推进中国特色社会主义伟大事业而奋斗，这对广大党的基层组织提出了新的任务和更高的工作要求，迫切需要进一步发挥基层党组织凝聚人心的作用。中国共产党是中国工人阶级的先锋队，同时是中国人民和中华民族的先锋队，通过党员干部的率先垂范作用来引导和调动广大人民群众革命和建设的积极性、主动性和创造性，实现步调一致，群策群力，这既是党的优良传统，也是党的领导和工作方法中的一条宝贵经验。“领导领导，率领引导”，“干部干部，先干一步”。基层组织带头人处在做群众工作的第一线，与人民群众面对面打交道，他们的工作作风、工作态度和方法，代表了党员干部的形象，体现了党的作风，是党组织凝聚人心的示范者和推动者。基层党组织书记的作风好坏，在很大程度上影响着基层党组织的吸引力、凝聚力、战斗力。

4.基层党组织书记的作风建设关系到基层组织促进和谐的本领

当前，我国正处在深化改革的攻坚期、社会转型的关键时期，社会矛盾呈现出多元性、复杂性、群体性等许多新情况和特点，越来越多的利益关系和社会矛盾汇集在基层，基层组织承担的化解社会矛盾和维护社会稳定的责任和压力前所未有，从而对基层领导干部的能力、水平和作风提出越来越高的要求。基层党组织带头人不仅是服务人民群众的领导者和组织者，也是促进社会和谐的直接推动者。作为基层领导班子的带头人，完成和落实各项工作的“领头雁”，他们化解社会矛盾的能力和水平、管理社会和做好新时期群众工作的手段和方法、服务群众的态度和真情，直接关系到基层社会的和谐与稳定，关系到党的执政地位的巩固和执政能力的提高。这些，都考验着基层党组织书记的作风。

（二）加强基层党组织书记作风建设的紧迫性

中国共产党历来高度重视作风建设，在长期的革命和建设实践中也形成了党的优良传统。夺取全国革命胜利后，我们更加强调，执政党的党风关系党的形象，关系人心向背，关系党和国家生死存亡。但是作风建设具有长期性、反复性、复杂性的特点，作风建设没有完成时，只有进行时。在改革开放初期，邓小平同志就强调：“在目前的历史转变时期，问题堆积成山，工作百端待举，加强党的领导，端正党的作风，具有决定的意义。”以邓小平同志为核心的党的第二代中央领导集体、以江泽民同志为核心的党的第三代中央领导集体、以胡锦涛同志为总书记的党中央都高度重视作风建设，这些年来先后开展了整党、“三讲”教育、保持共产党员先进性教育、深入学习实践科学发展观、创先争优活动等。正是由于我们党始终高度重视抓作风建设，始终高度重视保持党同人民群众的血肉联系，全党精神面貌和作风状况焕然一新，为改革开放和社会主义现代化建设顺利推进提供了重要保障。然而，改革开放以来，随着我国经济和政治体制改革的深入，尤其是随着党的依法治国方略的实施和村民自治制度的推进，基层党组织的执政环境发生了新变化，村级党组织的权力范围逐步受到规范和限制，党组织可以支配的经济和政治资源明显减少，传统中的村党组织可以决定一切事务、处理各种纷争的权威和做法逐步失去其合法性基础。而随着全面建设小康社会和加快新农村建设步伐的推进，广大农民群众对基层党组织党员干部的作风和要求却越来越高。但农村基层党组织书记队伍的整体作风同新时期农村工作的新目标、新形势、新要求还不完全适应，主要集中表现在以下四个方面：

1.思想作风方面，理想信念不坚定、宗旨意识不强

在作风建设中，思想作风是第一位的，它对党员干部的作风状况起着基础性和决定性作用。如果思想作风不正，就不可能有好的工作作风、领导作风、生活作风。无论从全党还是从江西省看，基层党组织带头人队伍的作风整体上是好的，但也要清醒地看到，面对“四大考验”、“四种危险”，面对基层工作的新任务、新要求，基层党组织带头人队伍的作风建设也还存在许多薄弱环节。在思想作风方面主要表现为：一是一些基层党组织带头人理想信念滑坡、党性不强，世界观、人生观、价值观、事业观发生扭曲或变质。二是宗旨观念淡漠，全局观念淡化，随意片面地对待党和国家的方针政策，搞不清楚“为了谁、依靠谁、我是谁”的问题，私心严重，心里想着自己的小九九，漠视群众，甚至侵犯国家、集体和群众的利益。三是轻视理论学习，对马克思主义理论和马克思主义中国化最新理论成果学习不深，满足于一知半解，时常发出与党的路线、方针政策不一致的声音，做出一些违背政策、法律，违背社会主义核心价值观的事。四是不能坚持实事求是这一党的思想路线和群众路线这一党的生命线和根本工作路线，盲目乐观，不思进取，或者弄虚作假，欺上瞒下，因循守旧、不思创新，以致工作打不开局面等等。

2.领导作风方面,作风漂浮、一言堂

基层党组织书记的领导作风，就是基层党组织书记在领导基层党支部和群众实践中形成并表现出来的相对稳定的态度和行为。当前,一些基层党组织书记领导作风不好,突出表现在两个方面:一是作风漂浮。就是搞形式主义,贪图虚名,不是把精力用在踏踏实实为人民谋利益上,而是急功近利、劳民伤财,没有吃透上级精神,没有摸透本地情况,就生搬硬套或者干脆置之不理,把党的方针政策和工作部署悬在空中。二是搞一言堂、家长制。不严格执行民主集中制,不接受基层群众的监督,“三重一大”事项不经过集体研究、会议决定,而是直接拍板。以党的领导为借口,排斥村委会、居委会等群众自治组织的工作。

3.工作作风方面,庸懒散、假浮蛮

工作作风是党员干部工作中所体现出来的风格和行为特点。当前基层党组织带头人队伍工作作风方面的问题主要体现在：一是庸懒散。工作能力平庸,安于现状,消极应对,不求有功、但求无过,缺少责任意识、忧患意识、危机意识。思想观念陈旧,习惯于用老经验、凭老办法想问题、做事情,没有新办法,在遇到新问题、新情况时懒于思考,僵化执行上级指示。二是假浮蛮。工作方法简单粗暴,对群众轻则发号施令,重则训斥,不疏导、不引导,甚至刻意拿出一副官样,把群众当“刁民”,疏远群众、害怕群众、拒绝群众、欺骗群众。工作不上心、不落实,精神萎靡,暮气沉沉。不调查、不研究,不问民意,机械行事,胡干乱干,削足适履。

4.生活作风上,私奢贪、迷信庸俗

基层党组织带头人的生活作风与人民群众紧密相连,其作风好坏,给群众以最直接最直观的感觉和认知,对群众的心理影响巨大。当前基层党组织带头人队伍生活作风方面的问题主要体现在:一是私奢贪。奉行享乐主义,金钱至上,贪赃枉法,贪污腐化。个别基层党组织书记在生活作风上存在着严重的拜金主义,侵吞国家和集体的财产,不顾廉耻出卖集体利益,向群众索贿。基层党组织带头人,正在成为腐败集中的新群体,呈现出数量高发、案值巨大的特点。有的基层党组织带头人喜欢讲排场、比阔气,铺张浪费,不重实效。二是迷信庸俗。把共产党员无神论思想抛在脑后,带头搞封建迷信活动。喜好吃喝,热衷赌博,带坏民风。

基层党组织带头人队伍存在这些作风方面的问题，严重损害了党和政府在群众中的良好形象，严重破坏了党和群众的密切联系，严重影响了党和国家各项方针政策在基层的贯彻落实，直接影响了党的执政基础。只有从快从严解决基层党组织带头人队伍的作风问题，才能推动基层党组织作风大转变，才能真正把基层党组织的工作重心转到服务发展、服务民生、服务群众、服务党员上来，使基层党组织领导方式、工作方式、活动方式更加适应服务群众的需要。这也是党的群众路线教育实践活动中要解决的迫切问题。

二、“示范”和“带动”是基层党组织书记作风建设的两个“着力点”

党的十八大报告中指出，要“充分发挥推动发展、服务群众、凝聚人心、促进和谐的作用，以党的基层组织建设带动其他各类基层组织建设。”这就为新时期进一步加强基层党组织书记队伍建设，充分发挥基层组织的战斗堡垒作用指明了目标，明确了任务。修水县黄溪村党支部的蝶变带来该村的巨大发展，是加强基层党组织建设的有力现实注脚，也为加强基层党组织带头人作风建设提供了有益参考。

黄溪村距修水县城20公里，三面环水，一面靠山，自然风景美丽。但四年前这里贫穷落后，是一个国家级贫困村。支部工作在全县也是有名的落后，支部软弱涣散，在村民中“无威性、没形象”。如今的黄溪村是全县样板村，2009年到2011年该村获得市县镇三级荣誉15项，村党支部先后获得市县镇三级先进基层党组织称号，党支部书记徐万年同志被选为十三届省党代表，市县镇三级人大代表，获得省“劳动模范”和九江市“十佳村支书”等称号。短短四年时间，黄溪村真正实现了从落后村到先进村的转变，党组织的凝聚力和战斗力不断增强，领导核心作用充分发挥。黄溪村党支部和黄溪村经济社会的巨大变化，原因固然很多，但其原动力不能不归功于选好培育了一名党组织带头人。黄溪村党支部书记的“示范”和“带动”，使基层党组织作风建设有了具体抓手，使基层党组织推动发展、服务群众、凝聚人心、促进和谐的四大作用得到有效发挥，成为村两委干部和广大村民凝心聚力、加快发展的“双轮”引擎。

（一）以务实的作风带领群众发展生产、增收致富，制定了具有自身特色的发展思路，党组织推动发展的作用得到充分发挥

发展是党执政兴国的第一要务，这个发展，对于一个国家级贫困村来说，首先要带领群众发展生产、脱贫致富。2008年前的黄溪村是个远近闻名的“落后村”，村级集体经济负债重重，基础设施严重滞后。2008年底恰逢村级“两委”班子换届选举，在全村群众的热切期盼中，土生土长的全县民营企业家、“养猪状元”、“致富能手”徐万年被推选为村支部书记。这位20世纪80年代曾当过村支部书记、副乡长的中年汉子，带着父老乡亲渴望加快发展、致富奔小康的热切期盼，带领村委班子和全村上下开始了艰辛的创业之路。党组织首先经过三个月的深入调查和思考，科学制定了具有本村特色的发展规划，确立了“工农相辅，忙闲结合”的发展思路，提出了力争五年时间实现“住房城镇化、村庄园田化、农业产业化、耕作机械化、农民工人化”的“五化”目标。如何实施规划和目标，他们靠的正是村党支部一班人的示范和带动作用。村支书徐万年上任之初就承诺：“不领一分钱工资，不拿一分钱补贴，不报销一分钱差旅费”，成为该县唯一的“两不支书”。上任之初，受金融危机影响，黄溪村900多名在外务工农民就有300多人返乡，徐万年书记主动依托自己的万年综合养殖公司，不仅接收17名返乡农民工就业，还动员和带领村民利用闲置房屋养猪，并承诺“公司包猪种、包饲料、包技术、包防疫，统一销售，每头生猪纯赚200元，高出部分80%归农户，低出部分由公司补贴”。仅此就带动了七户村民在家从事生猪养殖。为了吸引招商引资，村干部先后自掏腰包，垫资30多万元支持村里基础设施建设，担保贷款150余万元扶持村民创业。仅2011年，黄溪村新增运输车33辆，农机具8台，挖掘机、装载车3台。党组织一班人为了更好发挥村经济发展的带头作用，首先将自己种植蚕桑、蔬菜、油茶等特色农业的责任田建成供村民学习取经的样板，带头示范推广新项目，把教训留给自己，把经验传给群众。在种蚕饲养等农忙期间，支部还组织党员义务队帮助病、残农户抢收、抢种、抢农时。正是有了明确的发展目标，有了党员干部的示范、带动作用，激发了农民创业的热情，党组织推动发展的作用得到充分发挥，战斗堡垒的新形象得到重新树立。截至2011年班子换届前，黄溪村提前实现了村级集体经

济年收入创 20 万元和村民人均年纯收入 5000 元的目标，村级组织和群众收入逐年翻番，上访专业村变成文明富裕村，村里基础设施得到极大改善，进入黄溪村处处感受到新农村的气息，一幢幢洁白干净的房屋、一片片郁郁葱葱的桑园、一张张幸福欢乐的笑脸……2012 年黄溪村人均纯收入达到 6000 元，村集体收入达到 25 万元。

（二）以民主的作风保障了科学、民主、依法决策、管理和服务，党组织服务群众的作用得到充分发挥

2008 年前黄溪村的党务村务公开在全镇是最落后的，党内民主不够，决策“一言堂”现象严重，村民意见大，上访人数多。换届后的党支部建设首先从扩大党内民主着手，变“一言堂”决策为“透明”工作法，党组织做到小事有沟通，大事会上定，村内公益事业建设等涉及群众切身利益的热点、焦点问题均由党员会、村民代表会集体讨论决定，并及时在公开栏上公开，接受群众监督，真正做到科学决策、民主决策，依法决策、管理和服务。为了更好地实现科学决策、民主决策，村支“两委”还专门组织了由全村党员、群众参加的“黄溪村靠什么致富？”的“群英会”，并邀请市、县领导、专家、技术员为黄溪村的发展把脉会诊。通过充分讨论，民主决策，确定了黄溪村的致富之路必须走调整产业结构，发展蚕桑、蔬菜、油茶等特色农业的科学发展之路。为了做好村级财务工作这一群众最关注的问题，党支部充分发扬民主，专门成立了民主理财小组，选出党员、群众代表三人担任民主理财小组成员，负责参与并监督村级财务管理，做到资金使用合理、账目清楚明白、财务及时公开、村民深感放心。如今，黄溪村的大事小情公开、透明了，群众心气顺了，上访的没有了，党组织服务群众的平台和氛围也更好了。例如，建设移民扶贫安置小区曾是上几届村委会的设想，但多年无法付诸实施，2009 年，当新的村委会提出建设全县最大的移民扶贫安置小区时，得到全村的一致赞同，并且在一个月内完成征地任务，三个月完成了 100 余座迁坟任务。2011 年底，共计 120 户的移民安置小区基本建成，春节前就有 13 户乔迁新居，成为全县建设移民扶贫安置小区的新典范，为实现“住房城镇化”打下了坚实的基础。总之，科学决策下的一系列惠民措施的落实，使党组织服务群众的作用得到充分发挥。

(三)以优良的党风促政风、带民风、树新风,形成了凝聚党心民心的强大力量,党组织凝聚人心的作用得到充分发挥

优良的党风是凝聚党心民心的巨大力量。党的十八大报告强调,要"以优良党风凝聚党心民心、带动政风民风"。党组织能不能凝聚党心民心,能不能发挥战斗堡垒作用,与党组织和党员的思想作风、工作作风和生活作风密切相关。黄溪村的好作风、好民风是靠党员干部带出来的,其首先就是由支部书记徐万年同志率先垂范的结果。徐万年同志一上任就给自己定了几条规矩:一是不拿村里一分钱,不到农户家里吃一口饭;二是村民的事情没有大小之分,只要他们一个电话,就要第一时间办好;三是事情定下了就不能拖,绝不能影响工作开展和支部形象。说到做到,徐万年每天 7 点到村委会上班,不分白天黑夜,没有周末,没有节假日。为了更好联系群众,他放下自己的小车不开,不管刮风下雨都坚持骑摩托车上班,上任后两个月内他跑遍了全村每家每户,被村民称赞为"工作不要命的书记"。2009 年 5 月,该村 12 组村民陈先金在签订迁建退耕协议时有思想顾虑,村干部半夜 11 点打来电话,徐万年立即骑车从家里赶来做通村民的思想工作,陈先金被感动得当晚就签字。徐书记的"苏区干部好作风"被村"两委"干部和全体党员群众看在眼里,装在心里,村干部和党员都自觉以他为榜样。"徐书记这么做,我们没有理由不跟着干",这是党员干部经常挂在嘴边的一句话。2008 年以来,村"两委"干部坚持每天到村委会上班制度,从早上 7 点到晚上 10 点,村民有事在村委会随时都能找到干部。所谓党风正则干群和,村"两委"干部这种敬业精神和工作作风,也深深地感染和打动了全体村民,大家对党员干部的看法逐步改变了,班子在群众中的威信越来越高,尤其是通过党员干部带头开展禁赌、迁坟建公墓等移风易俗活动,村民的思想观念开始转变了,民风正了,治安好了。如今的黄溪村已经完全杜绝了赌博和违法乱纪现象,村里还适时举办农民夜校,经常组织群众学习政策法规、农业实用技术,组织妇女跳舞、老年健身活动,形成了良好的社会主义新风尚。真正实现了以优良的党风促政风、带民风、树新风,党组织凝聚人心的作用得到充分发挥。

（四）以党内团结和谐的作风促进、带动农村社会的和谐稳定，发挥了党组织协调利益关系、化解社会矛盾、维护群众权益的功能，党组织促进和谐的作用得到充分发挥

团结就是力量。党组织的团结和谐是农村社会和谐稳定的前提和基础。2008年前的支部班子成员之间、"两委"班子之间缺少沟通协作，凝聚力和战斗力不强，党组织在促进社会和谐中的作用没有充分发挥。换届后的黄溪村高度重视班子的团结和谐，支部书记徐万年不仅经常告诫班子成员要像保护自己的眼睛一样保护好班子的团结，而且十分注重发挥民主生活会开展思想交流、增进班子团结的作用。他任支部书记以来，支部每年都召开1–2次"双述、双评"活动会，参加对象有全体党员（包括预备党员、建党对象）、村里先进分子、村组干部、群众代表。每个党员对自己的工作都要先述职，然后由支部开展互评，再由党外的与会各方代表评议，鼓励讲真话、讲心里话，有话当面说，有意见当面提，对评议表现好的党员进行大会表彰，对一些表现欠佳者会后由支委进行个别谈话。通过"双述、双评"活动会，增进了班子成员和党员之间的团结，促进了干群之间的和谐融洽，为党组织发挥促进社会和谐的作用打下了坚实的基础。在此基础上，班子全体成员紧紧凝成一股绳，以协调群众利益关系、化解社会矛盾、维护群众权益为抓手，有效地凝聚了人心，促进了全村的和谐稳定。2009年以来，从本县100华里外的港口镇深山区有近40户居民移民到黄溪村落户，他们迁到黄溪后，由于土地得不到满足，直接影响到移民的安居乐业。村"两委"根据这一实际情况，从平等对待、和谐发展的高度，果断决定对本村土地进行集约流转，全面实行承包，保证全村所有剩余劳动力耕者有其田。2011年10月，一组组长方凡清驾驶装石灰的农用车到湖南，途径本县大桥镇地段时意外发生车祸，当即造成一死一伤，在这危急时期，他首先想到的是党组织，立即摸出手机打通了徐万年书记的电话，徐书记接到电话后，连忙带着钱第一时间赶到了事故现场。面对现场的惨状和六神无主的方凡清，他一边安排抢救伤者，一边联系交警部门，与受害者亲属进行促膝商谈，徐书记及党组织的安抚协调，也感染和感动了对方人员，并很快达成了解决问题的协议，让伤者得到及时的医治，死者得到了妥善的安葬，所有善后事故在一星期

内得到了和谐解决。

三、加强基层党组织书记作风建设的四个"关键点"

习近平总书记在党的群众路线教育实践活动工作会议上强调,"加强和改进党的作风建设,核心问题是保持党同人民群众的血肉联系。马克思主义执政党的最大危险就是脱离群众。"党的作风建设既是一项长期而艰巨的任务,又是一项现实而紧迫的工作。加强基层党组织书记的作风建设,必须把总体要求同阶段性目标、基层工作实际结合起来,抓住关键点,集中解决党的思想作风、学风、工作作风、领导作风和干部生活作风方面的突出问题,集中解决形式主义、官僚主义、享乐主义和奢靡之风"四风"问题。黄溪村加强基层组织书记作风建设的成功实践,概括起来,就是抓住了四个"关键",为我们当前进一步加强基层组织书记作风建设提供了经验和启示。

(一)坚持把密切与群众的联系作为基层党组织书记作风建设的核心

在农村基层社会形势更加多元化、复杂化的今天,黄溪村党支部为什么能成功"导演"这一乡村剧变呢?综观黄溪村级组织建设四年来孜孜以求最闪亮的特色、最根本的蜕变,最关键的是坚持把密切联系群众作为基层党组织作风建设的核心,切实维护和发展群众的根本利益,走出了一条"以利益谋共识、以共识取信任、以信任促发展"之路。村党支部一改以往的软弱涣散,以自己的真心真能真干,赢得了群众真情真信真爱,真正成为群众的"贴心人"和"主心骨",取得了前所未有的政治信任,从而凝聚了加快发展的真知灼见和强大动力。

1.创新沟通渠道,缩短党组织书记与群众的距离

对于党和群众的关系来说,距离并不产生美。距离越远,共识越少,问题越多;距离越近,共识越多,问题越少。从当前农村实际情况看,党群沟通主要有五条途径:一是咨询决策沟通,包括决策之前走走看看聊聊,拉拉家常、问问情况,决策中的大会小会。群众决策参与的多形式,从整体上增强了他们的政治自豪感,也使他们增强了促进共识的责任与使命。二是排忧解难沟通。群众反映的问题要解决，群众不反映的问题要掌握，努力实现零耽搁、零遗漏。黄溪村干部在具体工作中坚持“三直接”，即直接见到当事人、直接参与处理、直接把事情处理完毕。三是学习提高沟通。学习提高是增加共同语言、增进共识、深化沟通的有效手段。对一般群众来说，又能增强对党在农村有关政策的理解和把握能力。通过学习提高，群众与村党支部在关注事项、思维方式、理解政策、认识把握形势方面更趋于一致。四是落实政策沟通。不可否认，当前有些政策与现实并不完全相符，影响群众的利益。这是促进党群共识必须要过的坎。在实际工作中要重利民取向、弃扰民损民之弊，要干部带头、杜绝特殊化，要让利于民，体现普惠性。五是评议监督沟通。以坦诚相见，消除分歧；以促进党员干部的自我净化、自我革新、自我完善、自我提高，进一步获得人民群众的认可。

2.以心换心，凝聚基层党组织书记与群众的共识

群众对党组织的信任不是简单的盲从和依附，也不同于人伦信用和契约信用。市场化改革的形势下，人们个体独立性增强，利益关系逐步代替了情感关系，价值认同更加多元化，而且不同年龄层次、不同文化水平、不同性别的人群及党员干部与群众都体现明显的差异性。因此，只有共识才能建立党群互信的纽带，才能打牢诚信的基础。在实践中，黄溪村党支部推行齐心、孝心、爱心、良心“四心教育法”，从增进共识入手，从利益共识、制度共识，到价值共识，体现了村级党组织诚信建设的阶段性规律。第一，“求同存异”阶段，谋求个人层面的基本共识，重在以效立信。如黄溪村从人心思富入手，大力开展扶贫济困、拓宽就业、扶持创业，取得了明显的成效，2008 年以来，农民收入年均增幅在30%以上，带领致富的初步成功赢得了群众的初步信任。第二，“大同小异”阶段，谋求社会层面的普遍共识，重在以“公”立信。充分利用经济发展成果稳定人心，以公益事业发展为平台，突出完善公共设施、优化发展环境、提高教育文化水平三个重点，把短期利益引向长远利益，把个人利益引向集体利益，逐步扩大群众的共同关切，形成广泛的社会共识。第三，“同心同向”阶段，谋求政治层面的价值共识，重在以信立“德”。如黄溪村党支部从增强黄溪人强烈的荣誉感、自豪感和诚信意识入手，使群众从内心深处认同发展、维护大局，从而不断影响、改变和引领群众的价值判断，进一步夯实道德底线、提升道德底线，推动了全村主流价值体系的逐步形成，为建设诚信型党组织奠定了坚实基础。

3.坚持诚信，增进群众对基层党组织书记的政治信任

黄溪村和村支部从落后到先进的深刻变化的实践证明，基层组织凝聚力和战斗力来源于群众的政治信任。一个没有诚信的组织，就不能影响群众、凝聚民心、发挥民力，就会遭遇阻力、削弱战斗力。当前影响农村基层组织作用发挥的一个重要问题，就是基层组织公信力流失、诚信度不高的问题。这种信任危机，不仅会妨碍公共政策的有效执行，削弱基层组织的政治动员和整合能力，而且还可能会转化为基层治理的合法性危机。这就是所谓的“塔西佗陷阱”，意思是当政府不受人民欢迎时，好的政策和坏的政策都会同样得罪人民。只有诚信的党组织，才是有力量的党组织。如黄溪村党支部规划建设中心村，将全村人口集中居住，顺利建设村级公墓，顺利破解征地拆迁、计划生育、社会稳定等一系列的老大难问题，充分发挥了战斗堡垒作用。而这种作用集中表现为党员干部的示范带动作用、村内精英的导向推动作用、理事协会的桥梁纽带作用和群众代表的磨合渗透作用。从这个意义上来说，诚信型党组织建设是当前加强基层组织建设重要而紧迫的任务。

（二）坚持把作风是否过硬作为选拔培养基层党组织书记的重要标准

实践证明，党组织对村民的凝聚力和吸引力，与党支部书记自身过硬的作风息息相关。黄溪村的改变，关键是得益于有一个作风过硬的党组织带头人。党支部书记徐万年同志20世纪80年代就曾当过村支部书记和副乡长，不仅政治素质高，领导能力强，还是全县民营企业家、“致富能手”，是一位名副其实的守信念、讲奉献、有本领、重品行的农村基层组织带头人。在调研中黄溪村全村上下一致认为：“没有徐万年，就没有黄溪村的今天。”因此，黄溪村的成功实践和做法给我们的一个启示是，加强农村基层党组织建设关键要选一个作风过硬的带头人。

1.围绕广大群众的最期盼来选拔作风过硬的带头人

群众定标准、组织做工作，这是黄溪村基层民主的本土化特色。2008年黄溪村党支部换届时，全村群众渴望有个强人能带领全村党员群众迅速改变落后面貌，带头人的首要标准是公道正派、作风过硬，不但能带领群众发家致富，关键要愿意带领群众发家致富。为此，广大群众都把目光投向了“经济能人”徐万年。他 18 年前曾任该村支部书记，并因业绩突出被提为副乡长，后又响应号召下海创业，无论是个人能力还是群众口碑都不错。经过上级党组织近两个月的思想工作，徐万年终于下定决心回乡参选村党支部书记。他认为，群众的选择，是最大的信任、最大的责任，并郑重承诺用三年时间让黄溪村民都富起来，五年内建成全县一流先进村。群众的眼睛是雪亮的，四年来徐万年充分发挥自身的影响力、以实际行动将当初的承诺一步步变为现实。面对成功的事业，再次就任村支书的徐万年，越发觉得重任在肩，一刻也不能放松。

2.围绕增进团结增强合力来磨炼带头人作风

村内精英只有与党组织的政治功能有机结合起来，方可从能人成为党组织的带头人，成为大家的领导核心。在实践中，黄溪村党支部围绕核心来配班子，换届时支部书记根据工作需要提出两委班子人选，提请村民大会选举通过，在政治思想和行动上确保了高度的统一性，确保了工作合力，有效提升了核心的影响力。因此，凡是书记带头做的或明确不允许的，其他成员都自觉遵守。如徐万年上任时给自己定的“三不”规矩(一是不拿村里一分钱，不到农户家里吃一口饭；二是村民的事情不分大小，只要他们一个电话，就要第一时间办好；三是事情定下了就不能拖，绝不能影响工作开展和村里形象)，都成为村两委干部的自觉行动，村两委办事的效率迅速提高，村里扯皮的事情极大减少，这一切影响和带动了村内各种协会高效运转，影响和带动了广大群众创先争优谋发展的热情。

3.通过发动群众强化监督来约束带头人作风

改进作风靠自觉自律有局限性，需要外力的监督。广大人民群众是最好的监督主体。黄溪村党支部敢于并善于发动群众监督党员干部，通过外力倒逼党员干部廉洁自律、踏实工作。黄溪村以自然村为单位，通过群众大会按群众总数 10:1 的比例选举产生群众代表，赋予群众代表参政议政和监督村两委工作的职责，在党员民主评议、发展党员等会议上，邀请群众代表参加，并享有投票权。为防止村两委干部出现经济问题，村党支部又发动群众监督村级财务，组织成立了民主理财小组，选出党员、群众代表三人担任民主理财小组成员，负责参与并监督村级财务管理，刻制了财务“三角章”，由理财小组成员各执一块，每张条据必须由三人核准后才奏效，对一些有疑问或不合理的开支，直接有权拒绝盖章，做到资金使用合理、账目清楚明白、财务及时公开、村民深感放心。支部书记带头执行有关制度，主动接受群众监督，体现了共产党人的良好风范。事实证明，敢于发动群众监督作风，把改进作风置于有效监督之下，是加强基层党组织书记作风建设的有力手段。

（三）坚持把思想政治教育作为加强基层党组织书记作风建设的重要渠道

思想政治工作曾经在党的建设中发挥了极其重要的作用，但在新时期以来存在弱化现象，尤其是在广大农村地区。黄溪村加强基层组织建设的成功经验再次告诉我们，思想政治工作是我们党的传家宝，任何时候、任何情况下都不能丢，丢了就会削弱党的领导，给党的事业造成损失。尤其是增强村级党组织的动员力和号召力，必须充分发挥思想政治工作的作用。黄溪村党组织做好思想政治工作，既坚持了传统的工作方法，如党支部广泛开展的谈心谈话活动，也有像“双述双评”等新的方式方法，这些工作和方法对倾听党员群众的心声，帮助化解心结，转变思想观念，增强党员群众对党组织信赖和拥护发挥了重要作用，充分发挥了思想政治教育这个法宝在加强沟通、达成共识中的重要作用。

1.广泛开展谈心谈话，在凝聚班子成员和广大群众的共识中增强带头人作风建设的自觉性

谈心谈话原本是干部教育管理的一项制度，谈话的主体一般是上级组织及领导干部，谈话对象一般是党员干部。黄溪村创新性地用好谈心谈话制度，把谈心谈话作为党组织对党员进行思想教育的重要方法，在全村党员中广泛开展各种类型的谈心谈话，找到了快速有效统一党员思想的重要武器。黄溪村党支部不仅在各支委之间开展谈心谈话，而且支委与普通党员也经常谈心谈话。在工作遇到困难需要党员去做群众思想工作或者发挥带头作用时，在个别党员思想和工作没有跟上党支部的要求时，支委都会分头与普通党员谈心谈话，倾听党员心声，帮助化解心结，不落下任何一个党员的思想教育。

2.加强理论学习教育，为加强基层党组织带头人作风建设正本清源

党课教育是基层党组织加强党员思想教育最常用的方法，是“三会一课”制度的重要内容。提高党课教育的实效性、针对性，是转化提升后进党组织必须解决的一个重要问题。除了支部书记讲党课外，黄溪村党支部采取党课与技术培训、普法宣传相结合等多种方式，把专家学者请进黄溪村来给党员和群众上党课，在向党员群众宣传党在农村的方针政策的同时，开展普法、科普活动，传授种桑养蚕、种植蔬菜等农业技术，使党员群众爱听、愿听，听了有收获。党课结束后，村党支部都要组织党员、村民代表、小组长结合实际开展讨论，使先进的思想观念深入人心，不断巩固党课教育效果。

3.加强实践锻炼，在与群众打成一片中砥砺基层党组织带头人作风

把教育内容与社会实践结合起来开展党员思想教育，能收到更好的效果。针对党员群众的文化水平普遍较低，不喜欢纯思想理论教育的实际，黄溪村党支部通过组织党员外出考察、开展党员义务劳动等实践，开阔视野、加强交流，提高党员群众思想认识。党员义务劳动可以强化党员意识、增强党员之间的交流、营造党员争创意识、展示党员形象，同时在支委与普通党员共同劳动中还能自由交谈，做好个别党员的思想工作。党员义务劳动制度实施以来，黄溪村开展了养护路基、整理公墓便道、义务植树等义务劳动，全村党员没有一个缺席的。党员纷纷表示喜欢这种义务劳动，公认为“村里特有的提高老表思想认识水平的有效途径”。

（四）坚持把提高执行力作为基层党组织书记作风建设的重要着力点

基层党组织书记的作风如何，很重要的一条是要体现在贯彻执行党的路线方针政策上。黄溪村党的建设的一条成功经验是不仅重视制度机制的创新，更重视制度的有效执行。

1.以有效落实支部书记党建工作责任制为首要任务

抓党建是各级党组织书记的根本职责。为此，黄溪村成立了以支部书记为组长，两个副书记参加的三人党建工作小组，作为村党支部抓党建工作的常务机构，作为落实书记抓党建的重要抓手，实现专人抓党建、有针对性地抓党建。

在发展党员、民主评议、研究党建工作召开支部大会前,党建工作小组成员分别包组深入党员、小组长、群众代表,广泛走访,征求各方面意见,然后先在党建工作小组会上研究讨论,达成一致意见,为开好支部大会奠定基础。三人党建工作小组有很强的灵活性和较高的工作能力,每月召开一次会议,研究党建工作,遇到重大事项,随时可以碰头协商,在党建工作中发挥着支点和枢纽作用。

2.以有效落实民主评议制度为重点

定期组织党员开展民主评议是党的一项基本工作制度,民主评议一般以支部为单位进行,每年一次。黄溪村根据民主评议的要求,建立了"双述双评"制度。每半年召开一次党员民主评议大会,不仅党员(包括建党对象),而且村、组干部,群众代表也都参加大会。会期一天,全体党员和村党支部分别进行述职("双述"),然后党内外所有参会对象对村党支部和每一个党员分别进行投票评议("双评")。评议结果分优秀、合格、基本不合格、不合格四个等次,评议结果当场公布,并在党务公开栏上公开。对评议不合格的党员,村支部指派一名支委与其谈话,帮助其改正不足。通过党支部和党员"双述职",党内和党外"双评议",并增加评议次数,公开评议结果,以及对不合格党员的帮扶改正和处理,有效增强了党员荣誉感、责任感、危机感,大大提升党支部的凝聚力、战斗力、吸引力。

3.以有效落实党内关怀激励制度为切入点

对困难党员送去党组织的关怀温暖,能有效增强党组织的凝聚力,调动党员的积极性。黄溪村不断拓展丰富党内关怀激励制度,切实发挥激励作用。一是扩大慰问范围,除了党的生日和重要节日,对困难党员进行走访慰问外,当党员家庭遭受灾害、发生重大病情时,黄溪村党支部也及时上门走访慰问。二是给逝世党员举行追悼会,在村党支部的统一领导下,以党小组为单位,党小组内的全体党员、村两委班子、离退休老干部都前往参加。由党组织举行追悼会是对党员生前行为的认可,是一种很高的荣誉。党员参加追悼会,既是对党组织关怀的一次亲身体验,也是党性锻炼的一次有效实践。三是开展党员突发困难帮扶,就是当党员遇到突发性事件时,党支部第一时间伸出援助之手,成为党员的坚强后盾,增强党员的归属感。

四、制度是加强基层党组织书记作风建设的“根本点”

党的群众路线教育实践活动的成果，关键要通过建章立制来保障。习近平总书记在党的群众路线教育实践活动工作会议上指出：保持党同人民群众的血肉联系是一个永恒课题，作风问题具有反复性和顽固性，不可能一蹴而就、毕其功于一役，更不能一阵风、刮一下就停，必须经常抓、长期抓。我们既要立足当前、切实解决群众反映强烈的突出问题，又要着眼长远、建立健全促进党员、干部坚持为民务实清廉的长效机制。省委书记强卫在全省党的群众路线教育实践活动动员大会上强调，要立足当前，着眼长远，按照于法周延、于事简便的原则，加强制度建设，建立健全促进党员、干部践行为民务实清廉要求的长效机制。建设一支作风过硬的基层党组织带头人队伍是一个系统工程，它涉及组织的关心重视、一个地区的经济社会文化的发展状况、制度机制等方方面面的因素，其中制度机制是关键因素。

（一）加强基层组织书记作风建设必须注重制度建设

1.这是由长效机制本身的特点和作用决定的

邓小平曾经指出：“我们过去发生的各种错误，固然与某些领导人的思想、作风有关，但是组织制度、工作制度方面的问题更重要。这些方面的制度好可以使坏人无法任意横行，制度不好可以使好人无法充分做好事，甚至走向反面。”“领导制度、组织制度问题带有根本性、全局性、稳定性和长期性。”长效机制的建立体现了制度治党的理念，突出了制度的根本性、全局性、稳定性和长期性的特征，是经过实践检验证明为有效的、固定的和系统化、理论化的方式方法。建立健全培养和造就一支过硬的基层党组织带头人队伍的长效机制，就是要通过构建一个结构合理、功能齐全、关系协调、程序严密的有效机制，依靠制度机制本身具有的特点和功能来引领和保障基层党组织书记的能力和水平的不断提高，保证他们在基层组织建设中发挥“领头雁”作用应具有的能力和水平。

2.这是基层党组织书记作风建设的实践要求

当前，首先要看到大多数基层党组织带头人的素质和能力是适应和胜任基层组织建设需要的，但是我们更要清醒地看到，一些基层党组织带头人的能力素质已难以适应新形势下基层党建工作的需要，工作中墨守成规，缺乏进取意识。尤其是一些村级组织负责人的素质和能力长期得不到提高，“双带”能力差，缺乏为农民群众服务的意识。尽管影响和制约他们能力素质提高的因素是复杂多样的，但是制度和机制因素是关键。比如，由于学习教育机制不健全，导致一些基层书记系统地参加学习和培训的机会不多，有的即使参加了学习培训，但学习教育效果缺乏针对性和实效性；由于选人的渠道和保障机制不健全，导致一些农村基层党组织带头人队伍后继乏人，难以留住优秀人才；由于监督和管理机制不健全，导致少数以权谋私、违法乱纪的基层干部得不到及时纠正和责任追究。

3.这是加强基层党组织书记作风建设的经验总结

党的 90 多年建设尤其是新时期以来基层组织建设的经验表明，依靠长效机制来保障提高基层党组织书记的能力和水平的提高才是最深层、最根本、最持久和最有效的，这也是建立健全高素质基层党组织带头人队伍建设长效机制的价值和意义所在。比如，在实践中，一些地方和单位通过建立健全农村党支部书记的教育培训机制，村支书的整体素质大大提高；通过建立健全基层组织负责人的保障激励机制，一些村干部特别是村党支部书记存在的报酬低、保障差、出路窄和队伍不稳等问题得到较好解决；通过建立健全政绩的考核评价机制，进一步引导了基层书记树立正确的政绩观，促使他们做出经得起历史、实践和人们检验的成绩；通过建立健全监督机制，进一步规范和制约了基层干部权力的行使。

(二)加强基层党组织书记作风建设的五个制度

1.建立健全选人用人机制，保证优秀人才充实到基层党组织书记队伍中来

省委书记强卫在省委十三届七次全体(扩大)会上指出：“为政之要，在于用人。选什么人、用什么人，是一个重要的风向标。用人导向正确，党的事业就兴旺发达；用人导向错误，党的事业就必定遭受损失甚至失败。”保证优秀人才充实到基层党组织书记队伍中来，关键是坚持用制度规范基层党组织书记的选拔标准，严格落实“守信念、讲奉献、有本领、重品行”的12字要求，着力拓宽选人用人渠道，改进选人用人方式，切实把那些政治素质高、工作能力强、作风正派和道德品行良好的优秀人才充实到基层党组织书记队伍中来，绝不能降格以求。一是完善农村党组织书记的选拔机制，拓宽农村基层干部的来源，适应农村改革发展稳定的要求，完善从农村致富能手、农村经纪人、农民专业合作组织负责人、退伍军人、外出务工经商返乡农民党员中选拔优秀人才担任村党组织书记的相关制度，并要有组织、有计划地选聘高校毕业生到村任职，尽快改变一些地方村支书年龄老化、能力弱化等突出问题；要着力加强乡镇党委书记建设，用制度解决当前一些乡镇书记变动频繁、做群众工作能力欠缺的问题。二是完善街道社区党组织带头人选拔制度，用制度机制保障那些年纪轻、素质好、熟悉城市基本管理和社区建设的优秀人才进入街道社区党组织领导班子。进一步完善和推广从党政机关中选派、从社会公开选拔等做法，向街道社区、非公有制企业和新社会组织输送党组组负责人的做法。比如，一些地方采取上级党组织委派基层党组织书记与“两推一选”、“公推直选”、面向社会公开选拔相结合的制度值得推广。三是完善和推进对符合条件的农村、社区、国有企业党组织书记按法定程序担任村委会主任、居委会主任、企业董事长的做法。

2.建立健全学习教育培训机制，不断提高基层党组织书记的综合素质和能力

一是切实加强基层党组织书记培训，既要不断丰富教育培训内容，又要不断创新教育培训方式，在传统的课堂传授式教学的基础上，加大研讨式、体验式和案例式教学的力度，探讨不同层次和部门的基层党组织书记的教学规律和特点，进一步提高教育培训的针对性、灵活性和实效性。要切实加强农村基层党组织、非公有制企业和新社会组织的党组织书记的培训力度，继续发挥省（市、自治区）级党校对乡镇、街道党委书记的教育培训作用。二是落实基层党组织书记的日常学习制度，通过“三会一课”制度、民主生活会制度、领导干部双休日学习制度等党内学习生活制度来加强学习，更新观念，不断提高素质和能力。三是倡导自主学习制度，根据自身的实际和工作需要，制定自主学习计划，利用业余时间自主选择学习方式，搞好自学，提高理论素养。四是完善领导干部挂职锻炼制度，有计划地组织基层党组织书记到上级党政机关、兄弟单位和发达地区挂职锻炼，通过实践锻炼，不断提高他们的综合素质和能力。五是加强学习培训的组织保障，认真贯彻落实中央办公厅印发的《关于加强党员经常性教育的意见》，切实把基层党组织书记的教育培训纳入党建工作责任制，完善他们的学习考核检查机制，加强检查监督，完善学习培训与提拔使用挂钩制度，用制度和机制保障他们重视理论学习，提高理论素养和能力。

3.建立健全考核评价机制，用正确政绩观引领基层党组织带头人为基层的稳定发展做贡献

一是明确基层党组织带头人的岗位责任，把握不同层次和部门的基层党组织带头人的岗位考核要求。二是构建科学的政绩考核评价指标，切实公正科学地评价他们的政绩。要实行分类考核、差异化考核，落实省委十三届七次全会给基层干部“松绑减压”的要求，结合不同地区不同部门的基层党组织带头人工作的特点和要求，构建既科学合理又切实可行的考核指标体系，既要看当前发展的“显绩”，又要看可持续发展的“潜绩”；既要看发展指标，又要看人民群众得到的实惠；既要看 GDP，又要看党的建设的成效和社会的稳定状况；既要看干部个人的主观努力，又要看单位的客观条件、集体作用和前任打下的基础。通过对他们政绩的科学考核评价，用制度和机制来彰显党的干部用人导向，引领基层干部做出经得起实践、历史和人民检验的实绩。三是加快建立来自基层一线党政领导干部培养选拔链，大力选拔经过艰苦复杂环境磨炼的年轻基层干部，尤其是基层党组织带头人。当前，必须着力通过创新干部民主推荐制度、干部考察制度和干部任用民主表决等制度，进一步保障选人用人上的知情权、参与权、选择权和监督权，提高选人用人的公信度，保证那些在基层实践证明优秀、有培养前途的年轻基层干部的成长进步。比如，通过推行空缺职位的预告制、考察对象和干部任前的公示制来进一步保障干部工作的知情权；通过拓展参与民主推荐和民主测评的范围、参与考察谈话和民意调查的范围来进一步保障干部工作的参与权；通过建立干部工作中的举报机制和问责机制来进一步保障干部工作的监督权。

4.建立健全保障激励机制，充分调动基层党组织书记工作的积极性、主动性和创造性

一是建立和健全农村基层党组织负责人的基本报酬制度，切实解决一些农村基层党组织负责人待遇偏低的问题，保障他们的合理经济待遇，提高他们的工作积极性。二是全面推行村级组织负责人基本养老保险制度，创造条件，为村级组织负责人解决后顾之忧，使他们能安心工作。三是从制度上加强对基层党组织书记政治上的关心帮助。例如，加大从优秀村级和社区组织负责人中选拔乡镇和街道干部、考录公务员、招聘乡镇和街办事业编制人员的力度；积极推荐政治素质好、参政议政能力强的基层党组织带头人作为各级党代会代表、人大代表和政协委员人选；定期表彰评比基层党组织负责人，肯定和表彰他们的工作业绩，激励他们的工作积极性，激发他们为党和人民工作的光荣感、责任感和使命感。四是健全基层组织建设的有关硬件保障机制，注重解决好一些基层组织的经费保障和活动场所等问题。五是建立健全党内关怀、帮扶机制，关心和爱护好基层干部、老党员和生活困难的党员。

5.建立健全监督责任机制，用制度和机制保障基层党组织带头人“权为民所用”

一是着力贯彻落实党章及党内监督条例关于党员领导干部行使权力必须接受监督的有关规定，并且把党内监督与法律监督、群众监督、舆论监督等相结合，建立强有力的监督体系。各级党委、纪委应当切实履行监督职责，发挥监督作用，鼓励、支持、保护基层党组织和党员干部、党员、党的代表大会代表在党内监督中发挥积极作用，尤其要构建社会监督机制，围绕就业、住房、教育、医疗、收入、社会治安等重大民生问题，建立和完善基层党组织与群众及时沟通和征求意见的渠道制度，广泛听取广大党员和群众的意见，自觉接受群众的监督。二是着力构建和完善基层干部相关责任追究机制，尤其要完善决策责任追究制，对错误的决策，基层党组织负责人必须承担相应的政治、经济、法律和道义责任，并根据决策失误的主客观情况作出是否引咎辞职、经济赔偿、法律处罚等不同的责任追究；对有干部任免权的基层党组织，要按照党内监督条例的规定和要求，在集体讨论中如实记录推荐、考察、酝酿、讨论决定的情况，领导班子成员个人向党组织推荐领导干部人选，必须按规定写出推荐材料并署名，以便对用人的失察失误，能明确选人用人在推荐、考察、表决等环节的责任主体和责任内容，并根据不同的情况依法依纪追究相关责任。

以完善和执行制度为抓手，构建践行为民务实清廉长效机制

第七课题组*

群众路线是党的生命线。永远把人民放在心中最高位置，和共产党人的宗旨息息相关，也和共产党人所承担的历史使命息息相关。只有密切联系群众，保持和加强同人民群众的血肉联系，我们的党才能凝聚起强大力量，不断攻坚克难，走向胜利。党的十八大报告指出，“围绕保持党的先进性和纯洁性，在全党深入开展以为民务实清廉为主要内容的党的群众路线教育实践活动，着力解决人民群众反映强烈的突出问题，提高做好新形势下群众工作的能力”，明确阐明了“为民务实清廉”是党的群众路线的基本内涵。

从毛泽东同志在西柏坡提出“进京赶考”的“六条规定”，到现在党中央出台改进工作作风、密切联系群众的“八项规定”，制度建设一直是我们推行群众路线的重要保证。历史的经验、现实的挑战和理论的逻辑无一不证明，群众路线的贯彻落实最终必须从制度上解决与群众的联系问题，才能有效发挥其应有的作用。

推进制度建设是一项系统性工程，旨在跳出“历史周期律”的支配，彻底解决我党长期执政和实现社会长治久安的问题。习近平总书记强调，“群众路线教育要重在制度机制建设上下功夫”。为此，广大党员干部必须深刻把握党的群众路线教育的深刻内涵，以完善和执行制度为抓手，构建党员干部践行为民

* 课题负责人：庄小琴，课题组成员：冯志峰、万高隆、王永华

务实清廉长效机制，以过硬的作风贯彻制度的执行，确保以为民务实清廉为主要内容的群众路线教育取得实实在在的效果。

一、推进制度建设是党员干部践行为民务实清廉的关键抓手

制度是以规则或运作模式，规范个体行动的一种社会建制结构，“是一种稳定的、受珍重的周期发生的行为模式，彰显一个社会的正常秩序”。制度化则指群体和组织的社会生活从特殊的、不固定的方式向被普遍认可的固定化模式的转化过程，是“组织和程序获取价值观和稳定性的一种进程”。①

亨廷顿曾指出，“一个现代化中政治体系的安定，取决于其政党的力量。一个强大的政党能使群众的支持制度化。政党的力量反映了大众支持的范围和制度化水平。凡达到目前和预料到的高水平政治安定的发展中国家，莫不至少有一个强有力的政党。”②制度化的核心就是在充分保证国家政权依法运作的前提下，要使党对国家的领导从党的领导体制直接作用国家领导体制的过程转化为党组织内部的群众路线制度化运作过程。

作为中国特色社会主义事业的领导核心，中国共产党必须结合中国实际，在中国特色社会主义理论体系的指导下，建构一套合理有效的科学制度框架，将中国特色社会主义理论内化为人们的行动，变成人们的行为模式，为中国特色社会主义道路提供制度保障。

（一）加强制度建设是汲取党建经验的智慧结晶

群众路线是中国共产党的生命线，为民务实清廉是中国共产党的价值追求。中国共产党历来重视以制度建设为抓手推进党的作风建设，形成建立了相当数量的党内制度。

1.倡导制度建设使我党取得革命的胜利

群众路线思想是中国共产党一个多层面的伟大创造。我们党比较明确地提出“群众路线”概念，是在1929年中共中央给转战赣南、闽西的红四军前委

①[美]亨廷顿：《变化社会中的政治秩序》，三联书店1996年版，第12页。
②[美]亨廷顿：《变革社会中的政治秩序》，华夏出版社1988年版，第396页。

的“九月来信”。毛泽东在“古田会议决议”中采用了这个概念,并注意到制度建设的重要性。经过健全民主制度、统一财政制度、严格党政工作人员待遇标准制度等,中共形成了比较系统的党内生活制度,中央审计委员会在长征前夕的1934年9月发布的报告中称:“我们可以夸耀着:只有苏维埃是空前的真正的廉洁政府。”特别是经过延安整风以后,形成了一整套党内生活制度,这是保障中共的群众路线贯彻执行,增强党内的凝聚力,纯洁党的作风的关键保证。1949年3月,毛泽东在党的七届二中全会上,向全党发出了“两个务必”的号召,要求务必使同志们继续保持谦虚、谨慎、不骄、不躁的作风,务必使同志们继续保持艰苦奋斗的作风。根据毛泽东的提议,全会作出六项规定:一、不做寿;二、不送礼;三、少敬酒;四、少拍掌;五、不以人名作地名;六、不要把中国同志同马恩列斯平列。新民主主义革命时期,正是由于我们党努力倡导制度建设,党才克服了无数的艰难险阻,并由弱变强,由小变大,引领中国革命取得了辉煌的胜利。

2.忽视制度建设使党的事业遭受重大挫折

在社会主义革命时期,我们党坚持发扬了革命战争年代形成的好制度,并且继续把制度建设作为党的建设的重要问题,形成了建国初期党风正民风好的良好局面。但是我国进入社会主义建设时期后,党的制度建设开始出现重视制度建设与忽视制度建设两种取向相互角力的现象。邓小平注意到了该阶段党的制度建设中的不正常现象:“从一九五八年批评反冒进、一九五九年‘反右倾’以来,党和国家的民主生活逐渐不正常。一言堂、个人决定重大问题、个人崇拜、个人凌驾于组织之上一类家长制现象不断滋长。[①]特别是十年“文革”动乱期间,党的制度建设出现大倒退的局面,就连党章这一党的最根本的制度也遭受了史无前例的破坏和践踏。从党的领导制度上看,中央文革小组取代了中央政治局,革命委员会取代了省、市、自治区党委和省、市人民政府。党的基层组织被砸烂,处于瘫痪状态。从党的生活制度看,党内生活极不正常,党和国家的大批领导干部被打倒,遭迫害。据中央组织部统计,“文革”中全国被立案审查的干部共230万人,占“文革”前1200万干部的19.2%。其中,中

①《邓小平文选》第2卷,人民出版社1994年版,第330页。

央、国家机关副部长和地方副省长以上的干部，被立案审查的约占同级干部总数的75%；有六万多名干部被迫害致死；集团性的冤假错案近两万件，涉及干部达几十万人。[①]党的工作制度、监督制度、会议制度、选举制度等都遭到严重破坏，党精心培育下来的良好风气被污染，党群关系、干群关系、人与人之间关系被破坏，而这一切都与制度被破坏有直接关系。邓小平在总结这一历史教训时深刻指出："制度问题更带有根本性、全局性、稳定性和长期性"，"制度问题不解决，思想作风问题也解决不了"。[②]

3.加强制度建设使党的事业焕发出勃勃生机

十一届三中全会以后，中国共产党非常重视制度建设，把制度建设作为党的作风建设的重要内容来抓。邓小平特别注重从制度层面推进党的作风建设。邓小平认为党的制度问题比党的思想作风问题更重要，重视党的制度建设已是当务之急。他深刻指出："加强党的作风建设，必须高度重视和切实推进党和国家领导制度的改革，不坚决改革现行制度中的弊端，过去出现过的一些严重问题今后有可能重新出现。"[③]邓小平还强调，"国要有国法，党要有党规党法"，"重要的是维护党规党法，切实把我们的党风搞好"。"在整个改革开放过程中都要反对腐败。对干部和共产党员来说，廉政建设要作为大事来抓。还是要靠法制，搞法制靠得住些。"[④]邓小平有关高度重视制度建设的论述，为新时期党的作风建设开辟了新的境界。江泽民也多次强调党的制度建设。党的十五大报告中特别强调严格按党章办事，按党的制度和规定办事。在十五届六中全会的讲话中，江泽民提出"保证党和国家的长治久安，制度建设是最根本的"，"要建立健全一套管用的制度和机制，推进作风建设制度化、规范化"。[⑤]进入新世纪，为适应新形势新任务的要求，胡锦涛在庆祝建党90周年的大会讲话中指出，"要提高制度建设的质量和水平，做到用制度管权、用制度管事、用制度管人，

①中共中央党史研究室：《中国共产党历史》第2卷下册，中共党史出版社2011年版，第967页。

②《邓小平文选》第2卷，人民出版社1994年版，第328页。

③《邓小平文选》第2卷，人民出版社1994年版，第333页。

④《邓小平文选》第3卷，人民出版社1993年版，第379页。

⑤中央文献研究室编写组：《论党的建设》，中央文献出版社2001年版，第546页。

推进党的建设和党内生活制度化、规范化”。2012 年 12 月底,中共中央总书记习近平走访 8 个民主党派中央和全国工商联,在谈话中,总书记再次提到当年黄炎培和毛泽东在延安关于历史周期律的对话,认为这至今对中国共产党都是很好的鞭策和警示。[①]总书记重提历史周期律,就是让全党不要忘记古往今来兴衰成败的经验教训,寻找到能够跳出历史周期律支配的科学制度和有效体制,确保党的长期执政和国家的长久治安。2013 年 7 月 11 日至 12 日,习近平总书记在革命圣地西柏坡考察时,再次强调了制度建设对改进作风的关键作用:“党的规矩、制度的建立和执行,有力推动了党的作风和纪律建设。”

在实践上,十一届三中全会以来,从中央到地方各级党组织加强了党内各项法规、制度建设,逐步建立健全权力运行、党员行为规范、党内生活准则等各方面制度。在作风建设方面制定了《关于党内政治生活的若干准则》《中国共产党党内监督条例》《中国共产党领导干部廉洁从政若干准则(试行)》《中国共产党纪律处分条例(试行)》《党政领导干部选拔任用暂行条例(试行)》《中央关于改进工作作风、密切联系群众的八项规定》等一系列制度,使党在作风建设方面有了具体约束和行为规范,有效地遏制了某些不正之风的发生,使党的优良传统作风在新的历史条件下继承和发扬。

中国共产党制度建设的发展史表明,用制度来规范引导是践行党的群众路线,加强党的作风建设的一条重要历史经验。从严治党的关键在于建立和完善一整套简明、管用、具有约束力的制度体系,使党的各级组织对党员干部实行有效的管理和监督,及时发现矛盾、解决问题,始终保持党的肌体健康。

(二)加强制度建设是应对现实挑战的内在要求

截至 2012 年底,全国党员总数为 8512.7 万名,江西省党员总数已达到 208.05 万名。[②]当前,党员干部队伍主流始终是好的,但也有一些党员干部对群众的认识发生了错位与变异,存在“矮化”、“妖魔化”、“抽象化”群众的问题。习近平总书记强调,“新形势下,我们党面临着许多严峻挑战,党内存在着许多亟

①《习近平重提“历史周期律”引关注》,《新华国际》,2012 年 12 月 30 日。

②《江西共产党员达 208 万名》,《江西日报》2013 年 7 月 1 日。

待解决的问题。尤其是一些党员干部中发生的贪污腐败、脱离群众、形式主义、官僚主义等问题,必须下大气力解决。"江西省通报了查摆出的全省党员干部“四风”方面存在的14个突出问题,以及个别党员干部身上存在的11个严重问题,主要是:学习抓得不实,开拓进取心不强,会议文件、仪式庆典等过多过滥,有的群众观念淡薄,检查、评比、考核过多,衙门习气较重,听取各方面意见不够,有的习惯于拍脑袋决策,工作跟踪问效、指导督导不力,缺乏担当精神,工作拈轻怕重,存在讲排场、比气派、铺张浪费习气,一些干部社会形象差等等。更为严重的是,一些党员干部拜金主义、享乐主义倾向越来越泛滥。考察群众工作问题产生的原因,主要在于制度建设的滞后。由于缺乏制度化,制度的科学性和适用性不强,制度的效力软弱,致使种种制度成为摆设,群众路线发生了变异,成为没有群众观点的“群众路线”,严重背离了实事求是的原则,造成群众工作虚拟化,工作方式简单化、联系群众渠道单一化。这再次表明,“建设科学的系统的有效的制度更加重要,这是新时期贯彻实事求是、密切党群关系和创新工作方式的内在要求”。

1.推进制度建设是新时期贯彻实事求是的有效举措

规律是事物内部的、本质的、必然的联系,人们对规律的认识是对事物及其本质发展变化的动态的揭示和把握。群众工作有其特有的规律性,这种规律性就是在群众路线和根本要求的指导下,推进制度建设,实事求是地运用各种有效的方式方法宣传、组织、引导群众为实现中华民族伟大复兴而努力奋斗。新时期以来,我党制度建设的实践和国外成功的做法已经使我们清醒地认识到,要切实有效并长期稳定地促进群众工作规律和有效工作方法的有机结合,就必须通过制度建设的引导和强制,不通过操作程序的界定和安排,很难落到实处,即使落实了,也难以持久。譬如民主集中制是我们的根本组织原则和根本组织制度,民主集中制执行情况如何对贯彻党的思想路线至关重要,但我们长期对民主集中制的实施,缺乏系统明确的制度安排和具体简便的操作程序,对必须由集体决定的“三重一大”没有分级的量化指标,这势必削弱民主集中制的效能,而这种削弱不仅影响党的思想路线的贯彻落实,而且还将在更广更深的范围内产生消极影响。对于“实事求是”的观点,全体党员干部都认为很重要,但实际上却很难做到,其原因还是制度建设与党的思想路线以及相关的路线、方针、政策相脱离或不配套。推进制度建设，可以有效避免党的思想路线在贯彻落实中出现偏差。

2.推进制度建设是新时期密切党群关系的有效途径

目前，党员干部队伍中1960以后出生的干部已经成为干部队伍的主力。就其书本知识而言，学问较为丰富，眼界也比较开阔。但是，这些干部与基层群众的感情、对基层社会的了解，比起他们的前辈则相差甚远。这部分党员干部队伍中有些人对基层群众还缺乏起码的人文关怀，这与我们党的作风建设要求格格不入。此外，有些党员干部在工作方法上还存在本领恐慌的问题，这集中体现在群众工作中的“失语”、群众工作方法的“失效”和一些基层党组织在群众工作中的“失位”等方面。同时，随着改革深化和利益格局的调整，具体利益和局部利益的差别性日益明显，导致经济利益的矛盾凸现出来。马克思曾指出：“人们奋斗所争取的一切，都同他们的利益有关。”[①]特别是就业形势严峻，劳动力供求矛盾紧张，社会贫富差距趋于扩大，社会贫困凸显，是当前人民内部矛盾的直接表现。特别是在社会阶层的分化、重组与民众的政治参与、社会生活参与的积极性越来越高涨的条件下，各个社会群体都强烈地要求通过各种形式和渠道表达自己的利益诉求、愿望和意见。由于利益表达渠道的缺失，新时期社会矛盾的复杂性、行为的对抗性、事件的组织性日益增强。因而，创新党的群众工作运行机制，拓宽联系群众的广度与深度以建立同群众的“有效沟通”，着力形成常态化工作机制是我们迫切需要解决的一项重要课题。

3.推进制度建设是新时期创新工作方式的有效载体

群众工作要渗透到党的各项工作中，才能发挥其应有的社会作用。在社会群体分化日益加剧的条件下，必须探索全新的群众工作方式方法并且逐渐形成新的群众工作运行机制。这就要求党的群众工作在继续坚持党的优良传统的基础上，适应当前社会群体分化的现实，创新群众路线的工作机制，最大限度地调动广大人民群众的积极性和创造性。在创新工作机制的过程中，要吸取以往工作中对目标和内容经常出现的“空”、“虚”的问题，以“钉钉子”精神妥善处理好方方面面的利益关系特别是利益矛盾，对各种有不同利益诉求的社会

①《马克思恩格斯选集》第1卷，人民出版社2006年版，第82页。

群体进行整合，引导各个社会利益群体以理性、合法的形式表达自己的利益诉求。这种工作方式就要求推进制度建设，形成包含群众工作主体机制、目标机制、动力机制、控制机制和保障机制等内在统一的工作运行机制。例如，南昌市开展的“民情家访”、浙江温岭开展的“民主恳谈”等具体实践证明，制度建设在群众路线工作中能够发挥纲举目张的关键作用。

（三）加强制度建设是遵循理论逻辑的实践行动

《共产党宣言》提出，“共产党领导下的无产阶级运动则是绝大多数人的、为绝大多数人谋利益的运动”。①在革命、建设和改革的过程中，中国共产党始终坚持“全心全意为人民服务”的根本宗旨，表明共产党的人民性不但是理论上的论说，更是一种政治上的实践。这种政治实践将党员干部和广大群众有机地联系了起来，其主要形式就是将“理念、制度、实践”融为一体的群众路线。毛泽东同志曾经指出，“在我党的一切实际工作中，凡属正确的领导，必须是从群众中来，到群众中去。这就是说，将群众的意见（分散的无系统的意见）集中起来（经过研究，化为集中的系统的意见），又到群众中去作宣传解释，化为群众的意见，使群众坚持下去，见之于行动，并在群众行动中考验这些意见是否正确。然后再从群众中集中起来，再到群众中坚持下去。如此无限循环，一次比一次地更正确、更生动、更丰富。这就是马克思主义的认识论。”②

1.理念必须以制度为保障，才能转化为有效实践

在社会发展过程中，有什么样的思想观念，就有什么样的行为方式，从而会影响一个国家的发展方式、发展道路和发展战略。以“一切为了群众、一切依靠群众，从群众中来、到群众中去”为核心内容的群众路线，与“全心全意为人民服务”的根本宗旨一脉相承，是中国共产党根据自身的性质和马克思主义的认识论，结合中国具体国情创造出的一种科学的领导方法和工作方法。马克思主义的群众观点包括人民群众是历史的创造者、全心全意为人民服务、虚心向人民群众学习、对人民负责与对党负责相一致、要依靠群众又要教育引导群众

①《马克思恩格斯选集》第1卷，人民出版社2012年版，第71页。

②《毛泽东选集》第3卷，人民出版社1991年版，第899页。

前进等方面。但群众路线、群众观点毕竟是一种思想观念，不具有直接的现实性。任何思想理论只有变成现实，才能对实际发生作用。马克思曾经说过，“思想本身根本不能实现什么东西。思想要得到实现，就要有实践力量的人”，通过一定的制度形式将其作用于现实实践过程之中。因为思想观念要变成现实，除了转化为人们的行动，还可转化为制度。制度是思想观念转变为客观现实的重要环节。它既是一定思想观念的现实化、具体化，又是这些思想观念得以实现和贯彻落实的重要保证。其原因在于制度具有可操作性特征。现代社会的一个基本特征，是按制度办事。按制度办事，能够在一定程度上避免人治或主观随意性，使一定思想观念与原则规定落到实处。就我国当前来说，党员干部要践行群众路线，就必须将群众路线的基本理念、精神实质、根本要求、主要原则等等内化并体现在党和国家的制度、体制及其运作机制中，通过规范社会的经济、政治、文化关系促进和保证为民务实清廉等思想观念的贯彻落实。

2.实践必须以制度为依据，才能上升为科学理论

“人类的生产活动是最基本的实践活动，是决定其他一切活动的东西。人的认识，主要地依赖于物质的生产活动，逐渐地了解自然的现象、自然的性质、自然的规律性、人和自然的关系。”[①]“认识从实践中来，而实践的主体是人民群众。”近年来，群众实践能力不断提高，政治参与度不断提升，制度建设不断得到加强，各种制度建设为群众实践提供了日益宽广的渠道。实践证明，在实践过程中以制度为依据，更有利于充分反映民意、广泛集中民智，为科学理论的形成提供实践基础。在社会生活中，制度是深层次的东西，具有根本性的特征。党的群众路线教育实践活动是适应全面建设小康社会的要求，针对现阶段党员干部存在的突出问题提出来的。这些突出问题中有许多是深层次的，往往与现行的制度和体制有着密切关系，不从制度和体制入手，难以从根本上得到解决。这就要求认真总结群众路线教育活动中的新鲜经验，概括提炼各地区、各部门和基层党组织在加强和改进党的建设中的好经验、好做法并上升为理论，在生动的实践中发现群众的创造、凝聚群众的智慧，并将其上升为制度。在此基础上，只有坚持从群众中来、到群众中去的工作方法，深入基层、深入群

①《毛泽东选集》第1卷，人民出版社1991年版，第283页。

众,充分了解各方面、各层次人群的情况和诉求,检验实践与制度的吻合程度,才能形成对事物客观、真实、系统的理性认识,进而上升为科学的理论。

3.制度必须以理念为指导,才能有效地规范实践

"理论一经掌握群众,也会变成物质力量。理论只要说服人,就能掌握群众;而理论只要彻底,就能说服人。所谓彻底,就是抓住事物的根本。但人的根本就是人本身。"[①]而人总是生活在一定的社会制度之下,按制度设定的规程或范围行事,受制度的激励或限制。制度由人来设计、制定,也由人来执行和遵守,归根到底是为人服务的。制度是一种行为规范,规范、引导、约束和整合人的行为,是人的行动必须遵循的准则,具有导向性特征。在科学理念的指导下,制度通过规定人们做什么不做什么、该怎样做不该怎样做,将其引导到有利于社会发展的轨道。用制度管权管事管人,核心是用制度管人,管住了人,也就管住了权和事。现在我国一些地方出现的重经济指标、轻社会进步,重眼前利益、轻长远利益的现象,在一定程度上就与干部所持的错误政绩观有关,结果造成了"干部出数字"、"数字出干部"的"怪圈"。现实生活中许多问题长期得不到解决,很大程度上也是因为党员干部理念发生偏差,导致制度执行不力。为民务实清廉要落到实处,就必须树立科学的理念,以科学的方法吸引更多群众参与到制度建设中来,使群众可以较为深入地熟悉制度的内容、理解制度的精神,有助于增强群众对制度的亲近感,增强群众遵守制度、运用制度的意识和能力,从而使制度得到更有效的执行。

二、构建科学制度是党员干部践行为民务实清廉的有效途径

2013年6月18日,党的群众路线教育实践活动工作会议在北京召开,习近平出席会议并发表重要讲话,会上强调:"要以践行群众路线为契机制定新制度,完善旧制度,废除不适用的制度。"以为民务实清廉为主要内容的群众路线体现了党的性质、宗旨,反映了党的思想理论的要求,体现了党的工作作风制度性要求,是党的制度性因素。这就要求把群众路线作为制度设计的首要标准,把群众工作制度作为根本制度,根据"制为民所建"的原则,构建科

①《马克思恩格斯选集》第1卷,人民出版社2012年版,第9页。

学的为民务实清廉的制度体系,从根本上促进群众路线的贯彻执行。

(一)准确认识群众路线教育的根本目的,构建立党为公、执政为民的常态机制

中国共产党成立以来,党的一切工作都是以人民群众根本利益为出发点和落脚点,以最广大人民群众的支持拥护为目的指向的。我们党最大的政治优势是密切联系群众,执政后最大的危险是脱离群众。群众路线教育的根本目的,就是始终坚持人民至上的价值观,切实解决党在思想建设、组织建设、作风建设、反腐倡廉建设、制度建设方面存在的问题,使我们党不断增强自我净化、自我完善、自我革新和自我提高的能力,始终保持马克思主义政党的先进性和纯洁性。因此,必须探索构建立党为公、执政为民的常态机制,把为人民群众办实事、解难事、做好事的有效做法坚持下去,在工作方法上回应群众关切、在工作内容上满足群众需求,在思想作风上增进获得群众认同。

1.完善理想信念教育机制,夯实执政为民思想基础

理想信念作为人们的世界观在奋斗目标上的集中体现,从来都是一种能动地推动人类社会发展的巨大力量。共产主义理想和中国特色社会主义信念,是中国共产党人最崇高的追求和强大的精神支柱,是推动党和人民事业前进的力量源泉。正确的理想信念的养成,需要相应的学习制度来保证。新形势下,加强理想信念教育的制度建设,"提高党员主体意识、法制意识、民主意识,推进党内民主制度建设,形成党内民主建设的持续发展的良性循环机制"[①],是当前一项极为迫切的任务。

(1)完善教育培训内容。将理想信念教育、对党忠诚教育、联系群众教育纳入党员干部日常教育培训范畴。过好专题组织生活会和民主生活会,分析党员的思想状况,党员之间开展批评与自我批评,把理想信念教育与党员的思想特点和成长需求结合起来,教育引导广大党员干部加强理论武装、加强党性修养、加强道德建设,始终保持思想上高尚纯洁、政治上清醒坚定,充分发挥先锋

①周敏凯:《坚持党的群众路线与扩大党内民主建设的理论思考》,《学习与探索》2012年第12期。

模范作用。

(2)创新教育培训方式。认真落实党员干部年度教育培训制度,采取专题辅导、案例教学、集中研讨、自我评议等方式,建立符合时代要求、适应党员干部需要的教育培训新方式;抓理论学习,为增强理想信念教育丰富学习形式,如开展党性教育活动、英模引路活动、警示教育活动、红色教育活动以及群众路线主题实践活动等,激发党员干部接受理想信念和党性观念教育的学习热情,提高党性教育的生动性。

(3)严格教育培训管理。确保党员干部党性教育时间、内容、效果“三落实”,加强培训教育的成效考核,确保收到实效;特别是建立健全学习培训成果运用制度,将党员干部的岗位安排、职务提拔与学习培训成果紧密结合,促进广大党员干部参与学习培训的自觉性和主动性,使他们真正从思想上经常受到教育。

2.完善服务经济社会发展机制,积极促进社会公平正义

公平正义是人类社会的共同追求,是衡量社会文明与进步的重要尺度。我们党主张和追求的社会公平正义,是始终同人民群众的切身利益、共同愿望和社会实践紧密相连的一项重要原则,必须加强教育、就业、医疗、社会保障和住房建设等方面的机制建设,释放社会发展的活力。

(1)不断完善现代国民教育体系,让人民“学有所教”。教育是强国富民的基础,是民族振兴的基石,也是大力提高人民群众的科学文化素质和民主法制素质的最有效、最直接的途径。近年来,我省坚持教育的公益性和普惠性,义务教育均衡发展机制不断完善,职业教育校企对接不断深化,高等教育水平不断提升,“全年研究生教育在校研究生2.5万人。普通高校在校生85.1万人。普通高中、初中、小学在校生分别达83.7万人、194.5万人和434.1万人。特殊教育在校生2.2万人。幼儿园10560所,在园幼儿152.1万人。高等教育毛入学率29.5%,比上年提高2.0个百分点;高中阶段毛入学率79.5%,提高2.0个百分点”。[1]在全面建成小康社会的进程中,学有所教就是要优先发展教育,全面贯

①江西省统计局国民经济综合统计处:《江西省2012年国民经济和社会发展统计公报》,《江西日报》2013年3月22日。

彻党的教育方针，不断完善现代国民教育体系和终身教育体系，保障人民享有接受良好教育的机会；加快普及高中阶段教育，规范教育收费，扶持贫困地区、少数民族地区的教育，促进义务教育均衡发展；健全学生资助力度，保障经济困难家庭、进城务工人员子女平等接受义务教育，促进教育公平。积极发展远程教育和继续教育，建设全民学习、终身学习的学习型社会；重视完善农村职业教育机制，按照社会需求和就业目标培养对社会有用的人才。

(2)不断完善扩大就业的发展战略，让人民“劳有所得”。就业是人民生存和生活的根本。就业是农民生存和生活的根本。实现“劳有所得”，既能保障劳动者有稳定的生活来源和过上体面的生活，又能为他们行使公民权利、履行公民义务提供必要的经济基础。“截至 2012 年底，年末从业人员 2556.0 万人，比上年末增加 23.4 万人。城镇新增就业 53.3 万人”。[①]在全面建成小康社会的进程中，实现劳有所得的路径主要是完善就业机制，坚持实施扩大就业的发展战略，千方百计为劳动者创造就业机会、提供就业岗位，及时帮助零就业家庭解决就业困难，做到“三个提高”即“逐步提高居民收入在国民收入分配中的比重、提高劳动报酬在初次分配中的比重、提高低收入者收入”，使所有有劳动能力和就业愿望的劳动者能够实现就业。优化创业环境，鼓励更多劳动者成为创业者，按照自身的贡献获得合理的报酬。

(3)不断完善城乡一体化的公共卫生服务体系，让人民“病有所医”。健康关系到千家万户的幸福，是实现人的全面发展的基础。江西省政府一直将群众的冷暖放在心头，不遗余力地加大医疗方面投入力度。“我省 2012 年末有各类医疗卫生机构 39514 个(含村卫生室)。其中，医院、卫生院 2135 个，妇幼保健院(所、站)112 个，专科疾病防治院(所、站)112 个，疾病预防控制中心 147 个，卫生监督所(中心)117 个”。[②]实现“病有所医”，必须坚持公共医疗卫生的公益性质，逐步完善覆盖城乡居民的公共卫生服务体系、医疗服务体系、医疗保障体

①江西省统计局国民经济综合统计处：《江西省 2012 年国民经济和社会发展统计公报》，《江西日报》2013 年 3 月 22 日。

②江西省统计局国民经济综合统计处：《江西省 2012 年国民经济和社会发展统计公报》，《江西日报》2013 年 3 月 22 日。

系、药品供应保障体系，把城镇职工、城镇居民和农民一并纳入保障范围，享受同等的财政补贴，并建立统一的城乡医疗保障基金，为群众提供安全、有效、方便、价廉的医疗卫生服务。对于缴费能力较差或没有缴费能力的人，如低保人员、老年然、伤残人员、失业人员等，中央和地方各级财政应按一定比例给予补助，防止群众"因病致贫、因病返贫"的现象发生。

（4）不断完善覆盖城乡居民的社会保障体系，让人民"老有所养"。社会保障是社会安定团结的重要保证，与人民的幸福安康息息相关。"年末参加城镇基本养老保险人数 707.4 万人，比上年末增长 8.3%。其中，参保职工 518.3 万人，参保离退休人员 189.1 万人，实现了城乡居民社会养老保险制度全覆盖。参加城镇职工医疗保险人数 546.8 万人，其中职工 366.4 万人，退休人员180.4 万人。开展新型农村合作医疗试点工作的县（市、区）达 96 个，实现了农村人口全覆盖，基金支出额 90.4 亿元"。[①]为不断完善覆盖城乡居民的社会保障体系，应促进企业、机关、事业单位基本养老保险制度改革，探索建立农村养老保险制度。将未纳入城镇职工养老保险的城乡居民纳入保障范围，实行个人账户与基础养老金结合，个人缴费、集体补助与政府补贴相结合的制度模式。全面普及农村最低生活保障制度，将符合条件的农村居民全部纳入保障范围，实现应保尽保，保障下岗职工、失业人员的基本消费能力。积极完善灾害性社会救助制度、疾病性社会救助制度和互助性救助制度等，形成全面完整的社会救助体系。

（5）不断完善廉租住房制度，让人民"住有所居"。住宅是生活资料的重要部分，是群众的安身之所。新时期以来，住房建设是推进我省改革开放不断深化的重要条件。"2012 年我省全年新开工建设保障性安居工程 30.4 万套，竣工 30.9 万套，发放廉租住房租赁补贴 16.8 万户，完成农村危房改造 17.5 万户。"[②]实现住有所居，就是要将解决住房问题作为改善民生的重要方面，始终把改善群众居住条件作为城市住房制度改革和房地产业发展的根本目的。特别要将

①江西省统计局国民经济综合统计处：《江西省 2012 年国民经济和社会发展统计公报》，《江西日报》2013 年 3 月 22 日。

②江西省统计局国民经济综合统计处：《江西省 2012 年国民经济和社会发展统计公报》，《江西日报》2013 年 3 月 22 日。

解决城市低收入家庭住房制度困难作为政府公共服务的一项重要职责，健全廉租房制度，多渠道筹措资金，加快中低价位普通居民住宅建设，逐步改善住房困难群众的居住条件。

3.完善社会综合治理机制，维护社会安定和谐局面

社会综合治理水平，直接影响着改革发展稳定的大局。自改革开放以来，“社会治安综合治理经历了三个发展阶段，即1978年—1990年期间社会治安综合治理方针的萌生和确立、1991年—1997年期间社会治安综合治理政策体系的形成与发展、1997年至今社会治安综合治理的承续与深化，制度化建设日益受到重视”。[①]实践证明，坚持“打防结合、预防为主，专群结合、依靠群众”的综合治理工作方针，加强和完善社会治安综合治理的工作机制，是解决我国社会治安问题、维护社会稳定的有效途径。

（1）完善社会综合治理服务机制。坚持以人为本，创新社会管理理念和管理方式，不断完善“党委领导、政府负责、社会协同、公众参与”的社会管理格局，健全基层社会管理机制。积极支持各类社会组织承担社会事务，参与社会服务，在服务中实施管理，在管理中促进服务，有利于降低社会管理成本，最大限度地激发社会创造力，增强公民的社会认同感。

（2）完善社会安全生产责任制。近年来，江西省注重推进法治政府建设，“提高依法行政水平，先后两次对行政许可项目和非行政许可项目进行清理，精简率达52.4%；2012年“全年生产安全事故7117起，全年生产安全事故死亡1691人，比上年下降5.9%”。[②]为巩固已有的成绩，安全生产要坚持“安全第一、预防为主、综合治理”的方针，完善安全生产机制，维护安全生产秩序，完善签订责任状、检查考评、兑现奖惩等环节相配套的责任制考评措施。完善食品安全生产监督和突发事件应急管理机制，提高保障公共安全和处置突发事件的能力。

①倪小宇：《改革开放30年社会治安综合治理发展历程》，《福建警察学院学报》2008年第6期。

②江西省统计局国民经济综合统计处：《江西省2012年国民经济和社会发展统计公报》，《江西日报》2013年3月22日。

(3)完善社会治安防控体系建设。继续深入开展“平安创建”活动,努力探索治安防范工作市场化、社会化、群众化的新途径。“平安创建”活动应由党委、政府领导,综治机构组织协调,以公安为骨干,以群防群治力量为依托,以社会面治安防范为重点,以科技手段为支撑,专群结合,点线面结合,人防物防技防配套,依法防范和打击违法犯罪活动。

(二)深刻领会群众路线教育的本质特征,构建求真务实、真抓实干的长态机制

党的群众工作,是我们党的领导和执政的基础,是一切工作的出发点,是我们党能否经受住各种风险考验的决定性因素。作风问题具有反复性和顽固性,必须着眼长远,摸清事物规律,着力推进制度建设,求真务实、真抓实干,实现作风建设的法治化、规范化、科学化。

1.完善作风效能建设机制,不断提高科学执政能力

始终保持党同人民群众的血肉联系,关键要落实到党员干部的具体行动上,必须完善作风建设机制,保障群众工作的正常开展和运行。

(1)大兴调查研究之风,健全调查研究制度。我们党历来高度重视调查研究在党的决策工作和领导工作中的地位和作用,把大兴调查研究之风作为转变作风、密切党群干群关系的重要制度来抓,提出了“没有调查就没有发言权、没有调查就没有决策权”的重要命题。实践证明,各种问题的解决都取决于正确的决策,而正确的决策来源于对客观实际的周密调查研究。调查研究是决策的基础环节。毛泽东同志说过,正确决策的关键是“情况明、决心大、方法对”。要想情况明,广大党员干部就必须始终坚持实事求是的原则,能够沉下身子深入实际,深入基层、深入群众,多听、多看、多想。然后,将实地调查与深入研究紧密结合,以找出其中的本质联系和规律,创造性地提出奋斗目标和工作思路,确保各项决策从实际中来,工作有人务实做。同时,领导干部要有针对性地确定帮扶联系点,为困难群众解决一到几个生产生活方面的实际问题。有关部门要详细记录基层调查研究的情况,定期检查、评比和通报,把结果作为公务员考核和干部表彰奖励及使用的重要参考依据,并拿出措施及对策。

(2)弘扬艰苦奋斗之风,健全财经工作制度。艰苦奋斗是我们党作为马克

思主义政党的本色,是我们党坚持执政为民、始终成为中国特色社会主义事业领导核心的必然要求。牢记党的宗旨,坚持艰苦奋斗,这两者之间有着十分密切的联系。共产党人只有牢记全心全意为人民服务的宗旨,才能保持艰苦奋斗的革命意志。坚持艰苦奋斗,根本目的就是要为最广大人民的根本利益而不懈努力,不断把人民群众的利益维护好、实现好和发展好。党政机关带头厉行节约,进一步控制办公经费,把有限资源和资金更多用在发展经济、改善民生上。严格执行财经制度和经济工作纪律,从严控制楼堂馆所建设,严禁超预算超标准装修办公用房,严禁为领导干部违反规定购买、建造住房和配置用车。对铺张浪费、奢靡享乐、挥霍公款的,必须严肃处理。广大党员干部要深入群众,尤其要关心那些生产和生活遇到困难的群众,深入到贫困地区、困难企业中去,千方百计地帮助他们解决实际困难。要不断结合实际经验,形成行之有效的相关制度,实实在在地为群众谋利益,带领群众创造自己的美好生活。

(3)克服形式主义之风,健全工作责任制度。形式主义和官僚主义,既有思想观念上的原因,但主要是制度缺陷造成的。党的群众路线的执行情况固然与党员、干部的理论水平、思想水平、工作作风有着密切联系,但工作制度是否完善尤为重要。克服形式主义、官僚主义,必须在坚持民主集中制的基础上,完善一整套管用的制度,不断铲除形式主义、官僚主义的土壤和条件,建立健全工作制度,巩固和加强党同人民群众的血肉联系。要坚持重实际、求实效,不图虚名、不务虚功,扎扎实实地把党和国家的各项政策和工作落到实处。要从领导机关做起,整治文风会风,提倡开短会、讲短话、讲管用的话,力戒空话套话。积极运用信息化手段,严格控制发文数量,严格控制会议数量、经费和规模。坚决制止搞劳民伤财的“形象工程”、沽名钓誉的“政绩工程”。对作风漂浮、弄虚作假、敷衍塞责引发的重大事件或造成重大损失的,必须严肃追究责任,以儆效尤。

2.完善联系群众协商机制,畅通民众利益诉求渠道

党的十六大以来,我党坚持立党为公、执政为民的执政理念,努力建设和谐社会,在很大程度上改善了党群关系。但也应当看到,随着社会经济形式、组织形式、就业方式、分配形式和信息渠道的多样化,党的工作所面临的环境、对象、任务及需要采取的具体方式方法于过去都有很大的不同。特别是在个别地方、特殊时期、特定工作中，存在着党群之间的思想隔阂不断加深、利益矛盾逐步凸显的问题，导致一些地方党组织在群众中的向心力有所下降，党组织影响力不强的现象，需要不断完善制度加以解决。

(1)健全界别联系群众机制，促进人民群众依法诉求。群众利益的诉求更多地表现为政治态度的表达，因此“完善群众利益诉求表达机制的重点在于拓宽群众的政治表达渠道，为公众理性合法地表达利益诉求提供政治保障”。[①]一是扩大党员与群众的联系范围，建立健全党员干部联系基层、联系群众责任制。要健全党政领导机关和党员干部信访接待日制度，及时了解群众的意见和建议，合理地处理群众反映的问题；健全党员服务群众网络体系，每个党员要积极参加以服务群众为主要内容的主题实践活动，推行党员承诺制度，履行党员职责；健全党员干部到基层特别是贫困地区锻炼和帮助工作制度，为党员干部了解社情民意、服务群众、植根群众架起桥梁。二是充分发挥各级人大、政协的利益表达渠道作用。要积极支持人大代表、政协委员依法履行职责，认真做好议案、意见、建议、提案征集工作，主动、积极将离散的民意有机地整合起来，形成符合大多数民众意志的主张，扩大人民群众政治参与的正当性、制度性保证。三是积极推进基层协商民主制度，打造民情上达的制度化渠道。通过规范“选定协商主题、界定协商主体、确定协商内容、固定协商时间、厘定协商预算、设定协商方式”等协商机制，变“要我协商”为“我要协商”，[②]以便不同的利益主体都能够平等地表达自己的利益诉求，保证群众“话有处说，怨有处诉，难有处解，事有处办”。

(2)健全信访报告工作机制，促进人民群众理性诉求。作为群众反映诉求的重要渠道，信访工作不仅能够直接检验我们对群众权益的态度，而且能够直接检验群众在我们心中的分量有多重。党员干部必须从事关系到党同人民群众血肉联系的高度，加强和改进信访工作，围绕群众思想认识困惑点、利益关系交织点、社会矛盾易发点，深入做好宣传政策、解疑释惑、理顺情绪、化解矛盾的工作。积极完善信访工作机制，建立信访报告制度和突发事件跟踪反馈制

①吴任：《完善群众利益诉求表达机制的四点建议》，《检察日报》2011年7月13日。

②廖清成：《从制度上构建社区协商民主平台》，《学习时报》2013年4月1日。

度，发挥信访部门作为民意表达的专业渠道作用。要紧紧围绕群众诉求和维权的热点问题、工作的制约因素，定期分析上报信访动态情况，及时反映社情民意。在分析诉求表达信息时，应采用定性和定量相结合的方法。例如，焦点群体方法是一种在小型群体内进行的，集中研讨和访谈的研究方法，用于围绕一个“热点”或“焦点”问题的反复讨论，从而可以获得民众真实的利益诉求，引导群众以理性的形式表达利益诉求。

(3)健全社会组织传导机制，促进人民群众深化诉求。作为政府与人民群众之间的桥梁，社会组织最主要的特征是以高度的组织化代替分散的个体，代表特定的人群表达利益诉求，准确、及时地表达利益主体的意愿，实现与政府部门沟通的良性互动。当前国内外实践证明，当一个国家的公众参与度越高，这个国家的社会也就越稳定，社会环境氛围也就会越和谐。为此，必须坚持培育发展和管理监督并重的原则，积极培育社会组织的成长，最大限度地汇聚民意，使民意诉求达到有序化、统一化、整体化，充分发挥社会组织的社会利益传导功能，确保民众的权益能够得到切实维护，积极从事后介入的“被动维稳”到提前参与的“主动维稳”，在交流互动中扩大社会共识，形成社会管理服务的合力。近年来，万年县坚持以群众工作促进信访工作，形成的“1+3”群众工作模式(以强化民本理念为核心，夯实网络、制度、保障三项制度)反响很好，正逐步推广到全省各地。

(4)健全大众媒体引导机制，促进人民群众有序诉求。当前社会，信息化重构了人们的生产和人际交往方式。信息网络具有超时空性、迅速性和大众性等特点。信息网络表达能够使社会利益诉求方面快捷地输送到决策层，有效地实现自主利益的真实表达，越来越成为利益主体诉求表达的重要社会工具。要坚持党的群众路线，充分发挥互联网通达社情的作用，加强反映社情民意信息工作和信访工作，畅通信息搜集、报送和反馈渠道，了解和反映不同群体的利益诉求，提高信息工作系统性和科学性，完善社会舆情汇集和分析机制。党和政府应为各社会阶层提供利益诉求的制度性平台，建立健全网络民意收集机制、研究机制、反应机制、互动机制，如民意调查制度、民众听证制度、多方协商谈判制度、公民投票制度等，广纳群言、博采民意，使社会中多元化的合理利益诉求，能够依法通过规范的渠道输入政府决策过程中，供决策者咨询、参考、整合和制定政策，从而退出得到社会普遍认可的政策措施，实现决策的科学化、民主化和制度化。南昌市开展的“民情家访”利用群众“听得懂、信得过”的方式广泛开展普法教育，使群众知法、守法、用法，在诉求过程中做到“有序维权”。

3.完善群众诉求协调机制，确保真抓实干取得实效

诉求表达过程实际上就是不同阶层、不同利益群体和不同社会成员之间利益的协调过程。当各方利益发生冲突时，就会产生人民内部矛盾。毛泽东曾指出：“一切矛盾都是客观存在的，我们的任务在于尽可能正确地反映它和解决它。”[①]为此，必须依据法律，完善诉求表达调处机制，更多地用教育疏导、解决实际问题的方法来化解人民内部矛盾。

（1）健全合理的利益协调机制。现阶段，要反映和妥善处理人民内部矛盾，各地必须按照群众路线教育活动的要求，把维护最广大人民的根本利益作为完善利益协调机制的出发点和落脚点。要把正确处理人民内部矛盾问题同切实解决社会主义社会的主要矛盾联系起来，坚持科学发展，加快经济发展方式的转变，努力实现居民收入增长与经济增长同步，为正确处理好社会矛盾打牢物质基础，消除现阶段人民内部矛盾产生的根本诱因。不断完善社会主义市场机制，充分发挥政府在社会利益协调中的作用，深化基本公共服务的社会参与机制改革，贯彻按劳分配和按生产要素分配相结合的原则，按照“调高、扩中、保低”的调节原则，把发展成果更多地落实到保障和改善民生上，从源头上预防和减少社会矛盾的发生。赣州市开展的“送政策释民惑，送温暖聚民心，送服务解民难”活动，紧密保持了党与人民群众的血肉联系，转变了干部作风，维护了群众利益。

（2）健全科学的利益调处机制。早在1934年，毛泽东就要求，“我们应该深刻地注意群众生活问题，从土地、劳动问题到柴米油盐问题”。利益调处必须准确把握“严”与“宽”的尺度，真正做到“民思我想、民求我应、民需我做、民困我帮”。各地区各部门要加强领导协调，建立健全“人人负责、层层负责、环环相扣、科学合理、行之有效”的抓落实的工作责任制，敢抓落实、狠抓落实、善抓落

①《毛泽东选集》(第2卷)，人民出版社2006年版，第271页。

实，形成网格化、条块结合的活动格局，达到“上下联动、左右配合”的效果。在健全机构的基础上，有效利用社会矛盾纠纷滚动排查机制，扩大信息来源，前移监督关口，针对所在地区社会管理中的热点、重点和难点问题，加大矛盾纠纷的排查调处力度，切实做到群防群治群控。近年来，江西省石城县检察院开拓思路，建立申诉矛盾调处机制，拓宽关注民生、服务群众的渠道，成效明显。

(3)健全有效的矛盾调解机制。着力形成由各级政府负总责、政府法制部门牵头、各职能部门为主体的行政调解工作新机制，坚持调解优先的原则，以人民调解为主旋律，整合人民调解、司法调解、行政调解资源，实行“三调联动”综合调解机制，规范排查受理、梳理分流、调解处理、建档立卷和回访巩固等调节流程，实现调解工作运行科学化、规范化、程序化，有效防范和化解劳动争议、征地拆迁、环境污染、食品药品安全、企业重组和破产等引发的社会矛盾。对已经表现出来的人民内部矛盾，要坚持民主的、说服教育的方法来平息事态，防止出现“个别问题群体化、简单问题复杂化、经济问题政治化、内部问题社会化、局部问题扩大化”的现象。要把处理人民内部矛盾纳入法制轨道，形成“依靠基层党政组织、行业服务组织、群众自治组织”的管理方法，形成社会合力，严格按照法律规定的程序对当事人的行为进行约束和规范，公平、公正、公开地化解各种问题，以便取信于民。新余市以解决影响社会和谐稳定突出问题为突破口，不断创新矛盾纠纷调解机制，构建“大调解”格局，有效地化解了人民内部矛盾。

（三）牢牢把握群众路线教育的基本要求，建构干部清廉、永葆本色的稳态机制

党的十八大报告重申了党的干部要清正、廉洁的要求。“清廉”，是共产党人的本色，是最可贵的品质，是贯彻执行群众路线的保障。在发展社会主义市场经济条件下，要保证群众路线的真正实施，就必须完善干部任用机制、考核机制和监督机制，营造风清气正的政治清明环境。

1.完善干部任用机制，树立正确用人导向

我们党历来高度重视选贤任能，始终把选人用人作为关系党和人民事业的关键性、根本性问题来抓。习近平强调，好干部要做到“信念坚定、为民服务、

勤政务实、敢于担当、清正廉洁”。党管干部，是我们党长期坚持的一条根本组织原则。[1]群众公认，历来是我们党选拔任用干部的一条重要标准。“用一贤人则群贤毕至，见贤思齐就蔚然成风。”选什么人就是风向标，就有什么样的干部作风，乃至就有什么样的党风。[2]

（1）确定干部选任标准。我国宪法规定，一切权力属于人民，领导干部的一切权力都是人民赋予的。权为民所赋，这是马克思主义的权力观，也是现代民主政治的基本内核。领导干部来自于群众，生活在群众之中，能力大小、素质高低，群众看得最清楚，心里最明白，最有发言权。要科学准确地把好干部选用起来，就必须把党管干部和群众公认统一起来，完善以群众公认为关键标准的干部选拔机制。这是把党的主张和人民的意志统一起来，充分保障人民群众当家做主的地位和权利，并最终巩固党的执政合法性的根本举措，也是破除官僚主义、加强党和群众密切联系的重要举措，从而有效地维系执政和市场经济条件下的党群关系。

（2）完善干部选拔机制。按照《党政领导干部选拔任用工作有关事项报告办法（试行）》，探索健全以群众公认为关键标准的干部选拔机制，关键就是坚持“民主、公开、竞争、择优”的方针，大力推进干部任用制度化建设，对干部选任的初始提名、民主推荐、民主考察、民主票决和任前公示等环节进行相应地规范，坚决制止简单以票取人的做法，实现由“人选人”向“制度选人”的根本转变，确保民主推荐、民主测评风清气正。要把干部的选拔任用置于社会监督、群众监督和舆论监督之下，从而更加正确、全面地了解干部，真正把德才兼备、政绩突出、群众公认的优秀干部选拔到领导岗位上来。要继续下大力气，研究解决好民主推荐、民主测评、公开选拔、竞争上岗、培养选拔年轻干部、任职年龄、班子结构和整体功能。江西吉安采取竞争性选拔干部，通过“政策岗位公示、程序原则公示、面试人选公示、笔试人选公示、考察人选公示和拟任人选公示”，限制党政一把手提名权，[3]干部选拔日益规范。

①陈志刚：《制度建设：实现联系群众常态化》，《辽宁日报》2013年6月25日。
②徐京跃：《习近平强调：建设一支宏大高素质干部队伍》，《人民日报》2013年6月29日。
③王剑：《干部竞争性选拔江西吉安样本》，《新华月报》2013年7月（下）。

(3)规范干部权力行使。在选好干部的基础上，还要用好干部。强卫书记指出，“好干部是决定执政党力量的核心竞争力，也是发挥执政党作用的核心战斗力”。广大党员干部要自觉做共产主义远大理想和中国特色社会主义共同理想的坚定信仰者和忠实实践者，与群众同苦同乐、坐在一条板凳上，全心全意为实现人民的幸福生活而殚精竭虑。与此同时，必须加强对党员干部权力的制约，要以科学配置权力为主线，实现决策权、执行权、监督权相对分离，加强对权力的程序制约。逐步推进合理分权，单位内班子成员之间、部门之间科学配置权重，系统内实行权力下放、分级办理，加强岗位之间、环节之间的监督和制约。加强对主要领导的权力制约，制定合理限权、规范用权的具体措施，制作权力运行流程图，将实体性制度和程序性制度有机结合起来，有效防范打招呼、批条子、铲信息等问题，从而达到限制不当用权、强化正当用权、规范制度用权的效果。

2.完善干部考核机制，形成良性激励效应

评价干部是公认的世界性难题，长期以来“定性多定量少”、“评价标准个性化、类别化、针对性不够强”的问题一直没有得到根本解决。要科学考核党员领导干部，必须坚持“德才兼备、以德为先”素质评价为中心，按照实事求是、目标考核、注重实效、兼顾民意的原则，形成以定量考评为基础，以定向考评、现场考评和定性考评为补充的考评体系。

(1)扩大考核主体。应形成包括上级、同级、下级和群众的多元主体，积极探索社会评价、民意调查等新途径，特别是注意扩大知情者的谈话面，实现由单向考核向多维考核、封闭考核向开放考核的转变，把民众考评与组织考评、考试考评结合起来，力求做到“官评”与“民评”相统一。

(2)创新考核方法。着眼于全面考察德、能、勤、绩、廉，可考虑构建以定量考评为基础，以定向考评、现场考评和定性考评为补充的组合方法体系。对党员干部素质、修养、能力加以评价，采取以民主测评、民意调查和个别谈话为主的定性考核方式，保障党员能够按照组织程序，充分发表不同意见。然后，将考核材料按不同比例量化折算为分数，形成综合评价指数，建立党员干部实绩档案。

(3)评定考核结果。考核管理监督干部，应以岗位职责为基础、以目标任务为方向、以工作业绩为核心、以社会评价和组织评价相结合为手段、以换届考察、任前考察为重点，健全党政领导班子和领导干部分类考核评价体系。考核结果应以平时考评、年度考评为参照标准，将日常考评、立体考评、动态考评结合起来，积极运用社会调查方法、统计分析和现代信息技术对不同干部类型和个体的基本信息进行搜集、整理、分析、研究，建立动态的干部管理信息系统，真正把"德才兼备、以德为先"的用人标准操作化为可观测的指标并落实到干部管理和考核的全过程。在考核运用上，设定特别胜任、胜任、基本胜任、基本不胜任、不胜任考评等级，将考核结果作为评先评优、职务晋升的重要依据。

3.完善权力监督机制，科学规范权力运行

中共十七届五中全会提出，要从领导体制逐步规范化、制度化入手，建立和完善惩治和预防腐败体系，增强反腐倡廉建设的整体性、协调性、系统性、实效性。

(1)上级监督要有效。要使上级监督有效，必须改革党内监督体制。改革党内监督体制，必须根据本地特点进行探索，重在有效。要加强对各级党员领导干部在重要干部任免、重要建设项目安排、大额资金使用方面重点监控。要把各级党员领导干部八小时以外行为纳入监督环节，完善党员领导干部离任审计制度，实施有效监督。规范公务活动。公务活动统一安排，个人不得擅自做主，除重要活动外，一般不参加剪彩、奠基、颁奖等纪念性、礼仪性、应酬性的活动；严格执行领导干部请(销)假制度。

(2)同级监督要有为。各级党员领导干部要带头执行"八项规定"，坚持述职述廉制度；坚持个人重大事项报告制度，要及时如实地向组织报告购车、购房、婚姻变化、出国出境、子女就学就业、配偶或子女经商办企业等重大事项。重点完善现行纪委对同级党委和上级纪委负责的运行机制，赋予其与各级党委执行机关平等的地位和权力，进而从根本上保证纪委能够独立地行使其监督权。民主监督主要是指非国家机关的组织和个人，运用宪法和法律赋予的权利，对党员干部公务行为提出批评、建议、申诉、控告、检举等活动。

(3)群众监督要有力。从根本上来说，群众监督和舆论监督，是实现反腐败关口前移的关键环节。邓小平曾指出："要有群众监督制度，让群众和党员监督干部，特别是领导干部。"这就必须把群众监督和舆论监督有机结合起来。在群众监督方面,由各级纪委牵头成立“一述(公开述职或书面述职)双评(党内评与党外评)三监督(专门机关监督、群众监督和舆论监督)”评议团,定期接待党员、直接听取党员和党代表的意见,使群众监督真正落到实处。舆论监督主要是指新闻媒体运用舆论帮助公众了解政府事务、社会事务和一切涉及公共利益的事务,并促使其沿着法制和社会生活公共准则的方向运作的一种社会行为。在舆论监督上,通过利用领导接待日、公布举报电话、设立举报箱等方式,特别是要发挥好中纪委和上级举报网站的优势,建立健全网络民意反映和收集机制,为人民群众提供制度性的监督平台,通过正当、规范的渠道输入相关纪委监察部门,让群众监督、舆论监督有序化,形成党内监督、群众监督、舆论监督三位一体的全流程监督。为了保证人民当家做主,我们党支持和保证人民依照宪法和法律赋予的权利加强对国家机关及其工作人员的监督。

“为民、务实、清廉”三者相互促进、各有侧重,又互相融合、辩证统一。为民是目的,党的一切工作的目的都是为了实现、维护和发展最广大人民的根本利益。务实是路径。在作风上坚持求真务实,才能推动工作开展、推动科学发展,才能真正把为民的目标变成看得见、摸得着的现实。清廉是保障。只有每个党员堂堂正正做人,干干净净做事,才能真正赢得人民群众的认可和支持,才能保证其为民与务实的正确方向。因此,每个党员干部在实践中必须把“为民、务实、清廉”三者有机统一起来,真正做到:怀为民之心,权为民用无私念;行务实之举,真抓实干见落实;修清廉之形,两袖清风品自高。

三、落实制度执行是党员干部践行为民务实清廉的根本保障

习近平同志指出,“持之以恒抓好改进作风各项工作,关键就在‘常’、‘长’二字,要以‘咬定青山不放松’的决心,善始善终、善做善成、防止虎头蛇尾”。构建党员干部践行为民务实清廉长效机制,关键在于制度的落实与执行,在于形成制度权威。有制度不执行,就有可能会演变为新的形式主义,比没有制度危害还要大。落实制度执行是一个复杂的系统工程,要用严明的纪律、严格的执行、严密的监督,维护制度的严肃性和权威性,让制度充分发挥硬约束、管长远的作用,形成用制度管人、管事、管权的良好局面,保障群众路线得到真正贯彻实施。

(一)着力培育执政为民理念,增强制度执行的自觉性

“权力导致腐败,绝对的权力导致绝对的腐败。”按照现代法治原理,没有制约的权力必然走向腐败,制约权力必须从他律方面加强法律的约束。但任何制度的执行都离不开人,制度执行的好坏与人的道德、文化、环境等因素密不可分。因此,在以法治摒弃狭隘的人治思想的同时,也不可忽视精神理念、道德修养等内在因素的作用。

1.正确认识思想理念的先导作用,坚定执政为民的理念

现实生活中,人的行为除了受制度规范以外,更多的是受思想觉悟的影响。“制度设计永远不可能完美,总是存在某些缺陷,而人的思想觉悟可以弥补制度设计的不足。”理想信念决定思维模式,思维模式决定行为方式。毛泽东曾经提出,“掌握思想领导是掌握一切领导的第一位。办事要靠人,人要靠得住。”[①]邓小平同志也强调过,“要把工作做好,必须先从思想上解决问题”。[②]习近平总书记指出:“理想信念就是共产党人精神上的‘钙’,没有理想信念,理想信念不坚定,精神上就会‘缺钙’,就会得‘软骨病’。现实生活中,一些党员、干部出这样那样的问题,说到底是信仰迷茫、精神迷失”。“四风”问题背后的根源主要还是党性不纯、理想信念不坚定。然而,一些党员干部对此存在模糊认识,很大程度上消减了制度的执行力。理想信念是作风之源,党员干部改进作风必须疏浚信仰之源,坚定树立执政为民理念,树立与群众平等的思想,与群众保持密切的联系。

2.开展执政为民主题教育,把作风要求内化为实际行动

以人为本、执政为民是党的性质和宗旨的集中体现,是党坚持唯物史观、贯彻群众路线的必然要求。但是,理念的形成和内化不是一蹴而就的,这就必须加大党员干部学习教育工作。各级党委要把以人为本、执政为民的理念纳入各级党委中心组的学习计划,作为党委中心组经常性学习和讨论的内容。大力开展主题教育,使广大党员干部在工作实践中深入了解“以人为本、执政为民”

①《毛泽东选集》第3卷,人民出版社1991年版,第1094页。
②《邓小平文选》第1卷,人民出版社1994年版,第184页。

理念的要求，把为民、务实、清廉的价值追求内化成为自己的行为准则，化作广大党员干部的自觉行动。全体党员领导干部必须落实中央的“八项规定”和省委的“九戒”规定，“关键把好‘政治关’、‘为民关’、‘实干关’、‘能力关’、‘清廉关’”[①]，把党的制度纪律视为一条决不能触碰逾越的高压线，始终以“燕子垒窝的恒劲、蚂蚁啃骨头的韧劲和水牛爬坡的拼劲”把作风建设作为经常性工作来抓，才能将体恤民情、理解民意、关注民生、保障民权的制度措施落到实处。

3.引导人民形成社会共识，凝聚“实干兴赣”的社会力量

共同的思想基础是有效调动积极性的前提条件。在走群众路线的理念上，“一些人习惯于党的组织和领导干部是主导者和支配者，而群众则是‘被动者’，仅仅是深入的对象”。但历史唯物主义告诉我们，人民群众是生产力的担当者，在全面建设小康社会进程中，必须用中国梦把人民群众武装起来，积极引导和教育群众提高思想觉悟，形成强大的社会主义核心价值凝聚力，使改作风真正长久地坚持下去。要加大宣传力度，运用电视、广播、报纸、信息网络、宣传标语和会议等多种形式，向群众宣传党的每一项主张和具体政策，动之以情、晓之以理、明之以法，并特别注意引导群众用发展的观点来看问题，用发展的要求来思考问题，不断增强人民群众创造的自觉性，促进人民发扬历史首创精神，在全面建设小康社会实践中担当起历史重任。

（二）大力发挥领导示范作用，增强制度执行的主动性

领导人的示范作用与儒家注重道德修养的思想是一脉相承的。“政者，正也。子帅以正，孰敢不正？”毛泽东同志曾经说过，“政治路线确定以后，干部就是决定的因素。”领导干部特别是高级领导干部作风如何，对党风政风乃至整个社会风气具有重要影响。习近平总书记也强调，“在活动中注意总结典型，及时起示范推动作用”。“领导干部既要表态，更要表率。”领导讲党性、重原则，就能有力推动教育实践活动深入持久地开展，形成一级带一级、戮力同心加强作风建设和制度执行的力量。

---

①强卫：《在中共江西省委十三届七次全体（扩大）会议上的讲话》，《江西日报》2013年7月9日。

1.标准上要高人一筹，以坚定的党性示范作用推动制度执行

群众路线的本质问题是如何对待群众，其核心是一种领导价值观。党员领导干部必须自觉以《中国共产党党章》《中国共产党党员领导干部廉洁从政若干准则》为“镜子”，加强党性修养，牢固树立正确的世界观、权力观、事业观。加强马克思主义理论学习，通过提高理论思维能力、形势预见能力、政治判断能力，增强党员干部“坚定信仰、把握方向、胸有全局、战略谋划”的本领，培养党员干部的“清醒明白”政治素质，在关键时刻能够让党“靠得住、信得过、放得心”。在处理各种关系上要严格要求自己，不管我们能力有多强，本事有多大，政绩有多么突出，都要谦虚谨慎，诚恳待人，注意团结，为班子和其他同志树立一个标杆，敢于让别人以我为榜样、目标，让别人向着自己的高度努力。

2.行动上要先人一步，以良好的行为示范作用推进制度执行

党员领导干部要在搞好示范引导上下功夫，牢记身教重于言教的道理，按照“照镜子、正衣冠、洗洗澡、治治病”这个总要求，大力提高党员领导干部队伍的工作推动能力，增强执政队伍“领导发展、科学决策、化解矛盾、整合资源”本领，在实际工作中做到“锐意变革、镇定处置、勇于实践、敢担风险”，成为党员干部的表率。这样才能以模范行动带动群众，使群众学有榜样、赶有目标，增强群众工作的主动性。“风成于上，习化于下。”这次落实中央八项规定见效快，关键是高级领导干部以身作则，率先垂范。只要各级党员领导干部能够发挥带头作用，认真落实各项制度，就能形成一级带一级、戮力同心加强作风建设的力量，切实做到令行禁止。

3.作风上要严人一分，以法治思维的示范作用规范制度执行

《韩非子》有云：“法不阿贵，绳不绕曲。法之所加，智者弗能辞，勇者弗敢争，刑过不避大臣，赏善不遗匹夫。”这里描述了依法办事所带来的纲纪严明的社会效果。加强党员干部作风建设，必须加大领导干部依法办事的能力，及时发现和纠正作风建设方面存在的问题，通过提高自我反省、自我控制、自我纠正能力，增强执政队伍“正视自我、完善自我、战胜自我、超越自我”的本领，勇于将自己置于干部群众和社会各界的监督之下，为其他干部执行相关制度带好头、做好表率。在此基础上，各级党员领导干部更要不断提高运用法治思维和法治方式深化改革、推动发展、化解矛盾、维护稳定的能力，努力推动形成办事依法、遇事找法、解决问题用法、化解矛盾靠法的良好法治环境，真正实现全民守法的氛围，在法制轨道上推动各项工作。只有这样，践行为民务实清廉制度的执行力才会增强。

（三）尽力解决群众实际困难，增强制度执行的有效性

习近平总书记在全国宣传思想工作会议上的重要讲话中强调要“树立以人民为中心的工作导向”。在群众路线教育中切实做到利为民所谋，关键是树立正确的利益观，坚持人民的利益高于一切，坚持把人民利益作为一切工作的出发点和归宿。毛泽东同志曾指出，我们的工作“必须给人民以看得见的物质福利”，“每句话，每个行动，每项政策，都要适合人民的利益，如果有了错误，定要改正，这就叫向人民负责”。党员干部一定要树立正确的利益观，从而更加牢固地树立全心全意为人民服务的思想和真心实意对人民负责的精神，在实践中切实维护群众权益。

1.想群众之所想是谋事之基

想群众之所想，就是要实实在在贯彻一切为了群众、一切依靠群众的观点，积极为群众谋利益，早在革命战争年代，毛泽东同志就向全党提出一切为了群众，一切依靠群众，想问题，办事情，都要想群众所想。党员干部要在实际工作中自觉坚持党的群众路线，研究重大问题、作出重大决策，都必须深入到群众中间，广泛听取群众的意见，集中群众的智慧，使形成的决策、部署建立在坚实的群众基础上，我们的工作才能有的放矢。群众路线教育只有与推动经济社会发展紧密结合，才能具有持久的生命力。在此基础上，贯彻按劳分配和按生产要素分配相结合的原则，按照“调高、扩中、保低”，努力实现居民收入增长与经济增长同步，把发展成果更多地落实到保障和改善民生上。

2.解群众之所困是干事之本

群众利益牵动千家万户，解群众之所困，就是要脚踏实地为群众办实事、办好事、解难事。坚持以人为本、执政为民不只是嘴上喊喊“号子”、开会常常“调子”、纸上爬爬“格子”，而是要真干实干，真正维护人民群众的合法利益。为此，党员干部既要有唱功，更有要做功，要虚事实做，把实事做好。为群众办实事，要从群众最关心、最迫切需要解决的问题抓起。凡事涉及群众利益的事情，

在“制定执行政策时，一定要反复调查，充分论证，统筹兼顾，正确处理国家、集体、个人三者之间的利益关系。”[①]改革开放以来，人民群众的生产生活有了明显的改善。但仍存在一些困难和弱势群体，还有一些亟待解决的问题。例如，困难职工最低生活保障问题、失学儿童入学经费问题、贫困户脱贫致富问题、农村的修路建桥等问题，对这些事关群众切身利益的问题，要主动关心，积极帮助解决。能办的要马上办，不能办的要创造条件办，暂时不具备条件办的，也要负责向群众解释清楚。我们党代表最广大人民群众的根本利益，一切工作的成败得失要由群众来检验。群众的评价是一把最好的尺子，最能衡量工作的好坏优劣；群众口碑是最大的丰碑，最能说明工作业绩。

3.办群众之所需是成事之道

办群众之所需，最根本最重要的就是要正确贯彻执行党的路线、方针、政策，积极回应民众的需求。群众路线教育实践活动是务实的体现，“要在解决实际问题上下功夫，坚持教育群众和服务群众相统一，既要解决思想认识问题，又要帮助群众解决生产生活中的实际困难，尤其是要努力满足群众在教育、劳动就业、社会保障、医疗卫生、住房等方面的基本需求”。[②]要充分发挥各项制度对维护群众利益的根本保障作用，大力推广“党员承诺制”、“党员与困难群众结对帮扶”、“党员志愿者”等做法和经验，紧紧围绕“以人为本”这个核心，把为民务实清廉融入服务群众、凝聚民心的实践中，确保制度落实到位，竭力使人民群众感受到“收入涨一点、物价稳一点、房价跌一点、看病容易点、食品放心点、上学轻松点”。

（四）努力实施绿色政绩考核，增强制度执行的激励性

党的作风的落实，党的价值和目标的实现，不仅要依靠党员的党性，更要通过落实制度考核来促进作风建设，切实做到“绩为民所考”。这就要求把“民众考评”与“组织考评”有机结合起来，以“民声”决定“政声”。

①《江泽民文选》第1卷，人民出版社2006年版，第99页。

②胡锦涛：《在党的十七届五中全会上的讲话》，《人民日报》2010年10月19日。

1.绿色政绩指标引导制度执行

实行分类考核、差异化考核，不同地域、不同层级、不同类别的干部，要采用不同的考核标准，进一步完善符合科学发展观和正确政绩观要求的市县和省直部门以及干部考核评价体系，不唯GDP，不以数字论英雄。“如果为一时发展而污染了老百姓赖以生存的水、土壤和空气，那我们就是千古罪人。”[①]注重从经济指标、社会发展指标、人文指标、资源指标、环境指标等多方面综合评价政绩，省、设区市领导干部要增加决策的科学化、规范化、可行性为重要考核标准，市县干部要以执行制度、依法办事为重要考核指标，乡镇、街道要以做好公共服务、群众服务和营造发展环境为主要考核方向。只有政绩考核科学化，干部的行为才不会突破底线，才会在制度允许的范围内谋取最佳政绩。

2.科学选任导向激励制度执行

用人导向决定干部的行为走向。积极探索不简单以票取人的举措，对于干部工作科学化有重要意义。“要把加强党的领导和充分发扬民主结合起来，发挥党组织在干部选拔任用工作中的领导和把关作用。要完善工作机制，推进干部工作公开，坚决制止简单以票取人的做法，确保民主推荐、民主测评风清气正。”[②]简单以票取人，不顾实际、唯票是从，“实绩标准”让位于“票数标准”，“票面认同”等同于“群众公认”，其风向标意义更多是让干部热衷于老好人的工作，那些得罪人的、严格执行制度的工作或是无人问津或是相互推诿扯皮，最终的结果都会让党和人民的利益受损。这不仅违背干部民主的初衷，而且容易导致用人失察。通过加大经常性干部考核力度，将年度考核、平时考核与任职考察、届中考察、换届考察紧密结合起来，全面系统了解掌握干部的德才表现，让民主推荐得票结果与干部日常表现、年度考核情况、干部工作实绩、干部个性素质等方面相互印证，并根据印证的结果，理性对待票数多少，准确评价干部。注重用好干部考核这根“指挥棒”，既看发展现状又看发展基础，既看显绩又看潜绩。严格执行各项选人用人制度，坚决反对任人唯亲、任人唯利，严肃查

①强卫：《在中共江西省委十三届七次全体（扩大）会议上的讲话》，《江西日报》2013年7月9日。

②《习近平在全国组织工作会议上的讲话》，《人民日报》2013年6月30日。

处跑官要官、买官卖官、拉票贿选，坚决防止和纠正选人用人上的不正之风。这样才能保障为民务实清廉的干部作风及相关制度得到长效落实。

3.群众评价监督推动制度执行

为民务实清廉作风是否能够做到常抓不懈，与作风建设相关制度能否真正落到实处有很大的关系，要在制度落实上下功夫，最终必须依靠群众，由群众来评判，在群众监督上做文章。“群众的眼睛是雪亮的。”任何一个党政干部和公职人员都生活在人民群众之中，其一言一行都脱离不开群众的视线。要充分发挥群众监督作用是人民对国家权力实施监督的基础，就必须建立一个相对完整的作风考核评价体系，并通过科学规范的机制进行激励与惩戒。积极扩大干部考核中的群众参与，让人民群众的评价实质性进入干部的“成绩单”。把评价权全面交给群众，真正在实践中落实群众的参与权、表达权、监督权，避免以官评官、以票评官、以考评官存在的局限性。当前在干部考核方式上，主要是组织部等上级部门少数人评价，即便有民意评价，也是局限于本单位本系统。由于考核权只掌握在上级领导手中，只在“内部”走走形式。只有从根本上改变那种“不怕群众不满意，就怕领导不注意；不怕群众不高兴，就怕领导不开心；不怕群众不答应，就怕领导不认可”的现状，做到绩为民所考，才能权为民所用，党员干部的为民清正廉洁的工作作风及相关制度才能得到长效落实。

（五）强力贯彻刚性问责程序，增强制度执行的强制性

问责机制是提高制度执行力的关键所在。要将“问责”真正落到实处，必须运用科学方法，推进“公平与公开、同体与异体、问责与责问”的有机结合，形成“问责”合力。

1.公开与公正的有机结合

问责是一种民主监督方式。在信息社会，人民知道的越多，党政领导干部才能更加负责任。只有推行政务公开，实行“阳光问责”，保证民众的知情权，才能使官员行为受到公开监督，消除问责过程中的敷衍塞责等“潜规则”行为。现有条件下，可通过广播、电视、报刊、电子网络等信息传播渠道，逐步完善社会公示和社会听证制度，全方位地公开政务信息。政务公开目的是实现公正问责。问责公正性，是指根据调查事实，科学判定具体责任人的具体责任，承担起

应该承担的责任,但不能承担超越其职责的责任。如按照《暂行规定》条款,决策严重失误,造成重大损失的需要追究责任。但在民主集中制原则下,重大问题均需集体讨论决定。如何追究“集体”责任和“个人”责任,必须根据实际情况,因时因地地具体情况具体分析,才能做到公正处理。

2.同体与异体的有机结合

我国问责采取的主要方式是“同体问责”。这种以党组织内部自上而下的问责,由于具有内部性和非公开性,缺乏透明度,公正性可能会受到社会的质疑。这就必须创造条件,推进同体问责和异体问责的有机结合。首先,应明确人大提出质询案的制度和程序,要求官员承担道义责任和政治责任,完善不信任投票制、弹劾制以及主要责任人引咎辞职制等,增强人大监督力度;其次,纪检监察机关要检查党员干部是否接受可能影响公正执行公务的礼品、宴请、娱乐等活动安排,是否违反规定公款旅游、公款招待、参与高消费娱乐活动,是否有公车私用现象等,随时对行政机关依法、高效、廉洁行政情况进行监测,严肃查处各种违纪行为;再次,积极拓展新闻媒体的舆论监督,推动对“问责”事件的查处和对失职渎职官员的责任追究。如近期由网络揭发出来的“表哥”、“房叔”和“刘铁男案”等事件,就体现出同体问责与异体问责有机结合的良好效果。

3.问责与责问的有机结合

问责制主要是对决策失误者的合理惩处,也是对重大恶性事件、恶性结果所造成恶劣影响的一种明确交代。对社会恶性事件发生的体制弊端、政策漏洞和管理失衡的现象,问责制却往往关注不够。“问责”侧重的是处理事情的结果,只有决策失误造成严重后果时,才会启动问责程序。为弥补“问责”机制事后处理的不足,需要加大“责问”的力度。对决策即将发生失误或正在发生的失误,进行及时责问,或上级责问下级,或下级责问上级,群众责问干部或同级组织与领导之间进行互相责问,都不失为一种有效的监督方式。通过责问,达到认识错误,纠正偏差,防止失误的目的,进而避免重大失误引起的重大损失和特大恶性事件。“问责”是审定职权、查勘功过、计量得失,找出责任人,严厉惩治,侧重结果;“责问”则是分析原因、审定规章、查缺补失,侧重过程;“问责”旨在挽回影响,回应民意,避免官员的失职;“责问”旨在完善体制,形成规范的权力运用体系。转型社会时期的复杂性和多元性,要求公共权力的行使必须与专家指导、民意回应紧密结合起来。问责与责问的有机结合，能够有效增强制度执行的强制性，及时回应民意，确保为民务实清廉实践活动取得实实在在的成效。《中共中央关于加强和改进新形势下党的建设若干重大问题的决定》就明确指出，加强基层组织建设，要“建设高素质基层党组织带头人队伍”。党的十八大报告从创新基层党建工作，夯实党执政的组织基础的高度，进一步强调指出，要“加强基层党组织带头人队伍建设”。当前，全党上下正在深入开展以为民务实清廉为主要内容的党的群众路线教育实践活动，中央明确要求，这次教育实践活动的主要任务要“聚焦到作风建设上，集中解决形式主义、官僚主义、享乐主义和奢靡之风这‘四风’”。

图书在版编目(CIP)数据

筑梦之基:党的群众路线教育实践活动研究报告 /
舒仁庆主编. —南昌:江西人民出版社,2014.5
ISBN 978-7-210-06462-6

Ⅰ.①筑… Ⅱ.①舒… Ⅲ.①中国共产党—群众路线—研究报告—江西省 Ⅳ.①D252

中国版本图书馆CIP 数据核字(2014)第 116186 号

筑梦之基——党的群众路线教育实践活动研究报告
主编:舒仁庆
责任编辑:邓丽红
封面设计:同异文化传媒
出版:江西人民出版社
发行:各地新华书店
地址:江西省南昌市三经路 47 号附 1 号
编辑部电话:0791-86898702
发行部电话:0791-86898893
邮编:330006
网址:www.jxpph.com
E-mail:jxpph@tom.com web@jxpph.com
2014 年 5 月第 1 版 2014 年 5 月第 1 次印刷
开本:787 毫米×1092 毫米 1/16
印张:13.5
字数:200 千字
ISBN 978-7-210-06462-6
赣版权登字—01—2014—236

定价:26.00 元
承印厂:南昌红星印刷有限公司
赣人版图书凡属印刷、装订错误,请随时向承印厂调换